JN253342

REGISTRAR BOOKS

改訂

設題解説 戸籍実務の処理

XIII 戸籍訂正 各論編
(3) 認 知

木 村 三 男 編著

日本加除出版株式会社

改訂版　はしがき

本書の初版は、平成一二年三月に「設題解説　戸籍実務の処理」シリーズの「第Ⅻ編　戸籍訂正・各論編⑵認知・養子縁組・養子離縁」として刊行され、その後一七年間を経過したが、幸いにも法務局の職員並びに市区町村の戸籍事務担当者をはじめとして、多くの方々からご好評をいただくことができた。

戸籍訂正の基本的な考え方をはじめ、戸籍法上の戸籍訂正に関する条文と訂正の対象ないし範囲、さらにはその訂正の基本的手続等については、本シリーズの第Ⅹ編「戸籍訂正・総論編」（平成一〇年三月刊行）に解説されているところであるが、本書は、その各論編として、親子関係（出生・認知・養子縁組・養子離縁）に関する戸籍訂正のうち「認知」に関する戸籍訂正の手続・処理の具体的方法等について取りまとめたものである（なお、「出生」に関する戸籍訂正に関しては、既に平成二八年五月及び八月に刊行されている。）。

ところで、本書の初版刊行以来一七年余の間における戸籍関係法令等の改廃についてみると、戸籍記載の取扱いのうち、特に嫡出でない子の父母との続柄の記載の取扱いの変更が行われており（平成一六年法務省令第七六号、平成一六年一一月一日民一第三〇〇八号通達、平成二一年三月二四日民一第七三〇号通知ほか）、また、戸籍訂正手続について関わりの深い人事訴訟手続法（明治三一年法律第一三号）が廃止され、新たに人事訴訟法（平成一五年法律第一〇九号）が制定施行（平成一六年四月一日施行）され、更に家事審判法（昭和二二年法律第一五二号）の廃止とともに家事事件手続法（平成二三年法律第五二号）が制定施行（平成二五年一月一日施行）されている。

一方、認知法制との関連においては、平成二〇年法律第八八号による国籍法の一部を改正する法律の施行（平成二一年一月一日施行）により国籍法第三条が改正され、出生後に日本国民から認知された子は、父母の婚姻の有無を問わず、所定の要件を備えるときは、法務大臣に届け出ることによって日本国籍を取得することができるものとされている。また、虚偽の届出をした者に対する罰則規定として、第二〇条の規定が新設されている。

本書の改訂に際しては、前記のような戸籍関係法令の改廃、さらには戸籍実務の取扱いの変更の趣旨等に沿うよう見直しをはかりつつ解説に努める一方、新たな設問を加え、かつ、戸籍訂正の具体的処理方法等について、コンピュータ戸籍の訂正処理方法及び記載例を追加することとした。このため、初版よりも頁数が増加したことから、本書は、認知に関する戸籍訂正のみを収録して刊行することとした。養子縁組・養子離縁に関する戸籍訂正については、別途に収録の上刊行の予定であることをご了承いただきたい。

本書が初版と同様に、戸籍事務の適正処理等の上で多少でもお役に立つことができれば、望外の幸せである。

平成二九年四月

著　者

はしがき

本書は、「設題解説　戸籍実務の処理」シリーズの「第Ⅻ編　戸籍訂正・各論編　(2)認知、養子縁組・離縁」として刊行されることになったものである。本設題解説シリーズのうち戸籍訂正については、これまでに「Ⅹ　総論編」（平成一〇年三月刊）及び「Ⅺ　各論編　(1)出生」（平成一一年三月刊）が既に刊行されているので、本書は、いわば戸籍訂正シリーズの中の第三編ということになる。

ところで、認知、養子縁組・離縁は、いずれも人の身分関係変動の基礎となる創設的身分行為であり、戸籍法上の届出が市町村長に受理されることによって、法的父子関係や養親子（嫡出親子）関係が発生し、あるいは養親子関係が解消することになる。しかし、それは、実体法である民法の要求する実質的諸要件を具備していることが前提となる。

ところが、往々にして事実に反する認知の届出がなされることもまれではなく、あるいはまた、当事者の合意を欠く養子縁組や協議離縁の届出さらには養子縁組に特有の代諾権のない者の代諾による縁組の届出がなされる場合もあり得る。戸籍の記載は、届出に基づいてするのが原則である（戸一五条）から、右のような違法な届出に基づいてなされた戸籍の記載は、実体に合致しない不適法な記載となることは明らかである。したがって、このような戸籍の記載については、認知、養子縁組若しくは離縁につき無効の確定裁判を得て戸籍法第一一六条の戸籍訂正申請により是正されるべきであるが、この場合において、例えば、子（被認知者）又は養子が、認知又は縁組後に、新たな身分行為（例えば、婚姻又は養子縁組等）をし戸籍が変動している場合にあっては、その訂正手続において、同法第一一六条による訂正と第一一三条又は第一一四条による訂正が交錯し、かつ、複雑な訂正処理を余儀なくされることになる。そのほか、前記の各届出に基づく戸籍の記載には、例えば、認知者の氏名や戸籍の表示等を誤記しているものや、縁組代諾者の資格を誤記し、あるいは遺漏している場合があるなど戸籍訂正を要する事例・態様には様々なものがみられる。

本書は、右のような諸点にかんがみ、認知、養子縁組・離縁に関わる主な戸籍訂正事例について、戸籍訂正申請書及び戸籍のひな形を掲げて、その具体的訂正の処理方法等について解説を試みてみたものである。

本書が、第Ⅹ編及び第Ⅺ編と併せて、戸籍訂正の意義ないし手続構造等の理解と戸籍訂正事件の適正処理の上で多少ともお役に立てるところがあれば望外の幸せである。

なお、本書の執筆に当たっては、多くの方々の文献を参考にさせていただいたほか、日本加除出版株式会社常任顧問の木村三男氏（元大津地方法務局長）に適切な御指導と監修をいただいたことに対し、ここに特に記して深く感謝申し上げる次第である。

平成一二年三月

著　者

改訂版編著者

編　著　　木村　三男（元大津地方法務局長）

初版執筆者

（平成12年３月刊行）

監修・著　木村　三男（元大津地方法務局長）

著　者　横塚　　繁（元横浜地方法務局次長）

都竹　秀雄（元金沢地方法務局次長）

荒木　文明（元浦和地方法務局川越支局長）

目　次

第二章　認知に関する訂正

第一節　職権による訂正

第一　市町村長限りの職権でする訂正

問1　認知届に基づく被認知者（子）の戸籍の記載中、認知者の戸籍の表示又は氏名を誤記した場合

解説

一　認知の届出があると、認知をした父（認知者）、及び認知をされた子（被認知者）の双方の戸籍に、認知に関する事項を記載することとされている（戸規三五条二号）。これは、認知によって生じた法律上の父子関係を戸籍によって公示・公証する必要があるのみでなく、父から子を、子から父を、それぞれ探索できるようにしておく必要があるからである。したがって、その記載が誤っていたり、記載が遺漏していると、戸籍上から父子関係の有無の確認ができなくなってしまうということになる。そのため、認知者又は被認知者の戸籍の記載事項に誤りがあるときは、速やかにこれを是正する必要がある。

二　戸籍記載の誤記を訂正するには、戸籍法所定の手続をとる必要があることはいうまでもないが、戸籍届書には正しい記載がなされているにもかかわらず、市町村長が戸籍の記載をする際に、その一部を誤記したことが戸籍の届書により確認できるときは、市町村長の職権でこれを訂正することができるものとされている（昭和四七・五・

二民事甲一七六六号通達）。これが、いわゆる「市町村長限りの職権訂正」といわれている訂正区分に属する訂正手続であり、本問はその場合の例である。

なお、本問のように、被認知者の戸籍の記載事項の中の、認知者の戸籍の表示や氏名が、後日になって誤記されていることを発見したときは、速やかにこれを訂正する必要があることはいうまでもない。そしてその訂正手続は、既に述べたように、市町村長限りの職権によって訂正をすることが許されているので、市町村長は、認知届書又は子の戸籍謄本を資料として職権により訂正することになる。

右の場合における訂正の方法は、次に掲げる戸籍訂正書及び戸籍記載例のとおりである。

【戸籍訂正書式（紙戸籍の場合）】

戸籍訂正書

受付	平成 29 年 4 月 13 日
	第 245 号

戸籍	
調査	
記載	
記載調査	
送付通知	
住民票	
記載	
通知	
附票	
記載	
通知	

(1)	事件本人	本籍	東京都杉並区高円寺南２丁目５番地
		筆頭者氏名	乙川　梅　子
(2)		住所及び世帯主氏名	東京都杉並区高円寺南２丁目10番20号　乙川梅子
(3)		氏名	乙　川　花　子
		生年月日	平成 18 年 4 月 15 日
(4)	訂正・記載の事由		上記事件本人は、平成28年８月５日東京都千代田区平河町１丁目５番地甲野義太郎同籍英助に認知されたが、その旨の記載中、認知者の戸籍の表示及び氏名を誤記したので、認知届書謄本により訂正する。
(5)	訂正・記載の趣旨		事件本人の身分事項欄に記載の認知事項中、認知者の戸籍の表示、氏名を訂正する。 記載例 誤記につき認知者の戸籍の表示及び氏名を「東京都千代田区平河町１丁目５番地甲野義太郎同籍英助」と訂正
(6)	添付書類		認知届書謄本

上記のとおり職権によって訂正する。

平成 29 年 4 月 13 日

東京都千代田区長　○　○　○　○　職印

(注)　事件本人が二人以上であるときは、必要に応じ該当欄を区切り記載する。

【戸籍訂正書式（コンピュータ戸籍の場合）】

戸籍訂正書

受付	平成29年4月13日	戸籍	
	第　245　号	調査	
		記載	
		記載調査	
		送付通知	
		住民票	
		記載	
		通知	
		附票	
		記載	
		通知	

(1)	事件本人	本籍	東京都杉並区高円寺南２丁目５番地
		筆頭者氏名	乙　川　梅　子
(2)		住所及び世帯主氏名	東京都杉並区高円寺南２丁目10番20号　乙川梅子
(3)		氏名	乙　川　花　子
		生年月日	平成 18 年 4 月 15 日
(4)	訂正・記載の事由		上記事件本人は、平成28年８月５日東京都千代田区平河町１丁目５番地甲野義太郎同籍英助に認知されたが、その旨の記載中、認知者の戸籍の表示及び氏名を誤記したので、認知届書謄本により訂正する。
(5)	訂正・記載の趣旨		事件本人の身分事項欄に記載の認知事項中、認知者の戸籍の表示、氏名を訂正する。 （記載例） 事件本人の身分事項欄
(6)	添付書類		認知届書謄本

認　知	【認知日】平成２８年８月５日 【認知者氏名】甲野英助 【認知者の戸籍】東京都千代田区平河町一丁目５番地　甲野義太郎
訂　正	【訂正日】平成２９年４月１３日 【訂正事由】誤記 【従前の記録】 【認知者氏名】甲野義太郎 【認知者の戸籍】東京都千代田区永田町一丁目５番地　甲野義太郎
訂　正	【訂正日】平成２９年４月１３日 【訂正事項】父の氏名 【訂正事由】誤記 【従前の記録】 【父】甲野義太郎

上記のとおり職権によって訂正する。

平成29年4月13日

東京都千代田区長　○　○　○　○　職印

（注）　事件本人が二人以上であるときは、必要に応じ該当欄を区切り記載する。

母の戸籍中子の欄

本籍　東京都杉並区高円寺南二丁目五番地

氏名　乙川梅子

（編製事項省略）

（出生事項省略）

平成弐拾八年八月五日東京都千代田区永田町一丁目五番地甲野義太郎認知届出㊞

誤記につき平成弐拾九年四月拾参日認知事項中認知者の戸籍の表示及び氏名を「東京都千代田区平河町一丁目五番地甲野義太郎同籍英助」と訂正㊞

父　甲野英助（甲野義太郎）

母　乙川梅子

長女

花子

出生　平成拾八年四月拾五日

母の戸籍中子の欄（コンピュータシステムによる証明書記載例）

（1の1）　決裁用帳票

本　籍 氏　名	東京都杉並区高円寺南二丁目５番地 乙川　梅子
戸籍事項 　戸籍編製	（編製事項省略）
～～～	～～～
戸籍に記録されている者	【名】花子 【生年月日】平成１８年４月１５日 【父】甲野英助 【母】乙川梅子 【続柄】長女
身分事項 　出　生	（出生事項省略）
認　知	【認知日】平成２８年８月５日 【認知者氏名】甲野英助 【認知者の戸籍】東京都千代田区平河町一丁目５番地　甲野義太郎
訂　正	【訂正日】平成２９年４月１３日 【訂正事由】誤記 【従前の記録】 　【認知者氏名】甲野義太郎 　【認知者の戸籍】東京都千代田区永田町一丁目５番地　甲野義太郎
訂　正	【訂正日】平成２９年４月１３日 【訂正事項】父の氏名 【訂正事由】誤記 【従前の記録】 　【父】甲野義太郎
	以下余白

発行番号

〔注〕　1　認知事項中の【認知者氏名】等の訂正のように，身分事項の一部を訂正する場合には，段落ちタイトル「訂正」により処理を行う。なお，従前の記録（紙戸籍において朱線抹消又は朱線交さする記載）は，記録上消除することなく【従前の記録】として表示する。

2　「戸籍に記録されている者」欄に係る記録（本事例では「父の氏名」）を訂正する場合は，身分事項に，基本タイトル（左端タイトル）「訂正」を付した上で当該訂正処理事項を記録する。

3　本記載例は，決裁用帳票の記載例を示したものである。市町村長限りの誤記，遺漏を事由とする職権訂正の事項は，コンピュータシステムによる証明書には出力しないこととされている。

問2　父の戸籍に子の認知の記載を遺漏しているのを発見した場合

解説

一　父が子を認知したときは、父と子の双方の戸籍の身分事項欄に、認知に関する事項を記載することが要求されている（戸規三五条二号）。これは、認知によって法律上の父子関係が生じた事実を戸籍によって公示・公証する必要があるほか、父から子を、あるいは子から父を探索できるようにするため、父と子の戸籍に関連性を持たせる必要があるからである。

二　ところで、市町村長の誤りによって、当事者の一方の戸籍に認知の記載を遺漏する場合があり得る。このような事態は、戸籍本来の公証機能が損なわれ、戸籍制度の本旨にもとることになる。そこで、本問のように、父の戸籍に子を認知した旨の記載を遺漏しているときには、認知届書、あるいは子の戸籍謄本を資料として、市町村長限りの職権で、認知に関する事項を記載をすることになる。

なお、本問は、子が父の氏を称する入籍（民七九一条、戸九八条）の届書に添付した戸籍謄本（子について認知の記載がされている母の戸籍謄本）により父の戸籍に認知の記載を遺漏していることを発見し、父の本籍地市町村長がその謄本に基づいて、職権で戸籍の記載をする場合である（なお、木村三男『届書式対照戸籍記載の実務（下）戸籍訂正・追完編』一二〇頁以下参照）。右の場合における訂正（記載）の処理方法は、後記のとおりである。

【戸籍訂正書式（紙戸籍の場合）】

戸籍訂正書

受付	平成28年8月31日	戸籍	
	第　246　号	調査	
		記載	
		記載調査	
		送付通知	
		住民票	
		記載	
		通知	
		附票	
		記載	
		通知	

(1)	事件本人	本籍	東京都千代田区平河町１丁目５番地
		筆頭者氏名	甲　野　義太郎
(2)		住所及び世帯主氏名	東京都台東区東上野３丁目７番21号　甲野英助
(3)		氏名	甲　野　英　助
		生年月日	昭和58年9月7日
(4)	訂正・記載の事由		上記事件本人は、平成28年２月18日東京都杉並区高円寺南２丁目５番地乙川梅子同籍花子を認知したが、その旨の記載を遺漏したので、乙川梅子の戸籍謄本により記載する。
(5)	訂正・記載の趣旨		事件本人の身分事項欄に認知事項を「平成28年２月18日東京都杉並区高円寺南２丁目５番地乙川梅子同籍花子を認知同区長に届出」の記載をする。
(6)	添付書類		乙川梅子の戸籍謄本

上記のとおり職権によって訂正する。

平成28年8月31日

東京都千代田区長　○　○　○　○　職印

（注）　事件本人が二人以上であるときは、必要に応じ該当欄を区切り記載する。

【戸籍訂正書式（コンピュータ戸籍の場合）】

受付	平成 28 年 8 月 31 日	戸籍
	第 246 号	調査
		記載
		記載調査
		送付通知
		住民票
		記載
		通知
		附票
		記載
		通知

戸籍訂正書

(1)	事件本人	本籍	東京都千代田区平河町１丁目５番地
		筆頭者氏名	甲野　義太郎
(2)		住所及び世帯主氏名	東京都台東区東上野３丁目７番21号　甲野英助
(3)		氏名	甲野　英助
		生年月日	昭和 58 年 9 月 7 日
(4)	訂正・記載の事由		上記事件本人は、平成28年２月18日東京都杉並区高円寺南２丁目５番地乙川梅子同籍花子を認知したが、その旨の記載を遺漏したので、乙川梅子の戸籍謄本により記載する。
(5)	訂正・記載の趣旨		事件本人の身分事項欄に、下記の振り合いにより認知事項の記載をする。 （記載例） 事件本人の身分事項欄 認知　【認知日】平成２８年２月１８日 【認知した子の氏名】乙川花子 【認知した子の戸籍】東京都杉並区高円寺南二丁目５番地　乙川梅子 【受理者】東京都杉並区長 記録　【記録日】平成２８年８月３１日 【記録事由】記録遺漏
(6)	添付書類		乙川梅子の戸籍謄本

上記のとおり職権によって訂正する。

平成 28 年 8 月 31 日

東京都千代田区長　○　○　○　○　職印

（注）　事件本人が二人以上であるときは、必要に応じ該当欄を区切り記載する。

父の戸籍

本籍	東京都千代田区平河町一丁目五番地
氏名	甲野義太郎

（編製事項省略）

（出生事項省略）

平成弐拾八年弐月拾八日東京都杉並区高円寺南二丁目五番地乙川梅子同籍花子を認知同区長に届出の記載遺漏につき同年八月参拾壱日乙川梅子の戸籍謄本により記載㊞

父	甲野義太郎
母	冬子
続柄	二男
名	英助
出生	昭和五拾八年九月七日

〔注〕1　当該認知届書の謄本の送付を得て記載する場合は，通常の記載をすることになる。

2　傍線部分「乙川梅子の戸籍謄本により」は、必ずしも記載を要しない。

父の戸籍（コンピュータシステムによる証明書記載例）

（1の1）　決裁用帳票

本　　　籍 氏　　　名	東京都千代田区平河町一丁目５番地 甲野　義太郎
戸籍事項 　戸籍編製	（編製事項省略）
戸籍に記録されている者	【名】英助 【生年月日】昭和５８年９月７日 【父】甲野義太郎 【母】甲野冬子 【続柄】二男
身分事項 　出　　生	（出生事項省略）
認　　知	**【認知日】平成２８年２月１８日** **【認知した子の氏名】乙川花子** **【認知した子の戸籍】東京都杉並区高円寺南二丁目５番地　乙川梅子** **【受理者】東京都杉並区長**
記　　録	**【記録日】平成２８年８月３１日** **【記録事由】記録遺漏**
	以下余白

発行番号

〔注〕 1　本事例の認知事項のように，一事項全てが記録漏れとなっている場合は，段落ちタイトルの「記録」により処理することとなる。

2　本記載例は，決裁用帳票の記載例を示したものである。市町村長限りの誤記，遺漏を事由とする職権訂正の事項は，コンピュータシステムによる証明書には出力しないこととされている。

問3　父母婚姻中に母の氏を称して入籍した妻の嫡出でない子が父に認知され、準正嫡出子の身分を取得したが、父母との続柄の訂正を遺漏した場合

解説

一　父母が婚姻中に、父が、妻の嫡出でない子を認知すると、その子は、準正によって嫡出の身分を取得する（民七八九条二項）。これがいわゆる認知準正である。

従来、準正により嫡出の身分を取得した子は当然に父母の氏を称し、父母の戸籍に入籍するものとして取り扱われていたところ、昭和六二年法律第一〇一号により民法第七九一条が改正されたのを契機に、従来の取扱いが改められ、準正嫡出子が父母の氏を称して父母の戸籍に入籍するには、戸籍法第九八条の入籍届によらなければならないものとされている（昭和六二・一〇・一民二―五〇〇〇号通達第5の3）。

二　本問は、妻の嫡出でない子が、夫（父）から認知される前に、民法第七九一条による家庭裁判所の氏変更の許可の審判を得て母の婚姻後の氏を称する入籍をしており、そしてその入籍後に、同籍の父に認知され準正嫡出子としての身分を取得した場合であるから、当該子については、氏の変更ということはあり得ない。しかし、子が、母の氏を称して入籍した時点では嫡出でない子であり、子の父母欄には母の氏名のみが記載され、父母との続柄は母が分娩した嫡出でない子の出生の順による続柄が記載されている。本問は、その後、父の認知により子が準正嫡出子の身分を取得した時点において、父及び子の身分事項欄に認知事項の記載をするとともに子の父欄に父の氏名を記載したが、子が準正嫡出子の身分を取得したことによる父母との続柄の訂正を遺漏した場合の例である。子の父母との続柄は、嫡出でない子としての続柄「長女」から、父母の嫡出子としての続柄「長女」に訂正する必要があるため（平成一六・一一・一民一―三〇〇八号通達参照）、市町村長は、認知届書を資料として職権訂正書を作成し、職権によってこれを訂正することになる。なお、紙戸籍の場合は、父母との続柄の訂正とともに、母の氏を朱線により消除する必要がある。紙戸籍及びコンピュータ戸籍における訂正の処理方法は、後記のとおりである。

【戸籍訂正書式（紙戸籍の場合）】

戸籍訂正書

受付	平成30年5月6日	戸籍	
	第　248　号	調査	
		記載	
		記載調査	
		送付通知	
		住民票	
		記載	
		通知	
		附票	
		記載	
		通知	

(1)	事件本人	本籍	東京都杉並区高円寺南２丁目５番地
		筆頭者氏名	丙山広造
(2)		住所及び世帯主氏名	東京都杉並区高円寺南２丁目10番20号　丙山広造
(3)		氏名	丙山花子
		生年月日	平成15年4月15日
(4)	訂正・記載の事由		事件本人丙山花子は、平成28年２月９日父丙山広造の認知により嫡出子の身分を取得したので、母の氏「丙山」の記載を消除し父母との続柄を「長女」と訂正しなければならないところ、これを遺漏していることを発見したので、職権で戸籍訂正をする。
(5)	訂正・記載の趣旨		事件本人の母欄中母の氏「丙山」の記載を消除し、父母との続柄「長女」とあるのを「長女」と訂正する。 戸籍訂正例 母の氏消除及び父母との続柄訂正遺漏につき平成30年５月６日訂正㊞
(6)	添付書類		認知届書謄本

上記のとおり職権によって訂正する。

平成30年5月6日

東京都杉並区長　○　○　○　○　［職印］

（注）　事件本人が二人以上であるときは、必要に応じ該当欄を区切り記載する。

【戸籍訂正書式（コンピュータ戸籍の場合）】

戸 籍 訂 正 書

受付	平成 30 年 5 月 6 日	戸籍	
	第 248 号	調査	
		記載	
		記載調査	
		送付通知	
		住民票	
		記載	
		通知	
		附票	
		記載	
		通知	

(1)	事件本人	本籍	東京都杉並区高円寺南２丁目５番地
		筆頭者氏名	丙　山　広　造
(2)		住所及び世帯主氏名	東京都杉並区高円寺南２丁目10番20号　丙山広造
(3)		氏名	丙　山　花　子
		生年月日	平成 15 年 4 月 15 日
(4)	訂正・記載の事由		事件本人丙山花子は、平成28年２月９日父丙山広造の認知により嫡出子の身分を取得したので、父母との続柄を「長女」と訂正しなければならないところ、これを遺漏していることを発見したので、職権で戸籍訂正をする。
(5)	訂正・記載の趣旨		事件本人花子の身分事項欄に次の記載をし、父母との続柄「長女」とあるのを「長女」と訂正する。 （記載例） 事件本人の身分事項欄 訂　正：【訂正日】平成３０年５月６日 【訂正事項】父母との続柄 【訂正事由】訂正遺漏 【従前の記録】 【父母との続柄】長女
(6)	添付書類		認知届書謄本

上記のとおり職権によって訂正する。

平成 30 年 5 月 6 日

東京都杉並区長　○　○　○　○　職印

（注）　事件本人が二人以上であるときは、必要に応じ該当欄を区切り記載する。

父の戸籍

本籍	東京都杉並区高円寺南二丁目五番地
氏名	丙山広造

（編製事項省略）

（出生事項省略）

（婚姻事項省略）

平成弐拾八年弐月九日同籍丙山花子を認知届出同月拾弐日東京都千代田区長から送付㊞

父	丙山義雄	長男
母	松子	
夫	広造	
出生	昭和五拾壱年五月拾日	

（出生事項省略）

（婚姻事項省略）

父	乙川竹夫
母	梅子
続柄	長女
妻	英子
出生	昭和五拾参年参月四日

（出生事項省略）

平成弐拾六年拾月参日母の氏を称する入籍親権者母届出同月七日東京都千代田区長から送付同区平河町一丁目五番地乙川英子戸籍から入籍㊞

平成弐拾八年弐月九日同籍丙山広造認知届出同月拾弐日東京都千代田区長から送付㊞

母の氏消除及び父母との続柄訂正遺漏につき平成参拾年五月六日訂正㊞

父	丙山広造
母	~~丙山~~英子
続柄	**長女** ~~長女~~
名	花子
出生	平成拾五年四月拾五日

父の戸籍（コンピュータシステムによる証明書記載例）

（2の1）　決 裁 用 帳 票

本　　　籍 氏　　　名	東京都杉並区高円寺南二丁目5番地 丙山　広造
戸籍事項 　戸籍編製	（編製事項省略）
戸籍に記録されている者	【名】広造 【生年月日】昭和51年5月10日　　　【配偶者区分】夫 【父】丙山義雄 【母】丙山松子 **【続柄】長男**
身分事項 　出　　生	（出生事項省略）
婚　　姻	（婚姻事項省略）
認　　知	【認知日】平成28年2月9日 【認知した子の氏名】丙山花子 【認知した子の戸籍】東京都杉並区高円寺南二丁目5番地　丙山広造 【送付を受けた日】平成28年2月12日 【受理者】東京都千代田区長
戸籍に記録されている者	【名】英子 【生年月日】昭和53年3月4日　　　【配偶者区分】妻 【父】乙川竹夫 【母】乙川梅子 【続柄】長女
身分事項 　出　　生	（出生事項省略）
婚　　姻	（婚姻事項省略）
戸籍に記録されている者	【名】花子 【生年月日】平成15年4月15日 【父】丙山広造 【母】丙山英子 【続柄】長女
身分事項 　出　　生	（出生事項省略）

発行番号

（2の2）　決 裁 用 帳 票

入　　籍	【届出日】平成２６年１０月３日 【入籍事由】母の氏を称する入籍 【届出人】親権者母 【送付を受けた日】平成２６年１０月７日 【受理者】東京都千代田区長 【従前戸籍】東京都千代田区平河町一丁目５番地　乙川英子
認　　知	【認知日】平成２８年２月９日 【認知者氏名】丙山広造 【認知者の戸籍】東京都杉並区高円寺南二丁目５番地　丙山広造 【送付を受けた日】平成２８年２月１２日 【受理者】東京都千代田区長
訂　　正	**【訂正日】平成３０年５月６日** **【訂正事項】父母との続柄** **【訂正事由】訂正遺漏** **【従前の記録】** 　　**【父母との続柄】長女**
	以下余白

発行番号

〔注〕１　「戸籍に記録されている者」欄に係る記録（本事例では「父母との続柄」）を訂正する場合は，身分事項に，基本タイトル（左端タイトル）「訂正」を付した上で当該訂正処理事項を記録する。

２　本記載例は，決裁用帳票の記載例を示したものである。市町村長限りの誤記，遺漏を事由とする職権訂正の事項は，コンピュータシステムによる証明書には出力しないこととされている。

問4　父母の婚姻中に父が妻の子（嫡出でない子）を認知してその子が嫡出子となったため、従前「長男」であった者の続柄を「二男」と訂正すべきところ、その訂正を遺漏した場合

解説

一　戸籍に記載（記録—以下同）すべき事項は、戸籍法第一三条に規定されているが、父母との続柄については、同条第四号において実父母の氏名とともに記載すべき事項として規定されている。これを記載する趣旨は、本人の男女の別を明らかにすることにある〔注〕。

二　父母との続柄の記載方法については、嫡出子については、従前から同一父母である夫婦を基準として出生の順序に従って「長（二）男」、「長（二）女」というように定める（子が父母と戸籍を同じくするか否かは問わない。）ものとされ、また、数え方については、同一父母である夫婦ごとにその間の子のみについて数え、父又は母の一方のみを同じくする子は算入されない（例えば、先妻の子と後妻の子は各別に「長男（女）」、「二男（女）」となる）。

三　嫡出でない子については、従前は、父の認知の有無にかかわらず、単に「男」又は「女」と記載することとされていた（昭和二二・一〇・一四民事甲一二六三号通達）。その後、平成一六年法務省令第七六号による戸籍法施行規則の一部改正（同年一一月一日施行）により、嫡出でない子の父母との続柄は、父の認知の有無とは関係なく、母との関係のみにより認定し、母が分娩した嫡出でない子の出生の順により、届書及び戸籍の父母との続柄欄に「長男（長女）」、「二男（二女）」等と記載することとされている（戸規附録第六号戸籍の記載のひな形の「英子」の欄及び平成一六・一一・一民一—三〇〇八号通達参照）。

四　ところで、嫡出でない子は、父に認知された後に父母が婚姻し又は父母の婚姻後に父に認知されることによって準正され、嫡出子の身分を取得することとなる（民七八九条）。そして、これらの場合には、当該子の戸籍における父母との続柄の記載を訂正する必要が生じるため、市町村長は、当該父母の婚姻届書又は父の認知届書の「その他」欄の記載（すなわち、準正により嫡出子の身分を取得する子の戸籍の表示、氏名及び訂正後の父母との続柄の記載。なお、その記載例等については、『補訂第三版　注解戸籍届書「その他」欄の記載』一二九頁、一三二頁を参照。）に基づき職権によってその記載を訂正することとなる。

五　前記により、準正嫡出子の父母との続柄の訂正を必要とする事例としては、当該子が、①婚姻後の父母の戸籍に同籍している場合と、②母の婚姻前の戸籍に在籍している場合がある。さらに③この②の場合において、父母の婚姻後に出生し嫡出子として父母の戸籍に入籍している子（前記準正子より年少者（つまり弟又は妹））があり、その父母との続柄の訂正を要する場合がある。すなわち、この場合は、母の婚姻前の戸籍に在籍している子が認知により準正嫡出子となり、父母との続柄が例えば「長男」又は「長女」と訂正されたとき（この場合の訂正記載例は、法定記載例一六による。）は、婚姻後の父母の戸籍に嫡出子として在籍している弟又は妹は、順次繰り下がって「二男」又は「二女」等となることから、戸籍の記載もそのように訂正しなければならないこととなる。

六　本問は、右の訂正を遺漏したため、これを訂正する場合の例である（昭和四七・五・二民事甲一七六六号通達）。その訂正処理例は、後掲のとおりである。

〔**注**〕　父母との続柄の記載については、従来、本人の男女の別のほか、嫡出子・非嫡出子の別が明らかにされたが、その記載方法の取扱いの変更により、特に後者の部分が解消され、プライバシー保護の観点からの改善に資せられたものと解される。

【戸籍訂正書式】

戸籍訂正書

受付	平成30年2月9日	戸籍	
	第　345　号	調査	
		記載	
		記載調査	
		送付通知	
		住民票	
		記載	
		通知	
		附票	
		記載	
		通知	

(1)	事件本人	本籍	東京都千代田区平河町一丁目６番地
		筆頭者氏名	甲野義夫
(2)		住所及び世帯主氏名	東京都千代田区神保町２丁目３番４号　甲野義夫
(3)		氏名	甲野秋夫
		生年月日	平成26年4月21日
(4)	訂正・記載の事由		平成24年10月５日事件本人の兄夏男を父義夫が認知したため、夏男は準正嫡出子の身分を取得して「長男」となり、それに伴い事件本人の父母との続柄を「二男」と訂正すべきところ、これを遺漏していることを発見したので、職権で訂正する。
(5)	訂正・記載の趣旨		事件本人の父母との続柄「長男」とあるのを「二男」と訂正する。
(6)	添付書類		戸籍謄本、夏夫の認知届書の謄本

上記のとおり職権によって訂正する。

平成30年2月9日

東京都千代田区長　千代田　太　郎　[職印]

（注）　事件本人が二人以上であるときは、必要に応じ該当欄を区切り記載する。

訂正すべき者の戸籍中その身分事項欄

本籍
東京都千代田区平河町一丁目六番地

氏名
甲野義夫

（編製事項省略）

平成弐拾六年四月弐拾壱日東京都千代田区で出生同月弐拾四日父届出入籍㊞

平成弐拾四年拾月五日父が兄夏夫を認知届出父母との続柄訂正遺漏につき
平成参拾年弐月九日訂正㊞

父　甲野義夫
母　梅子
~~長男~~二男

秋夫

出生　平成弐拾六年四月弐拾壱日

訂正すべき記載のある者の戸籍中その身分事項欄（コンピュータシステムによる証明書記載例）

（1の1）　決裁用帳票

本　　籍	東京都千代田区平河町一丁目６番地
氏　　名	甲野　義夫
戸籍事項 戸籍編製	（編製事項省略）
〜〜〜	〜〜〜
戸籍に記録されている者	【名】秋夫 【生年月日】平成２６年４月２１日 【父】甲野義夫 【母】甲野梅子 **【続柄】二男**
身分事項 出　　生	【出生日】平成２６年４月２１日 【出生地】東京都千代田区 【届出日】平成２６年４月２４日 【届出人】父
訂　　正	**【訂正日】平成３０年２月９日 【訂正事項】父母との続柄 【訂正事由】平成２４年１０月５日父が兄夏夫を認知届出父母との続柄訂正遺漏 【従前の記録】 【父母との続柄】長男**
	以下余白

発行番号

〔注〕「戸籍に記載されている者」欄に係る記録（本事例では「父母との続柄」）を訂正する場合は，身分事項に，基本タイトル（左端タイトル）「訂正」を付した上で当該訂正処理事項を記録する。

第二　市町村長が管轄局の長の許可を得てする訂正

問5　父母の婚姻成立後二〇〇日以内の出生子につき嫡出でない子として出生届があり、戸籍に記載された後に、父から認知の届出があった場合

解　説

一　民法第七七二条は、婚姻成立の日から二〇〇日後、又は婚姻の解消若しくは取消しの日から三〇〇日以内に出生した子は婚姻中に懐胎されたものとして、母の夫を父と推定する（いわゆる嫡出の推定）と規定している。婚姻成立後二〇〇日以内の出生子は、右の嫡出推定を受けないため、あたかも未婚の女が出生した子と同様の地位におかれることとなる。

しかし、その懐胎当時に父母が内縁関係にあり、しかも子の出生までの間に婚姻が成立した場合には、内縁が実質的に婚姻と異ならないことや、婚姻届が一般に遅延する傾向にあることなどを考慮して、判例は、民法第七七二条の類推適用を認めて、このような出生子は父の認知を待つまでもなく生来の嫡出子（いわゆる嫡出推定を受けない嫡出子）であるとしている（大連判昭和一五・一・二三民集一九巻一号五四頁）。他方、戸籍の取扱いも、この判決の趣旨に従い、婚姻届出後二〇〇日以内の出生子は一様に嫡出子として取り扱うこととした（昭和一五・四・八民事甲四三二号通達）。もっとも、これは内縁中の懐胎を前提として嫡出子とする趣旨であるから、この前提を欠く場合（すなわち、内縁の夫によって懐胎されたものでない場合）には嫡出でない子となる。したがって、母から嫡出でない子として出生届をすることが認められ、また、その届出があったときは受理されることとなる（昭和二六・六・二七民事甲一三三二号回答)。

二　ところで、従前は、婚姻成立後二〇〇日以内の出生子について、母から嫡出でない子として出生届がなされ、戸籍に記載された後に、母の夫から認知の届出があったときは、これを受理して差し支えないとされていた（前掲通達)。しかし、当該出生子につき、母の夫が自己の子であるとして認知の届出をするということは、結果的にみると、嫡出でない子として出生の届出をしたことは誤りであったということになる。そこで、昭和三四年八月二八日付け民事甲第一八二七号民事局長通達によって右従前の取扱いは変更された。すなわち、母の夫から認知の届出があったとき（又は夫から、子を嫡出子とする旨の申出、若しくは追完の届出があった場合も同様である。）は、母から嫡出でない子として出生届をしたことは誤りであるため、市町村長は、これを認知届として受理することなく、嫡出でない子としての戸籍の記載を生来の嫡出子に訂正する旨の申出書として取り扱うとともに、管轄局の長の許可を得て、職権で当該子の父欄に父の氏名を記載し、父母との続柄を訂正することとされている。

本問は、右の場合の例であるが、その戸籍訂正の処理方法は、後記のとおりである。

戸籍 訂正 ~~記載~~ 許可申請

受付	平成 30年 3月 12日
	第 1987 号

戸籍	
調査	
記載	
記載調査	
送付通知	
住民票	
記載	
通知	
附票	
記載	
通知	

東京 法務局長 ○○○○ 殿			戸発第 号 平成 30 年 3 月 2 日 申請 東京都千代田区 長 ○○○○ 職印
(1)	事件本人	本籍	東京都千代田区平河町1丁目5番地
		筆頭者氏名	甲野義雄
(2)		住所及び世帯主氏名	東京都千代田区飯田橋3丁目10番8号 甲野義雄
(3)		氏名	甲野美子
		生年月日	平成26年10月12日
(4)	訂正・記載の事由		事件本人は父母婚姻後200日以内の出生子であるため、母から嫡出でない子として出生届がされていたところ、平成30年3月1日母の夫甲野義雄から事件本人を認知する届出があった。 これは、事件本人を嫡出子とする旨の申出であるので、父の氏名を記載するとともに、父母との続柄の訂正をする。
(5)	訂正・記載の趣旨		事件本人の父欄に、「甲野義雄」と記載し、<u>母欄の母の氏の記載を消除するとともに、</u>父母との続柄「長女」を「長女」と訂正する。 ※ コンピュータ戸籍においては、下線部の記載は不要である。
(6)	添付書類		認知届書謄本 戸籍謄本

上記申請を許可する。　　　　第　　　号

平成 30 年 3 月 10 日

東京 法務局長 ○○○○ 職印

(注) 1 本申請には、申請書副本1通を添付する。
2 事件本人が二人以上であるときは、必要に応じ該当欄を区切り記載する。
3 (4)欄には、訂正又は記載を要するに至った錯誤、遺漏又は過誤の事情を簡記する。
4 (5)欄には、訂正又は記載の箇所及び方法を簡明に記載する。

本籍

東京都千代田区平河町一丁目五番地

氏名

甲野義雄

平成弐拾六年五月拾日編製㊞

（出生事項省略）

平成弐拾六年五月拾日乙川梅子と婚姻届出東京都千代田区平河町一丁目五番地甲野孝雄戸籍から入籍㊞

父　甲野孝雄

母　幸子

長男

夫　義雄

出生　昭和五拾八年七月弐拾日

（出生事項省略）
平成弐拾六年五月拾日甲野義雄と婚姻届出東京都千代田区九段南二丁目八番地乙川忠夫戸籍から入籍㊞

父	乙川忠夫
母	花子
	女長
妻	梅子
生出	昭和六拾年弐月七日

平成弐拾六年拾月拾弐日東京都文京区で出生同月弐拾五日母届出同月参拾日同区長から送付入籍㊞
父の申出により平成参拾年参月拾日許可同月拾弐日父欄記載父母との続柄訂正㊞

父	**甲野義雄**
母	~~甲野~~梅子
	~~女長~~ **女長**
	美子
生出	平成弐拾六年拾月拾弐日

（コンピュータシステムによる証明書記載例）

（2の1）　全 部 事 項 証 明

本　　籍 氏　　名	東京都千代田区平河町一丁目５番地 甲野　義雄
戸籍事項 　戸籍編製	 【編製日】平成２６年５月１０日
戸籍に記録されている者	【名】義雄 【生年月日】昭和５８年７月２０日　　【配偶者区分】夫 【父】甲野孝雄 【母】甲野幸子 【続柄】長男
身分事項 　出　　生 　婚　　姻	 （出生事項省略） 【婚姻日】平成２６年５月１０日 【配偶者氏名】乙川梅子 【従前戸籍】東京都千代田区平河町一丁目５番地　甲野孝雄
戸籍に記録されている者	【名】梅子 【生年月日】昭和６０年２月７日　　【配偶者区分】妻 【父】乙川忠夫 【母】乙川花子 【続柄】長女
身分事項 　出　　生 　婚　　姻	 （出生事項省略） 【婚姻日】平成２６年５月１０日 【配偶者氏名】甲野義雄 【従前戸籍】東京都千代田区九段南二丁目８番地　乙川忠夫
戸籍に記録されている者	【名】美子 【生年月日】平成２６年１０月１２日 **【父】甲野義雄** 【母】甲野梅子 **【続柄】長女**
身分事項 　出　　生	 【出生日】平成２６年１０月１２日 【出生地】東京都文京区 【届出日】平成２６年１０月２５日 【届出人】母 【送付を受けた日】平成２６年１０月３０日 【受理者】東京都文京区長
記　　録	**【記録日】平成３０年３月１２日**

発行番号

（2の2）　全部事項証明

	【記録事項】父の氏名 【記録事由】父の申出 【許可日】平成３０年３月１０日 【関連訂正事項】父母との続柄 【従前の記録】 　　【父母との続柄】長女 【記録の内容】 　　【父】甲野義雄
	以下余白

発行番号

〔注〕 1 「戸籍に記録されている者」欄に係る記録（本事例では「父の氏名」）を追加記録する場合は，追加する記録を所要の場所に記録した上，当該訂正処理事項については，身分事項に，基本タイトル（左端タイトル）「記録」を付した上で記録する。追加した記録は【記録の内容】に重ねて表示する。

2 【父母との続柄】の訂正については，上記1の父の氏名の記録事項に併せて【関連訂正事項】として処理する。本事例では，母が分娩した嫡出でない子の順により記録されている続柄「長女」を，父母の嫡出子としての続柄「長女」と訂正する（平成16・11・1民一3008号通達参照）。

問6　離婚後三〇〇日以内に出生した子について、表見上の父との間に親子関係不存在確認の裁判が確定し、所要の戸籍訂正がなされた後、右父子関係を否定された者からの認知の届出が誤って受理され、戸籍に記載された場合

解説

一　母の離婚後三〇〇日以内に出生した子は、母の前夫の嫡出推定を受ける（民七七二条二項）ため、母からの嫡出子出生届出により離婚当時の前夫の戸籍に入籍することとなる（民七九〇条、戸一八条・五二条一項後段）。しかし、右の嫡出の推定は、一応の法律上の推定であるから、もしその推定が事実に反するときは、反対の事実を主張してこれを否定することができる。そのためには、夫から嫡出否認の訴えを提起してその確定判決を得なければならない（民七七四条・七七五条、人訴二条。ただし、調停前置主義がとられているため、まず調停の申立てをしなければならない。家事二五七条・二七七条）。もっとも、この嫡出推定が実質的に及ばない場合（例えば、妻が子を懐胎した当時、夫の行方不明又は外国滞在等により、夫婦の同棲を欠き、夫の子でないことが外観上明白である場合）には、親子関係不存在確認の裁判により父子関係を否定することができるものとされている（最判昭和四四・五・二九民集二三巻六号一〇六四頁、最判平成二六・七・一七民集六八巻六号五四七頁ほか）。そして、右の各裁判が確定したときは、前記の出生子は、母の嫡出でない子となるため、その裁判の確定に基づく戸籍法第一一六条の戸籍訂正申請により、母の前夫の戸籍から出生当時の母の戸籍（すなわち離婚後の戸籍）に入籍又は移記する戸籍訂正がされることとなる（『改訂設題解説戸籍実務の処理Ⅺ戸籍訂正各論編⑴出生（上）』二六四頁、『同Ⅻ戸籍訂正各論編⑵出生（下）』一一二頁等参照）。

二　ところで、本問は、離婚後三〇〇日以内の出生子について、母の前夫からなされた親子関係不存在確認の裁判確定に基づく戸籍訂正申請により、同夫の戸籍から母の戸籍に移記する訂正（前述一参照）がされた後において、父子関係を否定された者（すなわち、母の前夫）から、右の子に対する認知届がなされ、これが誤って受理され戸籍に記載された場合の戸籍訂正の事例である。この場合、当該認知の届出は、前記の裁判により父子関係が否定された者同士を当事者とする無効の認知届であることは明らかであり、これを受理したことは市町村長の誤りというべきであるから、管轄局の長の許可を得て訂正することとなる。

この場合における戸籍訂正処理の方法は、後記のとおりである。

【戸籍訂正許可申請書式】

戸籍 訂正/~~記載~~ 許可申請

受	平成 28 年 8 月 7 日
付	第 1456 号

戸籍	
調査	
記載	
記載調査	
送付通知	
住民票	
記載	
通知	
附票	
記載	
通知	

東京 法務局長 ○○○○ 殿			戸発第 号 平成 28 年 7 月 31 日 申請 東京都杉並区 長 ○○○○ 職印	
(1)	事件本人	本籍	東京都杉並区高円寺南2丁目8番地	東京都杉並区方南3丁目7番地
		筆頭者氏名	乙野芳子	甲原三郎
(2)		住所及び世帯主氏名	東京都杉並区高円寺南2丁目9番1号　乙野芳子	東京都杉並区方南3丁目7番2号　甲原三郎
(3)		氏名	乙野雪夫	甲原三郎
		生年月日	平成26年10月5日	昭和58年1月25日
(4)	訂正・記載の事由		事件本人乙野雪夫は平成27年8月4日事件本人甲原三郎との間に親子関係不存在確認の裁判が確定し、戸籍訂正がなされているところ、平成28年7月11日に同甲原三郎が同乙野雪夫を認知する届出がなされ、これを受理したのは当職の誤りであるから、許可を得て認知事項を消除したい。	
(5)	訂正・記載の趣旨		事件本人乙野雪夫につき認知事項を消除するとともに父の記載を消除し、事件本人甲野三郎について認知事項を消除する。	
(6)	添付書類		認知届書謄本 戸籍謄本	

上記申請を許可する。　　　第　　号

平成 28 年 8 月 4 日

東京 法務局長 ○○○○ 職印

（注）1　本申請には、申請書副本1通を添付する。
2　事件本人が二人以上であるときは、必要に応じ該当欄を区切り記載する。
3　(4)欄には、訂正又は記載を要するに至った錯誤、遺漏又は過誤の事情を簡記する。
4　(5)欄には、訂正又は記載の箇所及び方法を簡明に記載する。

父母離婚当時の戸籍

本籍	東京都杉並区方南三丁目七番地
氏名	甲原三郎

（戸籍編製事項省略）

（出生事項省略）

（婚姻事項省略）

平成弐拾六年弐月拾五日妻芳子と協議離婚届出㊞

~~平成弐拾八年七月拾壱日東京都杉並区高円寺南二丁目八番地乙野芳子同籍雪夫を認知届出㊞~~

認知の記載は錯誤につき平成弐拾八年八月四日許可同月七日その記載消除㊞

父	甲原英夫
母	はな子
	男二
夫	三郎
出生	昭和五拾八年壱月弐拾五日

（出生事項省略）

（婚姻事項省略）

平成弐拾六年弐月拾五日夫三郎と協議離婚届出東京都杉並区高円寺南二丁目八番地に新戸籍編製につき除籍㊞

父　乙野義一

母　梅子

二女

妻　芳子

出生　昭和五拾八年九月参日

平成弐拾六年拾月五日東京都杉並区で出生同月拾八日母届出入籍㊞

親権者母㊞

平成弐拾七年八月四日甲原三郎との親子関係不存在確認の裁判確定同月九日同人申請父の記載消除父母との続柄訂正東京都杉並区高円寺南二丁目八番地乙野芳子戸籍に移記につき消除㊞

父　~~甲原三郎~~

母　乙野芳子

~~長男~~　男

雪夫

出生　平成弐拾六年拾月五日

母離婚後の戸籍

本籍	東京都杉並区高円寺南二丁目八番地
氏名	乙野芳子

平成弐拾六年弐月拾五日編製㊞

（出生事項省略）

平成弐拾六年弐月拾五日夫甲原三郎と協議離婚届出東京都杉並区方南三丁目七番地甲原三郎戸籍から入籍㊞

父	乙野義一
母	梅子
	二女
	芳子
出生	昭和五拾八年九月参日

（出生事項省略）
平成弐拾七年八月四日甲原三郎との親子関係不存在確認の裁判確定同月九
日同人申請東京都杉並区方南三丁目七番地甲原三郎戸籍から移記㊞
~~平成弐拾八年七月拾壱日東京都杉並区方南三丁目七番地甲原三郎認知届~~
~~出㊞~~
認知の記載は錯誤につき平成弐拾八年八月四日許可同月七日その記載消
除㊞

父	~~甲原三郎~~
母	乙野芳子
	長男
	雪夫
生出	平成弐拾六年拾月五日

父	
母	
生出	

父母離婚当時の戸籍（コンピュータシステムによる証明書記載例）

（2の1）　全部事項証明

本　　籍 氏　　名	東京都杉並区方南三丁目７番地 甲原　三郎
戸籍事項 　戸籍編製	（編製事項省略）
戸籍に記録されている者	【名】三郎 【生年月日】昭和５８年１月２５日 【父】甲原英夫 【母】甲原はな子 【続柄】二男
身分事項 　出　　生	（出生事項省略）
婚　　姻	（婚姻事項省略）
離　　婚	【離婚日】平成２６年２月１５日 【配偶者氏名】甲原芳子
消　　除	**【消除日】平成２８年８月７日** **【消除事項】認知事項** **【消除事由】認知の記録錯誤** **【許可日】平成２８年８月４日** **【従前の記録】** 　　**【認知日】平成２８年７月１１日** 　　**【認知した子の氏名】乙野雪夫** 　　**【認知した子の戸籍】東京都杉並区高円寺南二丁目８番地** 　　　　**乙野芳子**
戸籍に記録されている者 除　　籍	【名】芳子 【生年月日】昭和５８年９月３日 【父】乙野義一 【母】乙野梅子 【続柄】二女
身分事項 　出　　生	（出生事項省略）
婚　　姻	（婚姻事項省略）
離　　婚	【離婚日】平成２６年２月１５日 【配偶者氏名】甲原三郎 【新本籍】東京都杉並区高円寺南二丁目８番地
戸籍に記録されている者 消　　除	【名】雪夫 【生年月日】平成２６年１０月５日

発行番号

（２の２）　全部事項証明

	【父】 【母】乙野芳子 【続柄】長男
身分事項 出　生	【出生日】平成２６年１０月５日 【出生地】東京都杉並区 【届出日】平成２６年１０月１８日 【届出人】母
親　権	【親権者】母
消　除	【消除日】平成２７年８月９日 【消除事項】父の氏名 【消除事由】甲原三郎との親子関係不存在確認の裁判確定 【裁判確定日】平成２７年８月４日 【申請日】平成２７年８月９日 【申請人】甲原三郎 【関連訂正事項】父母との続柄 【従前の記録】 【父】甲原三郎 【父母との続柄】長男
移　記	【移記日】平成２７年８月９日 【移記事項】出生事項 【移記事由】甲原三郎との親子関係不存在確認の裁判確定 【裁判確定日】平成２７年８月４日 【申請日】平成２７年８月９日 【申請人】甲原三郎 【移記後の戸籍】東京都杉並区高円寺南二丁目８番地　乙野芳子
	以下余白

発行番号

〔注〕 本事例の認知事項のように身分事項（又は戸籍事項）の一事項全てを消除する場合は，基本タイトル（左端タイトル）「消除」により訂正処理を行う。消除する記録（紙戸籍において朱線抹消又は朱線交さする記載）については，記録上消除することなく【従前の記録】として表示する。

母離婚後の戸籍（コンピュータシステムによる証明書記載例）

（1の1）　全部事項証明

本　　籍 氏　　名	東京都杉並区高円寺南二丁目８番地 乙野　芳子
戸籍事項 　戸籍編製	【編製日】平成２６年２月１５日
戸籍に記録されている者	【名】芳子 【生年月日】昭和５８年９月３日 【父】乙野義一 【母】乙野梅子 【続柄】二女
身分事項 　出　　生	（出生事項省略）
離　　婚	【離婚日】平成２６年２月１５日 【配偶者氏名】甲原三郎 【従前戸籍】東京都杉並区方南三丁目７番地　甲原三郎
戸籍に記録されている者	【名】雪夫 【生年月日】平成２６年１０月５日 【父】 【母】乙野芳子 【続柄】長男
身分事項 　出　　生	（出生事項省略）
移　　記	【移記日】平成２７年８月９日 【移記事由】甲原三郎との親子関係不存在確認の裁判確定 【裁判確定日】平成２７年８月４日 【申請日】平成２７年８月９日 【申請人】甲原三郎 【移記前の戸籍】東京都杉並区方南三丁目７番地　甲原三郎
消　　除	**【消除日】平成２８年８月７日** **【消除事項】認知事項** **【消除事由】認知の記録錯誤** **【許可日】平成２８年８月４日** **【従前の記録】** 　**【認知日】平成２８年７月１１日** 　**【認知者氏名】甲原三郎** 　**【認知者の戸籍】東京都杉並区方南三丁目７番地　甲原三郎**
	以下余白

発行番号

問7　嫡出でない子について、父の認知届によって誤って父の戸籍に入籍させた場合

解説

一　子が父又は母のいずれの戸籍に入籍するかは子の称する氏によって決定される。すなわち、嫡出の子は父母の氏を称し、嫡出でない子は母の氏を称するのであり（民七九〇条）、父母の氏を称する子は父母の戸籍に、母の氏を称する子は母の戸籍に入籍する（戸一八条）というのが原則である。そして、子の氏は、民法第七九一条所定の要件を備え、同条が規定する手続をとらない限り、変更することはない。そのために嫡出でない子を認知しても、そのことのみによって子の氏が変更するということはないし、また、戸籍の変動もない。したがって、嫡出でない子が父に認知されても、「認知」という身分行為のみにより子が父の戸籍に入籍するということはないのである。それにもかかわらず、本問の場合は、父の認知届によって、嫡出でない子を父の戸籍に入籍させるという処理をしたものであって、それに基づく戸籍の記載には誤りがあるから、これを訂正する必要がある。

二　この場合の戸籍の処理は、認知届書の記載に誤りがあったのではなく、市町村長が、届出に基づく戸籍の処理をするに当たり誤ったことによるものであるから、市町村長限りの職権によって訂正することは許されず、管轄局の長の許可を得る必要がある（戸二四条二項）。

右の戸籍訂正許可申請書及び戸籍訂正の処理方法について示せば、次のとおりである。

【戸籍訂正許可申請書式】

戸籍 訂正 ~~記載~~ 許可申請

受付	平成 29 年 6 月 15 日
	第 3519 号

戸籍	
調査	
記載	
記載調査	
送付通知	
住民票	
記載	
通知	
附票	
記載	
通知	

東京 法務局長 ○○○○ 殿			戸発第　号 平成 29 年 6 月 11 日 申請 東京都千代田区 長 ○○○○ 職印	
(1)	事件本人	本籍	東京都千代田区平河町1丁目5番地	東京都千代田区九段南2丁目8番地
		筆頭者氏名	甲野義雄	乙川梅子
(2)		住所及び世帯主氏名	東京都千代田区飯田橋3丁目10番8号 乙川梅子	
(3)		氏名	甲野順一	乙川順一
		生年月日	平成27年10月1日	平成27年10月1日
(4)	訂正・記載の事由		上記事件本人甲野順一が平成29年3月10日甲野義雄に認知された際、事件本人を父の戸籍に入籍させたのは、当職の誤りであるので、事件本人を父甲野義雄の戸籍から消除し、母乙川梅子の戸籍に回復させる。	
(5)	訂正・記載の趣旨		甲野義雄戸籍について 認知による入籍の記載は誤りにつき、許可を得てその記載を消除する。 乙川梅子戸籍について 認知によって父の戸籍に入籍させたのは誤りにつき、入籍による除籍事項を消除し、事件本人を母の戸籍の末尾に回復する。	
(6)	添付書類		認知届書謄本 父、母の戸籍謄本	

上記申請を許可する。　　第　　号

平成 29 年 6 月 13 日

東京 法務局 ○○○○ 職印

(注) 1　本申請には、申請書副本1通を添付する。
2　事件本人が二人以上であるときは、必要に応じ該当欄を区切り記載する。
3　(4)欄には、訂正又は記載を要するに至った錯誤、遺漏又は過誤の事情を簡記する。
4　(5)欄には、訂正又は記載の箇所及び方法を簡明に記載する。

母の戸籍中子の従前及び回復後の欄

本籍
東京都千代田区九段南二丁目八番地

氏名
乙川梅子

（編製事項省略）

（出生事項省略）

~~平成弐拾九年参月拾日東京都千代田区平河町一丁目五番地甲野義雄認知届出甲野義雄戸籍に入籍につき除籍㊞~~

認知による除籍の記載は誤記につき平成弐拾九年六月拾参日許可同月拾五日その記載消除㊞

父　甲野義雄
母　乙川梅子
長男

順
一

出生
平成弐拾七年拾月壱日

（出生事項省略）

平成弐拾九年参月拾日東京都千代田区平河町一丁目五番地甲野義雄認知届出㊞

父	甲野義雄	長男
母	乙川梅子	
	順一	
出生	平成弐拾七年拾月壱日	

〔注〕子の回復後の身分事項欄には、出生事項及び認知事項を記載するのみで足り（戸規三九条二項）、回復に関する訂正事項の記載は要しない。

父の戸籍中子の欄

本籍　東京都千代田区平河町一丁目五番地

氏名　甲野義雄

（編製事項省略）

（出生事項省略）

~~平成弐拾九年参月拾日甲野義雄認知届出東京都千代田区九段南一丁目八番地乙川梅子戸籍から入籍㊞~~

認知による入籍の記載は誤記につき平成弐拾九年六月拾参日許可同月拾五日消除㊞

父　甲野義雄

母　乙川梅子

長男

~~順一~~

出生　平成弐拾七年拾月壱日

母の戸籍中子の従前及び回復後の欄（コンピュータシステムによる証明書記載例）

（1の1）　全部事項証明

本　　籍 氏　　名	東京都千代田区九段南二丁目８番地 乙川　梅子
戸籍事項 　戸籍編製	（編製事項省略）
戸籍に記録されている者 除　　籍	【名】順一 【生年月日】平成２７年１０月１日 【父】甲野義雄 【母】乙川梅子 【続柄】長男
身分事項 　出　　生	（出生事項省略）
認　　知	【認知日】平成２９年３月１０日 【認知者氏名】甲野義雄 **【認知者の戸籍】東京都千代田区平河町一丁目５番地　甲野義雄**
訂　　正	**【訂正日】平成２９年６月１５日** **【訂正事由】認知による除籍の記録誤記** **【許可日】平成２９年６月１３日** **【従前の記録】** **　　【入籍戸籍】東京都千代田区平河町一丁目５番地　甲野義雄**
戸籍に記録されている者	【名】順一 【生年月日】平成２７年１０月１日 【父】甲野義雄 【母】乙川梅子 【続柄】長男
身分事項 　出　　生	（出生事項省略）
認　　知	【認知日】平成２９年３月１０日 【認知者氏名】甲野義雄 【認知者の戸籍】東京都千代田区平河町一丁目５番地　甲野義雄
	以下余白

発行番号

〔注〕１　コンピュータ戸籍においては，通常，本事例のような誤りは生じない。なお，コンピュータ戸籍の仕様上，被認知者の認知事項中に【入籍戸籍】のインデックスは表示できないが，参考として記載例を示した（木村三男監修『改訂第２版注解コンピュータ記載例対照戸籍記載例集』411頁）。

２　本事例の認知事項のように，身分事項の一部を訂正する場合には，段落ちタイトル「訂正」により処理を行う。

父の戸籍中子の欄（コンピュータシステムによる証明書記載例）

（1の1）　全部事項証明

本　　籍 氏　　名	東京都千代田区平河町一丁目５番地 甲野　義雄
戸籍事項 　戸籍編製	（編製事項省略）
〜〜〜〜	〜〜〜〜
戸籍に記録されている者 **消　除**	【名】順一 【生年月日】平成２７年１０月１日 【父】甲野義雄 【母】乙川梅子 【続柄】長男
身分事項 　出　生	（出生事項省略）
消　除	**【消除日】平成２９年６月１５日** **【消除事項】認知事項** **【消除事由】認知による入籍の記録誤記** **【許可日】平成２９年６月１３日** **【従前の記録】** **【認知日】平成２９年３月１０日** **【認知者氏名】甲野義雄** **【従前戸籍】東京都千代田区九段南二丁目８番地　乙川梅子**
	以下余白

発行番号

〔注〕 1　コンピュータ戸籍においては，通常，本事例のような誤りは生じないが，参考として記載例を示した（木村三男監修『改訂第２版注解コンピュータ記載例対照戸籍記載例集』411頁）。

2　本事例の認知事項のように身分事項（又は戸籍事項）の一事項全てを消除する場合は，基本タイトル（左端タイトル）「消除」により訂正処理を行う。消除する記録（紙戸籍において朱線抹消又は朱線交さする記載）については，記録上消除することなく【従前の記録】として表示する。

問8　父母の婚姻後に父の認知によって準正嫡出子となった子について、入籍の届出がないにもかかわらず、誤って父母の戸籍に入籍させた場合

解説　一　嫡出子は、父母の氏を称して父母の戸籍に入籍する（民七九〇条一項、戸一八条一項）が、ここにいう「父母の氏を称する子」とは生来の「嫡出子」を意味する。従来、準正により嫡出子の身分を取得した場合も、「準正」の効果として当然に父母の氏を称し、父母の戸籍に入籍するものとして取り扱われていた（昭和三五・一二・一六民事甲三〇九一号通達）が、昭和六二年法律第一〇一号によって民法第七九一条の規定が改正されたのを契機としてこの取扱いは改められ、準正嫡出子は、当然には父母の氏を称しないものとされた。そして、準正嫡出子が、父母の氏を称して父母の戸籍に入籍するには、戸籍法第九八条に定める入籍届によってすることとされた（昭和六二・一〇・一民二―五〇〇〇号通達）。

二　本問は、右取扱いの変更後において従前の取扱いにより、子を父母の戸籍に入籍させた場合である。したがって、その取扱いには市町村長の誤りがあるため、市町村長は、管轄局の長の許可を得て職権により訂正を要することとなる。

右の場合における戸籍訂正の処理方法は、後記のとおりである。なお、この場合、子の従前の戸籍の戸籍事項欄にする記載は、「戸籍消除の記載は誤記につき平成　年　月　日その記載消除㊞」とするが、「戸籍消除の記載は誤記につき」は戸籍記載（消除）の事由であり、「平成　年　月　日」は戸籍消除の年月日である。また、「その記載消除」は戸籍処理の内容を明示している。そして、管轄局の長の許可を得た旨及びその年月日の記載がないのは、誤って入籍の記載をした者の身分事項欄に、「年月日許可」と記載されるので、戸籍事項欄の記載を簡略にするため省略する趣旨である。これは、一つの事件によって戸籍事項欄と身分事項欄の双方に記載する場合の共通的原則である。

また、別途回復する子・順子の身分事項欄には、従前の身分事項欄に記載されている事項のうち重要身分事項のみを移記する（戸規三九条二項）が、回復に関する訂正事項の記載は要しない取扱いであるため（昭和五四・八・二一民二―四三九一号通達参照）、その戸籍事項欄にする記載には戸籍訂正許可の年月日を記載することとされている。

【戸籍訂正許可申請書式】

戸籍訂正（~~記載~~）許可申請

受付	平成 29 年 9 月 27 日	戸籍	
	第 3520 号	調査	
		記載	
		記載調査	
		送付通知	
		住民票	
		記載	
		通知	
		附票	
		記載	
		通知	

東京 法務局長 ○ ○ ○ ○ 殿		戸発第 号 平成 29 年 9 月 20 日 申請 東京都千代田区 長 ○ ○ ○ ○ 職印	
(1)	事件本人	本籍	東京都千代田区平河町1丁目5番地
		筆頭者氏名	甲野義雄
(2)		住所及び世帯主氏名	東京都千代田区飯田橋3丁目10番8号 甲野正男
(3)		氏名	甲野順子
		生年月日	平成27年10月1日
(4)	訂正・記載の事由		事件本人は平成29年3月10日甲野義雄の認知届出により準正嫡出子の身分を取得したものであるが、入籍の届出がないにもかかわらず、当職の過誤によって、事件本人を母の戸籍である東京都千代田区九段南2丁目8番地乙川梅子戸籍から除籍し、父母の戸籍に入籍させたため。
(5)	訂正・記載の趣旨		1 甲野義雄戸籍中、順子の記載を消除し、東京都千代田区九段南2丁目8番地乙川梅子戸籍を回復の上、順子の記載を回復する。 2 上記によって回復した戸籍の順子について、認知事項を記載する。
(6)	添付書類		認知届書及び戸籍謄本

上記申請を許可する。　　　　第　　　号

平成 29 年 9 月 25 日

東京 法務局長 ○ ○ ○ ○ 職印

(注) 1 本申請には、申請書副本1通を添付する。
2 事件本人が二人以上であるときは、必要に応じ該当欄を区切り記載する。
3 (4)欄には、訂正又は記載を要するに至った錯誤、遺漏又は過誤の事情を簡記する。
4 (5)欄には、訂正又は記載の箇所及び方法を簡明に記載する。

父の戸籍

本籍	東京都千代田区平河町一丁目五番地
氏名	甲野義雄

（編製事項省略）

（出生事項省略）

（婚姻事項省略）

父	甲野義太郎
母	竹子
続柄	長男
夫	義雄
出生	昭和五拾八年参月拾日

（出生事項省略）

（婚姻事項省略）

父　乙川敏夫
母　伸子
長女

妻　梅子

生出　昭和六拾参年参月参日

（出生事項省略）

~~平成弐拾九年参月拾日甲野義雄認知届出東京都千代田区九段南一丁目八番地乙川梅子戸籍から入籍㊞~~

認知による入籍の記載は誤記につき平成弐拾九年九月弐拾五日許可同月弐拾七日その記載消除㊞

父　甲野義雄
母　梅子
長女

~~順子~~

生出　平成弐拾七年拾月壱日

従前の子の戸籍

除籍

本籍　東京都千代田区九段南二丁目八番地

氏名　乙川梅子

（戸籍編製事項省略）

~~（戸籍消除事項省略）~~

戸籍消除の記載は誤記につき平成弐拾九年九月弐

拾七日その記載消除㊞

（出生事項省略）

~~平成弐拾九年参月拾日東京都千代田区平河町一丁目五番地甲野義雄認知届~~

~~出父母との続柄訂正甲野義雄戸籍に入籍につき除籍㊞~~

認知による除籍の記載は誤記につき平成弐拾九年九月弐拾五日許可同月弐

拾七日その記載消除㊞

父　甲野義雄

母　~~乙川梅子~~

長女（~~長女~~）

順子

出生　平成弐拾七年拾月壱日

回復した子の戸籍

本籍　東京都千代田区九段南二丁目八番地

氏名　乙川梅子

戸籍消除の記載は誤記につき平成弐拾九年九月弐拾五日許可同月弐拾七日回復㊞

（出生事項省略）

平成弐拾九年参月拾日東京都千代田区平河町一丁目五番地甲野義雄認知届出父母との続柄訂正㊞

父　甲野義雄

母　梅子

長女

順子

生出　平成弐拾七年拾月壱日

父の戸籍（コンピュータシステムによる証明書記載例）

（2の1）　全部事項証明

本　　籍	東京都千代田区平河町一丁目５番地
氏　　名	甲野　義雄
戸籍事項 　戸籍編製	（編製事項省略）
戸籍に記録されている者	【名】義雄 【生年月日】昭和５８年３月１０日　　【配偶者区分】夫 【父】甲野義太郎 【母】甲野竹子 【続柄】長男
身分事項 　出　　生	（出生事項省略）
婚　　姻	（婚姻事項省略）
戸籍に記録されている者	【名】梅子 【生年月日】昭和６３年３月３日　　【配偶者区分】妻 【父】乙川敏夫 【母】乙川伸子 【続柄】長女
身分事項 　出　　生	（出生事項省略）
婚　　姻	（婚姻事項省略）
戸籍に記録されている者 消　　除	【名】順子 【生年月日】平成２７年１０月１日 【父】甲野義雄 【母】甲野梅子 【続柄】長女
身分事項 　出　　生	（出生事項省略）
消　　除	**【消除日】平成２９年９月２７日 【消除事項】認知事項 【消除事由】認知による入籍の記録誤記 【許可日】平成２９年９月２５日 【従前の記録】 　　【認知日】平成２９年３月１０日 　　【認知者氏名】甲野義雄**

発行番号

（2の2）　全部事項証明

	【従前戸籍】東京都千代田区九段南二丁目８番地　乙川梅子
	以下余白

発行番号

〔注〕 1　コンピュータ戸籍においては，通常，本事例のような誤りは生じないが，参考として記載例を示した（木村三男監修『改訂第２版注解コンピュータ記載例対照戸籍記載例集』411頁参照）。

2　本事例の認知事項のように身分事項（又は戸籍事項）の一事項全てを消除する場合は，基本タイトル（左端タイトル）「消除」により訂正処理を行う。消除する記録（紙戸籍において朱線抹消又は朱線交さする記載）については，記録上消除することなく【従前の記録】として表示する。

従前の子の戸籍（コンピュータシステムによる証明書記載例）

除　　籍	（1の1）　全部事項証明
本　　籍 氏　　名	東京都千代田区九段南二丁目８番地 乙川　梅子
戸籍事項 　戸籍編製 　**消　　除**	（編製事項省略） **【消除日】平成２９年９月２７日** **【消除事項】戸籍消除事項** **【消除事由】戸籍消除の記録誤記** **【従前の記録】** 　**【消除日】平成２９年３月１０日**
〜〜〜	〜〜〜
戸籍に記録されている者 除　　籍	【名】順子 【生年月日】平成２７年１０月１日 【父】甲野義雄 【母】甲野梅子 【続柄】長女
身分事項 　出　　生	（出生事項省略）
更　　正	【更正日】平成２９年３月１０日 【更正事項】母の氏名 【更正事由】母婚姻 【従前の記録】 　【母】乙川梅子
認　　知	【認知日】平成２９年３月１０日 【認知者氏名】甲野義雄 **【認知者の戸籍】東京都千代田区平河町一丁目５番地　甲野義雄** 【関連訂正事項】父母との続柄 【従前の記録】 　【父母との続柄】長女
訂　　正	**【訂正日】平成２９年９月２７日** **【訂正事由】認知による除籍の記録誤記** **【許可日】平成２９年９月２５日** **【従前の記録】** 　**【入籍戸籍】東京都千代田区平河町一丁目５番地　甲野義雄**
	以下余白

発行番号

〔注〕 コンピュータ戸籍においては，通常，本事例のような誤りは生じない。なお，コンピュータ戸籍の仕様上，被認知者の認知事項中に【入籍戸籍】のインデックスは表示できないが，参考として記載例を示した（木村三男監修『改訂第２版注解コンピュータ記載例対照戸籍記載例集』411頁参照。

59　第二　市町村長が管轄局の長の許可を得てする訂正

回復した子の戸籍（コンピュータシステムによる証明書記載例）

（1の1）　全部事項証明

本　　籍 氏　　名	東京都千代田区九段南二丁目８番地 乙川　梅子
戸籍事項 　戸籍編製 　**戸籍回復**	 （編製事項省略） **【回復日】平成２９年９月２７日** **【回復事由】戸籍消除の記録誤記** **【許可日】平成２９年９月２５日**
〜〜〜	〜〜〜
戸籍に記録されている者	 【名】順子 【生年月日】平成２７年１０月１日 【父】甲野義雄 【母】甲野梅子 【続柄】長女
身分事項 　出　　生	 （出生事項省略）
認　　知	**【認知日】平成２９年３月１０日** **【認知者氏名】甲野義雄** **【認知者の戸籍】東京都千代田区平河町一丁目５番地　甲野義雄** **【関連訂正事項】父母との続柄** **【従前の記録】** 　　**【父母との続柄】長女**
	以下余白

発行番号

〔**注**〕　コンピュータ戸籍においては，通常，本事例のような誤りは生じない。

第二節　申請による訂正

第一　戸籍法第一一三条による訂正

問9　旧法施行中に戸主である父の認知によって父の戸籍に入籍すべき子の入除籍の記載が遺漏していたため、子が母の戸籍から婚姻により新戸籍を編製している場合

解説

一　旧民法（明治三一年六月二一日法律第九号）当時においては、「子ハ父ノ家ニ入ル」ものとされていたので（旧民七三三条一項）、父に認知された子は、父の家（戸籍）に入籍することとなっていた。しかし、家族の子でも嫡出の子でない者は、戸主の同意がなければ父の家に入ることはできないとされていた（旧民七三五条一項）。したがって、認知者が家族である場合には、その属する家の戸主の同意がない限り被認知者（子）は認知者の家に入ることができないこととなる。

二　本問は、認知者である父が戸主であるため、他家にある被認知者（子）は当然に父の家（戸籍）に入籍されるべきであったところ、その処理を遺漏したことから、子が、母の戸籍に在籍したままの状態で、その戸籍から婚姻により新戸籍が編製された場合である。したがって、その訂正は、被認知者である子について、認知による入除籍に関する訂正と婚姻による新戸籍の婚姻事項中従前戸籍の表示について、母の戸籍から入籍した記載となっているのを、父の戸籍から入籍した記載に訂正する必要がある。

なお、本問の訂正については、戸籍の処理に誤りを生じた原因が、認知届の際に、届出人である父が戸主であることを届書上明らかにしていなかった等、届出人に過誤があったとすれば、届出人、事件本人、利害関係人等からの戸籍法第一一三条の訂正手続により戸籍訂正をすることになる。もっとも、届出時における届書の記載は正しかったにもかかわらず、市町村長の過誤により戸籍の記載処理に誤りが生じたのであれば、市町村長は、管轄局の長の許可を得て職権で訂正をすることになる。しかし、戸籍届書の保存期間は、旧法施行当時においては一〇年間であり（大正三年戸細五一条一項四号）、現行法においては二七年間であるため（戸規四九条）、現在においては、旧民法当時の認知届書の記載によって戸籍記載の誤りの原因を判断することはできない。そこで、一次的には、戸籍法第二四条第一項によって、届出人又は事件本人に対して戸籍の訂正手続をとるよう促す必要がある。そして、届出人又は事件本人がその手続をとらないときには、二次的処置として、市町村長は、戸籍法第二四条第二項の規定により職権で訂正をすることになる。

1　戸籍法第一一三条の規定により戸籍訂正申請があった場合

本来的には、旧法戸籍（認知当時の戸籍）において、認知による入籍と母の戸籍の除籍の記載処理をすべきであるが、改製完了後の今日においては、便宜、改製後の父の戸籍において入除籍の記載をすればよいものと考える。この場合の訂正方法を示せば、次のようになる。

(1)　被認知者（子）の婚姻前の戸籍（母の戸籍）の同人の身分事項欄に、認知による除籍の記載をするとともに、婚姻事項を、認知により入籍した父の戸籍中の同人の身分事項欄に移記につき消除する。

(2)　認知者（父）の改製戸籍の末尾に、被認知者（子）を入籍させ、その身分事項欄に認知による入籍の記載をするとともに、婚姻事項を被認知者の従前戸籍から移記をした上で除籍する。

(3)　被認知者（子）の婚姻による新戸籍中、筆頭者の氏を認知者（父）の氏に訂正し、同人の身分事項欄の婚姻事項中、従前戸籍の表示を認知者父の戸籍の表示に訂正し、父の戸籍から入籍したように訂正する。さらに、妻の身分事項欄の婚姻事項中夫の氏を訂正するとともに、同夫婦に子があるときは子の父欄の氏を訂正する。

(4)　妻の婚姻前の戸籍中、同人の身分事項欄の婚姻除籍事項中の夫の氏を訂正する。

以上の趣旨による戸籍訂正申請に基づく戸籍訂正の具体的な処理方法を示せば、後記のとおりである。

2　戸籍法第二四条第二項の規定により市町村長が管轄局の長の許可を得て職権で訂正する場合

この場合は、旧法施行当時の法解釈を誤り、戸主である父が認知した子を父の戸籍に入籍させる処理を遺漏したものであるから、子の認知による入除籍の記載について管轄局の長の許可を得て職権で訂正することになる。

その後における子自身の婚姻の届出に基づく戸籍の記載の過誤等については、戸籍法第一一三条の規定による戸籍訂正手続によって訂正するのが相当と思われるが、前述の過誤の原因等に照らせば、前記の訂正手続の一連の中で、市町村長が職権で、すべての関連戸籍の訂正を行って差し支えないと考える。この場合における戸籍訂正の処理方法は、基本的に（戸籍訂正事項「年月日戸籍訂正許可の裁判確定…」（戸一一三条の場合）を「年月日許可…」（戸二四条二項の場合）とする点を除いて）前述1の場合と変わらない。

【戸籍訂正申請書式】

戸籍訂正申請

東京都台東 市区(区に丸) 町村 長 殿

平成 10 年 9 月 8 日申請

受付	平成 10 年 9 月 8 日
	第 4321 号

(一) 事件本人	本籍	東京都台東区浅草6丁目23番地		東京都台東区浅草6丁目23番地	東京都台東区蔵前2丁目18番地	東京都文京区本郷3丁目20番地
	筆頭者氏名	乙川啓二郎		乙川梅子	甲野義雄	平原昌夫
(二)	住所及び世帯主氏名	東京都台東区浅草6丁目35番6号　乙川啓二郎		東京都台東区浅草6丁目35番6号　乙川啓二郎		
(三)	氏名	乙川啓二郎	乙川洋子	乙川啓二郎	甲野啓二郎	平原洋子
	生年月日	昭和20年2月19日	昭和22年3月10日	昭和20年2月19日	昭和20年2月19日	昭和22年3月10日
(四)	裁判の種類	戸籍訂正許可の審判				
	裁判確定年月日	平成 10 年 9 月 1 日				
(五)	訂正の趣旨	事件本人乙川啓二郎は、昭和20年11月10日甲野義雄に認知されたので父の戸籍に入籍すべきところ、その記載が遺漏しているので、関連戸籍について下記のとおり訂正する。 1　乙川梅子戸籍の啓二郎について、上記甲野義雄戸籍に入籍（移記）させた上、その身分事項欄に婚姻事項を乙川梅子戸籍から移記して消除する。 2　乙川啓二郎戸籍の筆頭者の氏乙川を甲野と訂正する。 3　乙川啓二郎戸籍の啓二郎について、婚姻事項中従前戸籍の表示を上記甲野義雄戸籍と訂正する。 4　乙川啓二郎戸籍の洋子について、婚姻事項中夫の氏を甲野と訂正する。 5　〃　夏子について、父欄の父の氏を甲野と訂正する。 6　東京都文京区本郷3丁目20番地平原昌夫戸籍の洋子について婚姻事項中夫の氏乙川を甲野と訂正する。				
(六)	添付書類	審判の謄本、確定証明書				
(七) 申請人	本籍	東京都台東区浅草6丁目23番地				
	筆頭者氏名	乙　川　啓二郎				
	住所	東京都台東区浅草6丁目35番6号				
	署名押印	乙　川　啓二郎　㊞				
	生年月日	昭和 20 年 2 月 19 日				

戸籍	
調査	
記載	
記載調査	
送付	
住民票	
記載	
通知	
附票	
記載	
通知	

（注意）

事件本人又は申請人が二人以上であるときは、必要に応じ該当欄を区切って記載すること。

(a)　被認知者の婚姻による新戸籍

本籍	東京都台東区浅草六丁目二十三番地
氏名	甲野　~~乙川~~　啓二郎

婚姻の届出により昭和四拾八年五月四日編製㊞

申請により平成拾年九月八日筆頭者の氏の記載訂正㊞

（出生事項省略）

父東京都台東区蔵前二丁目十八番地甲野義雄認知届出昭和弐拾年拾壱月拾日受附㊞

昭和四拾八年五月弐日平原洋子と婚姻届出同月四日東京都千代田区長から送付~~東京都台東区浅草六丁目二十三番地乙川梅子~~戸籍から入籍㊞

平成拾年九月壱日戸籍訂正許可の裁判確定同月八日申請婚姻事項中従前の戸籍の表示を「東京都台東区蔵前二丁目十八番地甲野義雄」と訂正㊞

父	甲野義雄	男
母	乙川梅子	
夫	啓二郎	
出生	昭和弐拾年弐月拾九日	

（出生事項省略）

昭和四拾八年五月弐日~~乙川~~甲野啓二郎と婚姻届出同月四日東京都千代田区長から送付東京都文京区本郷三丁目二十番地平原昌夫戸籍から入籍㊞

平成拾年九月壱日戸籍訂正許可の裁判確定同月八日夫申請婚姻事項中夫の氏訂正㊞

父	平原昌夫
母	冬子
	長女
妻	洋子
生出	昭和弐拾弐年参月拾日

昭和五拾年六月七日東京都千代田区で出生同月拾七日父届出同月弐拾日同区長から送付入籍㊞

平成拾年九月壱日戸籍訂正許可の裁判確定同月八日父申請父の氏訂正㊞

父	~~乙川~~甲野啓二郎
母	洋子
	長女
	夏子
生出	昭和五拾年六月七日

(b)　被認知者の婚姻前の戸籍（母の戸籍）

本籍	東京都台東区浅草六丁目二十三番地
氏名	乙川梅子

（編製事項省略）

（出生事項省略）

父東京都台東区蔵前二丁目十八番地甲野義雄認知届出昭和弐拾年拾壱月拾日受附㊞

~~昭和四拾八年五月弐日平原洋子と婚姻届出同月四日東京都千代田区長から送付東京都台東区浅草六丁目二十三番地に夫の氏の新戸籍編製につき除籍㊞~~

認知による除籍の記載遺漏につき平成拾年九月壱日戸籍訂正許可の裁判確定同月八日申請記載婚姻による除籍の記載を東京都台東区蔵前二丁目十八番地甲野義雄戸籍に移記につき消除㊞

父	甲野義雄
母	乙川梅子
	男
	~~啓二郎~~
出生	昭和弐拾年弐月拾九日

(c) 認知者父の戸籍中子の身分事項欄

本籍 東京都台東区蔵前二丁目十八番地

氏名 甲野義雄

昭和参拾弐年法務省令第二十七号により昭和参拾参年拾月参日本戸籍編製㊞

(出生事項省略)

(婚姻事項省略)

父 亡甲野太郎

母 亡はな

長男

夫 義雄

出生 大正拾壱年七月参日

（出生事項省略）

昭和弐拾年拾壱月拾日甲野義雄認知届出東京都台東区浅草六丁目二十三番地乙川梅子戸籍から入籍㊞

昭和四拾八年五月弐日平原洋子と婚姻届出同月四日東京都千代田区長から送付東京都台東区浅草六丁目二十三番地に夫の氏の新戸籍編製につき除籍㊞

認知による入籍の記載遺漏につき平成拾年九月壱日戸籍訂正許可の裁判確定同月八日申請記載婚姻による除籍の記載を東京都台東区浅草六丁目二十三番地乙川梅子戸籍から移記の上消除㊞

父	甲野義雄
母	乙川梅子
	男
（名）	啓二郎
生出	昭和弐拾年弐月拾九日

父	
母	
生出	

(d)　被認知者の妻の婚姻前の戸籍

本籍	東京都文京区本郷三丁目二十番地
氏名	平原昌夫

（編製事項省略）

（出生事項省略）

昭和四拾八年五月弐日~~乙川~~甲野啓二郎と婚姻届出同月四日東京都千代田区長から送付東京都台東区浅草六丁目二十三番地に夫の氏の新戸籍編製につき除籍㊞

平成拾年九月壱日戸籍訂正許可の裁判確定同月八日夫申請同月拾日東京都台東区長から送付婚姻事項中夫の氏訂正㊞

父	平原昌夫
母	冬子
長女	洋子
出生	昭和弐拾弐年参月拾日

(a)　**被認知者の婚姻による新戸籍（コンピュータシステムによる証明書記載例）**

（2の1）　全部事項証明

本　　籍 氏　　名	東京都台東区浅草六丁目２３番地 **甲野　啓二郎**
戸籍事項 戸籍改製 **訂　　正**	（戸籍改製事項省略） **【訂正日】平成１０年９月８日** **【訂正事項】氏** **【訂正事由】戸籍訂正許可の裁判確定** **【裁判確定日】平成１０年９月１日** **【申請日】平成１０年９月８日** **【申請人】夫** **【従前の記録】** **【氏名】乙川啓二郎**
戸籍に記録されている者	【名】啓二郎 【生年月日】昭和２０年２月１９日　【配偶者区分】夫 【父】甲野義雄 【母】乙川梅子 【続柄】男
身分事項 出　　生	（出生事項省略）
認　　知	【認知日】昭和２０年１１月１０日 【認知者氏名】甲野義雄 【認知者の戸籍】東京都台東区蔵前二丁目１８番地　甲野義雄
婚　　姻	【婚姻日】昭和４８年５月２日 【配偶者氏名】平原洋子 【送付を受けた日】昭和４８年５月４日 【受理者】東京都千代田区長 【従前戸籍】東京都台東区蔵前二丁目１８番地　甲野義雄
訂　　正	**【訂正日】平成１０年９月８日** **【訂正事由】戸籍訂正許可の裁判確定** **【裁判確定日】平成１０年９月１日** **【申請日】平成１０年９月８日** **【従前の記録】** **【従前戸籍】東京都台東区浅草六丁目２３番地　乙川梅子**
戸籍に記録されている者	【名】洋子 【生年月日】昭和２２年３月１０日　【配偶者区分】妻 【父】平原昌夫 【母】平原冬子 【続柄】長女
身分事項 出　　生	（出生事項省略）

発行番号

（2の2）　全部事項証明

婚　姻	【婚姻日】昭和４８年５月２日 **【配偶者氏名】甲野啓二郎** 【送付を受けた日】昭和４８年５月４日 【受理者】東京都千代田区長 【従前戸籍】東京都文京区本郷三丁目２０番地　平原昌夫
訂　正	**【訂正日】平成１０年９月８日** **【訂正事由】戸籍訂正許可の裁判確定** **【裁判確定日】平成１０年９月１日** **【申請日】平成１０年９月８日** **【申請人】夫** **【従前の記録】** 　**【配偶者氏名】乙川啓二郎**
戸籍に記録されている者	【名】夏子 【生年月日】昭和５０年６月７日 **【父】甲野啓二郎** **【母】甲野洋子** 【続柄】長女
身分事項 出　生	【出生日】昭和５０年６月７日 【出生地】東京都千代田区 【届出日】昭和５０年６月１７日 【届出人】父 【送付を受けた日】昭和５０年６月２０日 【受理者】東京都千代田区長
訂　正	**【訂正日】平成１０年９月８日** **【訂正事項】父母の氏名** **【訂正事由】戸籍訂正許可の裁判確定** **【裁判確定日】平成１０年９月１日** **【申請日】平成１０年９月８日** **【申請人】父** **【従前の記録】** 　**【父】乙川啓二郎** 　**【母】乙川洋子**
	以下余白

発行番号

〔注〕 1　本記載例は，「(a)認知者の婚姻による新戸籍」がコンピュータ戸籍に改製されている場合を示したものである。なお，「(b)被認知者の婚姻前の戸籍（母の戸籍）」，「(c)認知者父の戸籍」，「(d)被認知者の妻の婚姻前の戸籍」については，コンピュータ戸籍に改製されていたとしても，訂正の記載を要するのは改製原戸籍となるため，66頁から69頁までの紙戸籍の記載例を参照のこと。

2　嫡出でない子の父母との続柄欄の記載については、平成16年10月31日までは「男」，「女」と記載する取扱いであったが，平成16年11月１日以降は，母が分娩した嫡出でない子の出生の順により，「長男（長女）」「二男（二女）」等と記載するものとされている（平成16年11月１日法務省令76号，平成16・11・１民一3008号通達）。

問10　父の死亡後、裁判認知により準正嫡出子の身分を取得している子について、父から遺言認知されていることが判明した場合

解説

一　本問は、父の死亡後において、認知の裁判が確定したことにより準正嫡出子の身分を取得している子（民七八七条・七八九条）について、右父から既に遺言認知がされている（民七八一条二項）ことが判明した場合の戸籍訂正の事例である。

二　ところで、裁判による認知の効力は、認知の裁判の確定によって生ずる。すなわち、認知の裁判の確定によって、父と嫡出でない子との間における法律上の父子関係が確定することになる。このことは、父死亡後の裁判認知の場合でも同様である。

これに対し、遺言による認知が適法になされた場合の効力は、遺言者が死亡した時に生ずるものとされている（民九八五条一項）。

三　本問は、前述のとおり、父死亡後における裁判認知によって、被認知者である子が準正嫡出子の身分を取得した（父母の婚姻後に父が死亡し、その後に認知の裁判が確定）ため、その子の戸籍に当該認知の裁判確定事項と準正嫡出子の身分取得に伴う父母との続柄訂正事項が記載されているところ、その後に至って、その父から遺言認知がされていることが判明したという事例である。

したがって、これに伴う戸籍届出の処理ひいては戸籍訂正の処理方法が一応問題となるが、先にもみたとおり、遺言による認知は、遺言者の死亡の時に効力が生ずるから、その後に確定した裁判による認知（いわゆる死後認知）

に優先することとなる。つまり、当該認知の裁判は無意味のものとなる。

そこで、この場合は、遺言による認知の届出（戸六四条）がされたときはこれを受理して、父及び子の戸籍の各身分事項欄に認知事項を併記した上、裁判による認知事項については別途戸籍法第一一三条に規定する戸籍訂正手続により消除すべきものと解される（昭和四二・三・八民事甲三七三号回答）。

以上の趣旨による戸籍訂正の具体的処理方法は、後記のとおりである。

【戸籍訂正申請書式】

戸籍訂正申請

東京都杉並 市(区)町村 長 殿

平成 27 年 10 月 8 日申請

受付	平成 27 年 10 月 8 日
	第 910 号

(一)	事件本人	本籍	東京都杉並区方南４丁目９番地	東京都千代田区平河町１丁目５番地
		筆頭者氏名	乙川花子	甲野義雄
(二)		住所及び世帯主氏名	東京都杉並区方南４丁目６番２号　丙原仁助	
(三)		氏名	乙川雪夫	甲野義雄
		生年月日	平成 23 年 6 月 8 日	昭和 45 年 9 月 10 日
(四)	裁判の種類		戸籍訂正許可の審判	
	裁判確定年月日		平成 27 年 10 月 3 日	
(五)	訂正の趣旨		事件本人乙川雪夫は平成27年７月８日東京都千代田区平河町１丁目５番地甲野義雄の死亡後、検察官を相手方とする認知の裁判が確定し、その届出をしたが、その後に至り甲野義雄が遺言認知をしていたことが判明したため、先の裁判認知は錯誤としてこれを消除する旨の戸籍訂正許可の裁判が確定したので、各事件本人につき上記の戸籍中その身分事項欄に記載の裁判による認知事項を消除する。	
(六)	添付書類		審判の謄本、確定証明書	
(七)	申請人	本籍	東京都千代田区平河町１丁目５番地	
		筆頭者氏名	甲野義雄	
		住所	東京都千代田区飯田橋３丁目10番５号	
		署名押印	甲野花子　㊞	
		生年月日	昭和 50 年 2 月 5 日	

戸籍	
調査	
記載	
記載調査	
送付	
住民票	
記載	
通知	
附票	
記載	
通知	

（注意）

事件本人又は申請人が二人以上であるときは、必要に応じ該当欄を区切って記載すること。

父の戸籍

本籍	東京都千代田区平河町一丁目五番地
氏名	甲野　義雄

（編製事項省略）

（出生事項省略）

平成弐拾四年壱月拾日乙川花子と婚姻届出東京都千代田区平河町一丁目五番地甲野義太郎戸籍から入籍㊞

（死亡事項省略）

~~平成弐拾七年七月八日東京都杉並区方南四丁目九番地乙川花子同籍雪夫を認知の裁判確定同月拾日親権者母届出同月拾弐日同区長から送付㊞~~

平成弐拾六年拾月拾弐日東京都杉並区方南四丁目九番地乙川花子同籍雪夫を認知平成弐拾七年八月弐拾壱日遺言執行者内原仁助届出㊞

裁判による認知の記載は錯誤につき平成弐拾七年拾月参日戸籍訂正許可の裁判確定同月八日乙川花子申請同月拾壱日東京都杉並区長から送付裁判による認知の記載消除㊞

父	甲野義太郎
母	松子
	長男
夫	~~義雄~~
出生	昭和四拾五年九月拾日

（出生事項省略）

（婚姻事項省略）

平成弐拾六年拾月拾弐日夫死亡㊞

父	乙川哲夫
母	芳子
	長女
妻	花子
生出	昭和五拾年弐月五日

父	
母	
生出	

認知された子の戸籍（母の婚姻前の戸籍）

本籍	東京都杉並区方南四丁目九番地
氏名	乙川花子

（編製事項省略）

平成弐拾参年六月八日東京都杉並区で出生同月拾八日母届出入籍㊞

~~平成弐拾七年七月八日東京都千代田区平河町一丁目五番地亡甲野義雄認知の裁判確定同月拾日親権者母届出父母との続柄訂正㊞~~

平成弐拾六年拾月拾弐日東京都千代田区平河町一丁目五番地亡甲野義雄認知平成弐拾七年八月弐拾壱日遺言執行者内原仁助届出同月弐拾四日同区長から送付㊞

裁判による認知の記載は錯誤につき平成弐拾七年拾月参日戸籍訂正許可の裁判確定同月八日母申請裁判による認知の記載消除㊞

父	甲野義雄
母	~~乙川~~花子
続柄	~~長男~~ 長男
名	雪夫
出生	平成弐拾参年六月八日

父の戸籍（コンピュータシステムによる証明書記載例）

（2の1）　全部事項証明

本　　　籍 氏　　　名	東京都千代田区平河町一丁目５番地 甲野　義雄
戸籍事項 　戸籍編製	（編製事項省略）
戸籍に記録されている者 除　　籍	【名】義雄 【生年月日】昭和４５年９月１０日 【父】甲野義太郎 【母】甲野松子 【続柄】長男
身分事項 　出　　生	（出生事項省略）
婚　　姻	【婚姻日】平成２４年１月１０日 【配偶者氏名】乙川花子 【従前戸籍】東京都千代田区平河町一丁目５番地　甲野義太郎
死　　亡	（死亡事項省略）
認　　知	【認知日】平成２６年１０月１２日 【認知した子の氏名】乙川雪夫 【認知した子の戸籍】東京都杉並区方南四丁目９番地　乙川花子 【届出日】平成２７年８月２１日 【届出人】遺言執行者　丙原仁助
消　　除	**【消除日】平成２７年１０月１１日** **【消除事項】裁判による認知事項** **【消除事由】裁判による認知の記録錯誤につき戸籍訂正許可の裁判確定** **【裁判確定日】平成２７年１０月３日** **【申請日】平成２７年１０月８日** **【申請人】乙川花子** **【送付を受けた日】平成２７年１０月１１日** **【受理者】東京都杉並区長** **【従前の記録】** 　　**【認知の裁判確定日】平成２７年７月８日** 　　**【認知した子の氏名】乙川雪夫** 　　**【認知した子の戸籍】東京都杉並区方南四丁目９番地　乙川花子** 　　**【届出日】平成２７年７月１０日** 　　**【届出人】親権者母** 　　**【送付を受けた日】平成２７年７月１２日** 　　**【受理者】東京都杉並区長**
戸籍に記録されている者	【名】花子

発行番号

（2の2）　全 部 事 項 証 明

	【生年月日】昭和５０年２月５日 【父】乙川哲夫 【母】乙川芳子 【続柄】長女
身分事項 出　　生	（出生事項省略）
婚　　姻	（婚姻事項省略）
配偶者の死亡	【配偶者の死亡日】平成２６年１０月１２日
	以下余白

発行番号

〔注〕　本事例の認知事項のように身分事項（又は戸籍事項）の一事項全てを消除する場合は，基本タイトル（左端タイトル）「消除」により訂正処理を行う。消除する記録（紙戸籍において朱線抹消又は朱線交さする記載）については，記録上消除することなく【従前の記録】として表示する。

認知された子の戸籍（母の婚姻前の戸籍）（コンピュータシステムによる証明書記載例）

（2の1）　全 部 事 項 証 明

本　　　籍 氏　　　名	東京都杉並区方南四丁目9番地 乙川　花子
戸籍事項 　戸籍編製	（編製事項省略）
戸籍に記録されている者	【名】雪夫 【生年月日】平成２３年6月8日 【父】甲野義雄 【母】乙川花子 【続柄】長男
身分事項 　出　　生	【出生日】平成２３年6月8日 【出生地】東京都杉並区 【届出日】平成２３年6月１８日 【届出人】母
認　　知	【認知日】平成２６年１０月１２日 【認知者氏名】亡　甲野義雄 【認知者の戸籍】東京都千代田区平河町一丁目５番地　甲野義雄 【届出日】平成２７年8月２１日 【届出人】遺言執行者　丙原仁助 【送付を受けた日】平成２７年8月２４日 【受理者】東京都千代田区長
**　消　　除**	**【消除日】平成２７年１０月８日** **【消除事項】裁判による認知事項** **【消除事由】裁判による認知の記録錯誤につき戸籍訂正許可の裁判確定** **【裁判確定日】平成２７年１０月３日** **【申請日】平成２７年１０月８日** **【申請人】母** **【従前の記録】** **　【認知の裁判確定日】平成２７年７月８日** **　【認知者氏名】亡　甲野義雄** **　【認知者の戸籍】東京都千代田区平河町一丁目５番地　甲野義雄** **　【届出日】平成２７年７月１０日** **　【届出人】親権者母** **　【関連訂正事項】父母との続柄**

発行番号

（2の2）　全部事項証明

	【従前の記録】 　　【父母との続柄】長男
	以下余白

発行番号

〔注〕 本事例の認知事項のように身分事項（又は戸籍事項）の一事項全てを消除する場合は，基本タイトル（左端タイトル）「消除」により訂正処理を行う。消除する記録（紙戸籍において朱線抹消又は朱線交さする記載）については，記録上消除することなく【従前の記録】として表示する。なお，本記載例では，従前の記録中の【父母との続柄】は，左４字分を空けて記録しているが，システム上４字分を空けることができない場合は，２字分だけ空けて記録すればよい（新谷雄彦『コンピュータ化戸籍の訂正記載例』172頁）。

第二　戸籍法第一一四条による訂正

問11　子の本籍地で認知届を受理し戸籍に記載した後、右の認知届出前に非本籍地で受理された他男から同一人に対する認知届が本籍地に送付され、その認知事項も記載された場合

解説　一　任意認知は、事実上の父が、嫡出でない子との間に法律上の父子関係を形成させることを目的とする単独の身分行為であり（民七七九条）、戸籍法上の届出（戸六〇条）をすることによってその効力が生ずる。

任意認知を有効に成立させるための要件としては、当該子が嫡出でない子であって、法律上の父がないこと、つまり、他の男性から認知されていないことを必要とする。もしその子が、血縁上父子関係のない他男から虚偽の認知届がなされ、戸籍に記載されている場合には、その認知が無効であることの確定裁判を得た後でないと、たとえ真実の父であっても、任意認知をすることはできない（大正五・一一・二民一三三一号回答）。

例えば、他男の嫡出の推定を受けている場合は、嫡出否認の裁判によって嫡出親子関係が否定されなければ、任意認知をすることができない（明三一・三・二四民刑二一八〇号回答）。

また、虚偽の嫡出子出生届によって戸籍上嫡出子として記載されている子についても、戸籍上の父母の子でないことの戸籍訂正がされた後でなければ、たとえ真実の父といえども認知をすることはできない（昭二四・一〇・七民事甲二二八六号回答）のである。

したがって、既に他男から認知されている子については、認知無効あるいは認知取消しの裁判が確定して、その旨の戸籍訂正がされた後でなければ、これを認知することはできない。

二　本問は、同一人に対して二人の男性から認知届がされた場合であるが、このような場合には、市町村長としては、いずれの届出が正当（有効）であるかの実質的審査を行うことはできないから、先になされた認知届によって父子関係が形成されたものとして取り扱うほかはなく、後に提出された認知届がたとえ真実の父からのものであっても、これを一応無効の届出として扱わざるを得ない。

三　ところで、本問の場合は、子の本籍地に提出された認知届によって戸籍の記載をした後に、その認知届が受理される前に、非本籍地において、同一人に対する他男からの認知届が受理されて本籍地に送付された場合である。したがって、子の本籍地における戸籍の処理としては、非本籍地から送付された認知届により直ちに被認知者（子）の身分事項欄に認知に関する事項を（本籍地で受理した認知届に基づいて記載された認知事項と並列して）記載（ただし、父欄の記載は保留する）の上、本籍地受理の届出当事者に対し戸籍訂正申請を促すことになる（戸二四条一項）。ちなみに、右の記載がなされることによって、後で受理した認知届（いうまでもなく本籍地受理の届出）は、戸籍面上無効であることが明白となるので、戸籍法第一一六条の訂正手続をとるまでもなく、戸籍法第一一四条の規定による訂正手続（創設的届出が無効である場合の訂正）により訂正することができる〔注〕。

四　右の趣旨による戸籍訂正申請に基づく戸籍訂正の具体的な処理方法は、後記のとおりである。

なお、本事例において、届出人等が戸籍訂正申請をしないときは、市町村長は、管轄局の長の許可を得て職権で訂正することができると解される。

〔**注**〕　本問事案の処理（すなわち、同一人に対して甲、乙の別人から二重になされた認知届の処理）方法については、

昭和三三年一〇月二九日民事二発第五〇九号回答がある。照会者は次の三例をあげ、照会者としては「甲説」によりたいとしているのに対し、法務省は、「丙説」によるのが相当であるとの回答をしている。

甲説　乙からの認知届を受理し戸籍の記載を保留しておき、戸籍法第一一四条の戸籍訂正を待って認知の記載をする。

乙説　乙からの認知届を受理して直ちに戸籍の記載をし、認知事項及び父の氏名を重複させておき、戸籍法第一一四条の戸籍訂正をさせる。

丙説　乙からの認知届を受理して直ちに身分事項のみを記載し、父欄の記載は保留しておき、戸籍法第一一四条の戸籍訂正を待って父欄の記載をする。

【戸籍訂正申請書式】

戸籍訂正申請

東京都千代田 市区町村長 殿

平成 28 年 11 月 10 日申請

受付	
	平成 28 年 11 月 10 日
	第　4532　号

(一)	事件本人	本　籍	東京都千代田区九段南２丁目８番地	東京都千代田区平河町１丁目５番地
		筆頭者氏名	乙　川　梅　子	甲　野　義太郎
(二)		住所及び世帯主氏名	東京都千代田区飯田橋３丁目10番８号　乙川梅子	東京都千代田区平河町４丁目５番３号　甲野義太郎
(三)		氏　名	乙　川　春　江	甲　野　義　雄
		生年月日	平成 27 年 5 月 10日	平成 5 年 8 月 11日
(四)	裁判の種類		戸籍訂正許可の審判	
	裁判確定年月日		平成 28 年 11月 5 日	
(五)	訂正の趣旨		1．事件本人乙川春江は、平成28年９月８日東京都千代田区平河町１丁目５番地甲野義太郎同籍義雄に認知され、戸籍にその旨の記載がされているところ、甲野義雄の認知前の平成28年９月５日に京都市上京区小山初音町18番地丙原昌夫同籍良二に認知されていたことが判明したので、後になされた認知は無効につきその記載を消除する。 2．事件本人甲野義雄が平成28年９月８日に事件本人乙川春江を認知したのは無効につき、その記載を消除する。	
(六)	添付書類		審判の謄本、確定証明書、戸籍謄本	
(七)	申請人	本　籍	東京都千代田区九段南２丁目８番地	
		筆頭者氏名	乙　川　梅　子	
		住　所	東京都千代田区飯田橋３丁目10番８号	
		署名押印	乙　川　梅　子　㊞	
		生年月日	平成 3 年 2月 7 日	

戸　籍	
調査	
記載	
記載調査	
送付	
住民票	
記載	
通知	
附　票	
記載	
通知	

（注　意）

事件本人又は申請人が二人以上であるときは、必要に応じ該当欄を区切って記載すること。

被認知者（子）の戸籍

本籍	東京都千代田区九段南二丁目八番地
氏名	乙川梅子

平成弐拾七年五月弐拾日編製㊞

平成弐拾七年五月拾日東京都千代田区で出生同月弐拾日母届出入籍㊞

~~平成弐拾八年九月八日東京都千代田区平河町一丁目五番地甲野義太郎同籍~~
~~義雄認知届出㊞~~

平成弐拾八年九月五日京都市上京区小山初音町十八番地丙原昌夫同籍良二
認知届出同月拾日同区長から送付㊞

認知無効につき平成弐拾八年拾壱月五日戸籍訂正許可の裁判確定同月拾日
母申請甲野義雄の認知事項消除父欄訂正㊞

父	**丙原良二**　~~甲野義雄~~	長女
母	乙川梅子	
	春江	
出生	平成弐拾七年五月拾日	

認知者の戸籍

本籍	東京都千代田区平河町一丁目五番地
氏名	甲野　義太郎

（編製事項省略）

（出生事項省略）

~~平成弐拾八年九月八日東京都千代田区九段南二丁目八番地乙川梅子同籍春江を認知届出㊞~~

認知無効につき平成弐拾八年拾壱月五日戸籍訂正許可の裁判確定同月拾日乙川梅子申請認知の記載消除㊞

父	甲野義太郎
母	松子
続柄	長男
名	義雄
出生	平成五年八月拾壱日

被認知者（子）の戸籍（コンピュータシステムによる証明書記載例）

（2の1）　全部事項証明

本　　籍 氏　　名	東京都千代田区九段南二丁目８番地 乙川　梅子
戸籍事項 戸籍編製	【編製日】平成２７年５月２０日
戸籍に記録されている者	【名】春江 【生年月日】平成２７年５月１０日 【父】丙原良二 【母】乙川梅子 【続柄】長女
身分事項 出　　生	【出生日】平成２７年５月１０日 【出生地】東京都千代田区 【届出日】平成２７年５月２０日 【届出人】母
認　　知	【認知日】平成２８年９月５日 【認知者氏名】丙原良二 【認知者の戸籍】京都市上京区小山初音町１８番地　丙原昌夫 【送付を受けた日】平成２８年９月１０日 【受理者】京都市上京区長
消　　除	【消除日】平成２８年１１月１０日 【消除事項】甲野義雄の認知事項 【消除事由】認知無効につき戸籍訂正許可の裁判確定 【裁判確定日】平成２８年１１月５日 【申請日】平成２８年１１月１０日 【申請人】母 【従前の記録】 　　【認知日】平成２８年９月８日 　　【認知者氏名】甲野義雄 　　【認知者の戸籍】東京都千代田区平河町一丁目５番地　甲野義太郎
訂　　正	【訂正日】平成２８年１１月１０日 【訂正事項】父の氏名 【訂正事由】認知無効につき戸籍訂正許可の裁判確定 【裁判確定日】平成２８年１１月５日 【申請日】平成２８年１１月１０日 【申請人】母 【従前の記録】

発行番号

（2の2）　全 部 事 項 証 明

	【父】甲野義雄
	以下余白

発行番号

〔**注**〕 本事例の認知事項のように身分事項（又は戸籍事項）の一事項全てを消除する場合は，基本タイトル（左端タイトル）「消除」により訂正処理を行う。消除する記録（紙戸籍において朱線抹消又は朱線交さする記載）については，記録上消除することなく**【従前の記録】**として表示する。

認知者の戸籍（コンピュータシステムによる証明書記載例）

（1の1）　全部事項証明

本　　籍 氏　　名	東京都千代田区平河町一丁目５番地 甲野　義太郎
戸籍事項 　戸籍編製	（編製事項省略）
〜〜〜	〜〜〜
戸籍に記録されている者	【名】義雄 【生年月日】平成５年８月１１日 【父】甲野義太郎 【母】甲野松子 【続柄】長男
身分事項 　出　　生	（出生事項省略）
消　　除	**【消除日】平成２８年１１月１０日** **【消除事項】認知事項** **【消除事由】認知無効につき戸籍訂正許可の裁判確定** **【裁判確定日】平成２８年１１月５日** **【申請日】平成２８年１１月１０日** **【申請人】乙川梅子** **【従前の記録】** **　　【認知日】平成２８年９月８日** **　　【認知した子の氏名】乙川春江** **　　【認知した子の戸籍】東京都千代田区九段南二丁目８番地** **　　　　乙川梅子**
	以下余白

発行番号

〔注〕 本事例の認知事項のように身分事項（又は戸籍事項）の一事項全てを消除する場合は，基本タイトル（左端タイトル）「消除」により訂正処理を行う。消除する記録（紙戸籍において朱線抹消又は朱線交さする記載）については，記録上消除することなく【従前の記録】として表示する。

問12　母の離婚後三〇〇日以内に出生した子について、母からの嫡出でない子の出生届が誤って受理され、離婚後の母の戸籍に入籍した後、他男からその子を認知する届出が受理され、その旨戸籍の記載がされている場合

解説

一　離婚後三〇〇日以内に出生した子は、母の離婚前の夫の子として嫡出の推定を受ける子であるから（民七七二条二項）、母の離婚の際における氏を称し（民七九〇条一項）、その戸籍に入籍させるべきであって、母が嫡出でない子として出生届をして離婚後の母の戸籍に入籍させることはできない（戸一八条）。

二　離婚後三〇〇日以内に出生した子は、前述のとおり離婚前の夫の嫡出の推定を受ける子であるから、他男からその子を認知する届出がなされても、これを受理することができないことはいうまでもない。

本問の場合は、これに反してなされた出生の届出であり、かつ、認知の届出であるから、その双方に誤りがあることになる。そこで、出生の届出による戸籍の記載については戸籍法第一一三条の規定により、また、認知の届出による戸籍の記載については戸籍法第一一四条の規定による戸籍訂正手続により訂正を要することとなる。

三　右訂正の具体的処理方法は、次のとおりである。

まず、嫡出の推定を受ける子に対する認知は無効であるから、戸籍法第一一四条の規定による戸籍訂正により、認知者及び被認知者の戸籍の身分事項に記載されている認知事項を消除する。

次に、子が母からの嫡出でない子としての出生届により、離婚後の母の戸籍に嫡出でない子として入籍していたことに誤りがあるので、戸籍法第一一三条の規定による戸籍訂正により、子を、婚姻中の嫡出の子とする訂正をす

るとともに、父母の離婚当時の戸籍に移記することになる。

なお、当事者が戸籍訂正申請をしないときは、市町村長は、管轄局の長の許可を得て職権で訂正をすることも可能である（戸二四条二項）。右の子が母の離婚後三〇〇日以内の出生子であり、母の前夫の嫡出推定を受けるものであること、したがって、他男から任意認知の届出をすることが許されないものであることは戸籍面上において明らかであるからである。

四　本問の場合における戸籍訂正は、その訂正の対象となるべき戸籍の記載の態様が、前述のとおり、届出の錯誤に基づくものと無効の届出に基づくものとに分かれていることから、訂正手続もまた、戸籍法第一一三条による訂正と第一一四条による訂正の二つの手続を要することとなる。

以上の趣旨による戸籍訂正申請に基づく戸籍訂正の具体的な処理方法は、後記のとおりである。

【戸籍訂正申請書式】

戸 籍 訂 正 申 請

東京都杉並 市区町村（区）長 殿

平成30年8月14日申請

受付	平成30年8月4日	
	第 1345 号	

戸籍		
調査		
記載		
記載調査		
送付		
住民票		
記載		
通知		
附票		
記載		
通知		

(一)	事件本人	本籍	東京都杉並区方南３丁目10番地	東京都杉並区方南４丁目９番地
		筆頭者氏名	乙川梅子	丙原昌夫
(二)		住所及び世帯主氏名	東京都杉並区方南４丁目15番12号 丙原洋二	
(三)		氏名	乙川春江	丙原洋二
		生年月日	平成29年3月30日	昭和59年9月6日
(四)	裁判の種類		戸籍訂正許可の審判	
	裁判確定年月日		平成30年8月10日	
(五)	訂正の趣旨		1．事件本人乙川春江は父母離婚後300日以内の出生子であって嫡出の推定を受ける子であるところ、事件本人丙原洋二がした認知は無効であるので、認知事項及び父欄の父の氏名を消除する。 2．事件本人丙原洋二戸籍に記載されている事件本人乙川春江の認知事項は、無効な認知であるからこれを消除する。	
(六)	添付書類		審判の謄本、確定証明書	
(七)	申請人	本籍	東京都杉並区方南３丁目10番地	
		筆頭者氏名	乙川梅子	
		住所	東京都杉並区方南４丁目15番12号	
		署名押印	乙川梅子 ㊞	
		生年月日	昭和58年1月25日	

（注意）

事件本人又は申請人が二人以上であるときは、必要に応じ該当欄を区切って記載すること。

戸籍訂正申請

東京都杉並 市区町村 長 殿　（区に○印）

平成30年8月14日申請

受付	
	平成30年8月14日
	第　1346　号

(一)	事件本人	本籍	東京都杉並区方南3丁目10番地	東京都杉並区高円寺南3丁目5番地
		筆頭者氏名	乙川梅子	甲野義雄
(二)		住所及び世帯主氏名	東京都杉並区方南4丁目15番12号　丙原洋二	
(三)		氏名	乙川春江	甲野春江
		生年月日	平成29年3月30日	平成29年3月30日
(四)	裁判の種類		戸籍訂正許可の審判	
	裁判確定年月日		平成30年8月10日	
(五)	訂正の趣旨		1　事件本人乙川春江は嫡出の推定を受ける子であるのに、嫡出でない子としての出生届により、母の離婚後の戸籍に入籍した上、丙原洋二が認知したことは誤りであるので、父欄の「丙原洋二」の記載を消除の上、父の氏名を「甲野義雄」と記載し、父母との続柄を「長女」と訂正した上、東京都杉並区高円寺南3丁目5番地甲野義雄戸籍に移記につき消除する。 2　東京都杉並区高円寺南3丁目5番地甲野義雄戸籍に、東京都杉並区方南3丁目10番地乙川梅子戸籍に在籍する乙川春江を移記する。移記の際は、出生事項のほか親権事項として「親権者母」と記載する。	
(六)	添付書類		審判の謄本、確定証明書、戸籍謄本	
(七)	申請人	本籍	東京都杉並区方南3丁目10番地	
		筆頭者氏名	乙川梅子	
		住所	東京都杉並区方南4丁目15番12号	
		署名押印	乙川梅子　㊞	
		生年月日	昭和58年1月25日	

戸籍	
調査	
記載	
記載調査	
送付	
住民票	
記載	
通知	
附票	
記載	
通知	

（注意）事件本人又は申請人が二人以上であるときは、必要に応じ該当欄を区切って記載すること。

母離婚後の戸籍

本籍　東京都杉並区方南三丁目十番地

氏名　乙川梅子

平成弐拾八年八月四日編製㊞

（出生事項省略）

平成弐拾八年八月四日甲野義雄と協議離婚届出東京都杉並区高円寺南三丁目五番地甲野義雄戸籍から入籍㊞

父　乙川忠夫
母　花子
二女

梅子

生出　昭和五拾八年壱月弐拾五日

平成弐拾九年参月参拾日東京都千代田区で出生同年四月五日母届出同月八日同区長から送付入籍㊞

~~平成弐拾九年四月弐日東京都杉並区方南四丁目九番地丙原畠夫同籍洋二認知届出㊞~~

認知無効につき平成参拾年八月拾日戸籍訂正許可の裁判確定同月拾四日母申請認知事項及び父欄中父の氏名消除㊞

平成参拾年八月拾日戸籍訂正許可の裁判確定同月拾四日母申請父の氏名記載父母との続柄訂正の上東京都杉並区高円寺南三丁目五番地甲野義雄戸籍に移記につき消除㊞

父　~~丙原洋二~~　甲野義雄

母　乙川梅子

長女
~~長女~~

~~春江~~

生出　平成弐拾九年参月参拾日

父

母

生出

子を認知した他男の戸籍

本籍　東京都杉並区方南四丁目九番地

氏名　丙原昌夫

（編製事項省略）

（出生事項省略）

~~平成弐拾九年四月弐日東京都杉並区方南三丁目十番地乙川梅子同籍春江を認知届出㊞~~

認知無効につき平成参拾年八月拾日戸籍訂正許可の裁判確定同月拾四日乙川梅子申請認知事項消除㊞

父　丙原昌夫

母　海子

男二

洋二

出生　昭和五拾九年九月六日

父母離婚当時の戸籍

本籍	東京都杉並区高円寺南三丁目五番地
氏名	甲野義雄

（編製事項省略）

（出生事項省略）

（婚姻事項省略）

平成弐拾八年八月四日妻梅子と協議離婚届出㊞

父	甲野義太郎
母	松子
長男	
夫	義雄
出生	昭和五拾八年五月拾八日

（出生事項省略）
（婚姻事項省略）
平成弐拾八年八月四日夫甲野義雄と協議離婚届出東京都杉並区方南三丁目
十番地に新戸籍編製につき除籍㊞

父　乙川忠夫
母　　　花子
二女

妻　梅子

出生　昭和五拾八年壱月弐拾五日

平成弐拾九年参月参拾日東京都千代田区で出生同年四月五日母届出同月八
日同区長から送付入籍㊞
親権者母㊞
平成参拾年八月拾日戸籍訂正許可の裁判確定同月拾四日乙川梅子申請東京
都杉並区方南三丁目十番地乙川梅子戸籍から移記㊞

父　甲野義雄
母　乙川梅子
長女

春江

出生　平成弐拾九年参月参拾日

母離婚後の戸籍（コンピュータシステムによる証明書記載例）

（2の1）　全部事項証明

本　　籍 氏　　名	東京都杉並区方南三丁目１０番地 乙川　梅子
戸籍事項 　戸籍編製	【編製日】平成２８年８月４日
戸籍に記録されている者	【名】梅子 【生年月日】昭和５８年１月２５日 【父】乙川忠夫 【母】乙川花子 【続柄】二女
身分事項 　出　生	（出生事項省略）
離　婚	【離婚日】平成２８年８月４日 【配偶者氏名】甲野義雄 【従前戸籍】東京都杉並区高円寺南三丁目５番地　甲野義雄
戸籍に記録されている者 消　除	【名】春江 【生年月日】平成２９年３月３０日 **【父】甲野義雄** 【母】乙川梅子 **【続柄】長女**
身分事項 　出　生	【出生日】平成２９年３月３０日 【出生地】東京都千代田区 【届出日】平成２９年４月５日 【届出人】母 【送付を受けた日】平成２９年４月８日 【受理者】東京都千代田区長
消　除	**【消除日】平成３０年８月１４日** **【消除事項】認知事項** **【消除事由】認知無効につき戸籍訂正許可の裁判確定** **【裁判確定日】平成３０年８月１０日** **【申請日】平成３０年８月１４日** **【申請人】母** **【従前の記録】** 　**【認知日】平成２９年４月２日** 　**【認知者氏名】丙原洋二** 　**【認知者の戸籍】東京都杉並区方南四丁目９番地　丙原昌夫**
消　除	**【消除日】平成３０年８月１４日** **【消除事項】父の氏名**

発行番号

（2の2）　全部事項証明

	【消除事由】認知無効につき戸籍訂正許可の裁判確定 【裁判確定日】平成３０年８月１０日 【申請日】平成３０年８月１４日 【申請人】母 【従前の記録】 　　【父】丙原洋二
記　　録	【記録日】平成３０年８月１４日 【記録事項】父の氏名 【記録事由】戸籍訂正許可の裁判確定 【裁判確定日】平成３０年８月１０日 【申請日】平成３０年８月１４日 【申請人】母 【関連訂正事項】父母との続柄 【従前の記録】 　　【父母との続柄】長女 【記録の内容】 　　【父】甲野義雄
移　　記	【移記日】平成３０年８月１４日 【移記事項】出生事項 【移記事由】戸籍訂正許可の裁判確定 【裁判確定日】平成３０年８月１０日 【申請日】平成３０年８月１４日 【申請人】母 【移記後の戸籍】東京都杉並区高円寺南三丁目５番地　甲野義雄
	以下余白

発行番号

〔注〕 1　本事例の認知事項のように身分事項（又は戸籍事項）の一事項全てを消除する場合は，基本タイトル（左端タイトル）「消除」により訂正処理を行う。また，「戸籍に記録されている者」欄に係る記録（本事例では「父の氏名」）を消除する場合も，身分事項に基本タイトル（左端タイトル）「消除」を付した上で当該訂正処理事項を記録する。

2　「戸籍に記録されている者」欄に係る記録（本事例では「父の氏名」）を追加記録する場合は，追加する記録を所要の場所に記録した上，当該訂正処理事項については，身分事項に，基本タイトル（左端タイトル）「記録」を付した上で記録する。【父母との続柄】の訂正については，父の氏名の記録事項に併せて【関連訂正事項】として処理する。本事例では，母が分娩した嫡出でない子の順により記録されている続柄「長女」を，父母の嫡出子としての続柄「長女」と訂正する（平成16・11・1民一3008号通達参照）。

3　本事例の出生事項のように，他の戸籍に移記するために身分事項（又は戸籍事項）を消除する場合は，基本タイトル（左端タイトル）「移記」によりその旨の記録をする。

子を認知した他男の戸籍（コンピュータシステムによる証明書記載例）

（1の1）　全部事項証明

本　　籍 氏　　名	東京都杉並区方南四丁目9番地 丙原　昌夫
戸籍事項 　戸籍編製	（編製事項省略）
戸籍に記録されている者	【名】洋二 【生年月日】昭和５９年9月６日 【父】丙原昌夫 【母】丙原海子 【続柄】二男
身分事項 　出　　生	（出生事項省略）
消　　除	**【消除日】平成３０年8月１４日** **【消除事項】認知事項** **【消除事由】認知無効につき戸籍訂正許可の裁判確定** **【裁判確定日】平成３０年8月１０日** **【申請日】平成３０年8月１４日** **【申請人】乙川梅子** **【従前の記録】** **　　【認知日】平成２９年４月２日** **　　【認知した子の氏名】乙川春江** **　　【認知した子の戸籍】東京都杉並区方南三丁目１０番地** **　　　乙川梅子**
	以下余白

発行番号

〔注〕本事例の認知事項のように身分事項（又は戸籍事項）の一事項全てを消除する場合は，基本タイトル（左端タイトル）「消除」により訂正処理を行う。消除する記録（紙戸籍において朱線抹消又は朱線交さする記載）については，記録上消除することなく【従前の記録】として表示する。

父母離婚当時の戸籍（コンピュータシステムによる証明書記載例）

（2の1）　全部事項証明

本　　　籍 氏　　　名	東京都杉並区高円寺南三丁目５番地 甲野　義雄
戸籍事項 　戸籍編製	（編製事項省略）
戸籍に記録されている者	【名】義雄 【生年月日】昭和５８年5月１８日 【父】甲野義太郎 【母】甲野松子 【続柄】長男
身分事項 　出　　生	（出生事項省略）
婚　　姻	（婚姻事項省略）
離　　婚	【離婚日】平成２８年８月４日 【配偶者氏名】甲野梅子
戸籍に記録されている者 除　　籍	【名】梅子 【生年月日】昭和５８年1月２５日 【父】乙川忠夫 【母】乙川花子 【続柄】二女
身分事項 　出　　生	（出生事項省略）
婚　　姻	（婚姻事項省略）
離　　婚	【離婚日】平成２８年８月４日 【配偶者氏名】甲野義雄 【新本籍】東京都杉並区方南三丁目１０番地
戸籍に記録されている者	【名】春江 【生年月日】平成２９年3月３０日 【父】甲野義雄 【母】乙川梅子 【続柄】長女
身分事項 　出　　生	【出生日】平成２９年3月３０日 【出生地】東京都千代田区 【届出日】平成２９年４月５日 【届出人】母 【送付を受けた日】平成２９年４月８日

発行番号

（2の2）　全 部 事 項 証 明

	【受理者】東京都千代田区長
移　　記	【移記日】平成３０年８月１４日 【移記事由】戸籍訂正許可の裁判確定 【裁判確定日】平成３０年８月１０日 【申請日】平成３０年８月１４日 【申請人】母 【移記前の戸籍】東京都杉並区方南三丁目１０番地　乙川梅子
親　　権	【親権者】母 【記録日】平成３０年８月１４日
	以下余白

発行番号

〔注〕 本事例の出生事項のように，移記により身分事項（又は戸籍事項）を記録する場合は，当該身分事項（又は戸籍事項）を記録の上，その直下に段落ちタイトル「移記」を付して，移記した旨の記録をする。

第三　戸籍法第一一六条による訂正

問13　母が婚姻中に夫以外の男との間に子を出生したため、嫡出子として夫婦の戸籍に入籍している子について、実父の認知の裁判が確定した場合

解説

一　民法第七七二条の規定により母の夫の嫡出の推定を受けるため、右夫の嫡出子として戸籍に記載されている子について、それが事実に合致しないとして、その父子関係を否定するには、①父から提起された嫡出子否認の判決又は審判（民七七四条）、若しくは②利害関係を有する者から提起された父との親子関係不存在（又は存在）確認の判決又は審判を得るか、又は③子から真実の父を相手方として提起された認知の判決又は審判（人訴二条二号、家事二四四条・二五七条・二七七条、民七八七条）を得ることが必要である。

二　本問は、右のうち③の認知の裁判が確定した場合についての戸籍訂正である。

ところで、真実の父を相手方とする認知の裁判が確定すると、その裁判のいわゆる反射効として、戸籍上の父との関係は否定されることとなるので、これに基づく戸籍法第一一六条の戸籍訂正申請によって表見上の父の記載を消除する等の訂正をすることができる（昭和三七・二・二〇民事甲三三四号回答ほか）。また、その判決の理由中に、戸籍上の母との間にも親子関係が存在しないことが明らかにされているときには、その確定判決によって、子を表見上の父母の戸籍から消除する戸籍訂正をすることもできるものと解されている（法務省民事局第二課戸籍実務研究会編『全訂　戸籍訂正と追完』八一頁）。

三　本問の場合は、母が婚姻中に出生した子について、真実の父を相手方とする認知の裁判が確定した場合であるから、子の氏に変更はなく、戸籍の移動ということもない。

戸籍訂正の処理としては、子の身分事項欄に実父との認知の裁判が確定した旨の記載をし、父欄に記載されている父の氏名を消除し、父母との続柄を嫡出子としての続柄から母が分娩した嫡出でない子の順による続柄に訂正することとなる〔注〕。

なお、この場合、当該認知の裁判に基づき、別途戸籍法第六三条の規定による認知の届出をする必要があり（昭和四一・三・一四民事甲六五五号回答）、そして、その届出に基づいて父欄に父の氏名を記載することになる。

〔注〕　嫡出でない子の父母との続柄欄の記載については、従前は「男」、「女」と記載する取扱いであったが、平成一六年一一月一日以降は、父の認知の有無に関わらず、母との関係のみにより認定し、母が分娩した嫡出でない子の出生の順により、届書及び戸籍の父母との続柄欄に「長男（長女）」「二男（二女）」等と記載するものとされている（平成一六年一一月一日法務省令七六号、平成一六・一一・一民一―三〇〇八号通達）。

このように嫡出でない子の続柄の記載が変更されたことから、嫡出子の身分を失った者の続柄を訂正するには、従前と異なり、母が分娩した嫡出でない子の出生の順に基づく続柄を明らかにする必要がある。その方法として、事件本人の本籍地の市区町村長から「事件本人（嫡出でない子が一五歳未満の場合は法定代理人）」又は「母」に対して父母との続柄に関する申述書の提出を求めるものとされている（戸籍七六五号一一頁以下）。

【戸籍訂正申請書式】

戸籍訂正申請

東京都千代田 市区町村 長 殿

平成29年10月9日申請

受付	
	平成29年10月9日
	第 456 号

(一)	事件本人	本籍	東京都千代田区平河町１丁目５番地
		筆頭者氏名	甲野義雄
(二)		住所及び世帯主氏名	東京都千代田区飯田橋３丁目10番８号 甲野梅子
(三)		氏名	甲野雪夫
		生年月日	平成26年4月13日
(四)	裁判の種類		認知の裁判
	裁判確定年月日		平成29年10月1日
(五)	訂正の趣旨		事件本人は、父甲野義雄、母甲野梅子間の嫡出子として戸籍に記載されているところ、平成29年10月1日東京都杉並区方南４丁目９番地丙原昌夫同籍洋二の事件本人に対する認知の裁判が確定したので、父欄の記載を消除し、父母との続柄を訂正する。
(六)	添付書類		裁判の謄本、確定証明書、母の申述書
(七)	申請人	本籍	東京都千代田区平河町１丁目５番地
		筆頭者氏名	甲野義雄
		住所	東京都千代田区飯田橋３丁目10番８号
		署名押印	甲野梅子 ㊞
		生年月日	昭和60年6月7日

戸籍	
調査	
記載	
記載調査	
送付	
住民票	
記載	
通知	
附票	
記載	
通知	

（注意）

事件本人又は申請人が二人以上であるときは、必要に応じ該当欄を区切って記載すること。

【認知届書式】

認　知　届

平成29年10月9日届出

東京都千代田区　長殿

受理　平成29年10月9日 第　1234　号	発送　平成11年10月11日
送付　平成29年10月13日 第　1321　号	東京都千代田区　長　印

書類調査	戸籍記載	記載調査	附　票	住民票	通　知	

	認知される子	父母との続き柄	認知する父
（よみかた）	こうの　ゆきお		へいはら　ようじ
氏名	氏 甲野　名 雪夫	長 ☑男 □女	氏 丙原　名 洋二
生年月日	平成26年4月13日		昭和59年9月6日
住所（住民登録をしているところ）	東京都千代田区飯田橋3丁目10 ~~番地~~ 番 8号		東京都杉並区方南4丁目18 ~~番地~~ 番 8号
	世帯主の氏名 甲野義雄		世帯主の氏名 丙原洋二
本籍（外国人のときは国籍だけを書いてください）	東京都千代田区平河町1丁目5 番地 ~~番~~		東京都杉並区方南4丁目9 番地 ~~番~~
	筆頭者の氏名 甲野義雄		筆頭者の氏名 丙原昌夫

認知の種別	□任意認知　☑審判　平成29年10月1日確定 □判決　年　月　日確定 □遺言認知（遺言執行者　年　月　日就職）
子の母	氏名　甲野梅子　昭和60年6月7日生 本籍　東京都千代田区平河町1丁目5 番地 ~~番~~ 筆頭者の氏名　甲野義雄
その他	□未成年の子を認知する　□成年の子を認知する　□死亡した子を認知する　□胎児を認知する 認知の裁判確定による戸籍訂正申請を同時に提出する。
届出人	□父　☑その他（親権者母） 住所　東京都千代田区飯田橋3丁目10 ~~番地~~ 番 8号 本籍　東京都千代田区平河町1丁目5 番地 ~~番~~　筆頭者の氏名　甲野　義雄 署名　甲野梅子　印　昭和60年6月7日生

本籍
東京都千代田区平河町一丁目五番地

氏名
甲野義雄

（編製事項省略）

（出生事項省略）

（婚姻事項省略）

父　甲野義太郎
母　花子
長男

夫　義雄

出生　昭和五拾八年九月四日

（出生事項省略）

（婚姻事項省略）

父	乙川哲夫
母	芳子
	長女
	妻　梅子
生出	昭和六拾年六月七日

平成弐拾六年四月拾参日東京都千代田区で出生同月弐拾日母届出入籍㊞

平成弐拾九年拾月壱日東京都杉並区方南四丁目九番地丙原昌夫同籍洋二認知の裁判確定同月九日母申請父の記載消除父母との続柄訂正㊞

平成弐拾九年拾月壱日東京都杉並区方南四丁目九番地丙原昌夫同籍洋二認知の裁判確定同月九日親権者母届出㊞

父	丙原洋二 ~~甲野義雄~~
母	甲野梅子
	長男 ~~長男~~
	雪夫
生出	平成弐拾六年四月拾参日

（コンピュータシステムによる証明書記載例）

（2の1）　全部事項証明

本　　籍 氏　　名	東京都千代田区平河町一丁目５番地 甲野　義雄
戸籍事項 　戸籍編製	（編製事項省略）
戸籍に記録されている者	【名】義雄 【生年月日】昭和５８年９月４日　　【配偶者区分】夫 【父】甲野義太郎 【母】甲野花子 【続柄】長男
身分事項 　出　　生 　婚　　姻	（出生事項省略） （婚姻事項省略）
戸籍に記録されている者	【名】梅子 【生年月日】昭和６０年６月７日　　【配偶者区分】妻 【父】乙川哲夫 【母】乙川芳子 【続柄】長女
身分事項 　出　　生 　婚　　姻	（出生事項省略） （婚姻事項省略）
戸籍に記録されている者	【名】雪夫 【生年月日】平成２６年４月１３日 **【父】丙原洋二** 【母】甲野梅子 **【続柄】長男**
身分事項 　出　　生	【出生日】平成２６年４月１３日 【出生地】東京都千代田区 【届出日】平成２６年４月２０日 【届出人】母
消　　除	**【消除日】平成２９年１０月９日** **【消除事項】父の氏名** **【消除事由】東京都杉並区方南四丁目９番地丙原昌夫同籍洋二認知の裁判確定** **【裁判確定日】平成２９年１０月１日** **【申請日】平成２９年１０月９日**

発行番号

（2の2）　| 全部事項証明 |

認　　知	【申請人】母 【関連訂正事項】父母との続柄 【従前の記録】 　　【父】甲野義雄 　　【父母との続柄】長男
	【認知の裁判確定日】平成２９年１０月１日 【認知者氏名】丙原洋二 【認知者の戸籍】東京都杉並区方南四丁目９番地　丙原昌夫 【届出日】平成２９年１０月９日 【届出人】親権者母
	以下余白

発行番号

〔注〕 1 「戸籍に記録されている者」欄に係る記録（本事例では「父の氏名」）を消除する場合は，身分事項に基本タイトル（左端タイトル）「消除」を付した上で当該訂正処理事項を記録する。従前の記録は【従前の記録】として表示する。

2 【父母との続柄】の訂正については，上記１の父の氏名の消除事項に併せて【関連訂正事項】として処理する。本事例では，父母の嫡出子として記録されている続柄「長男」を，母が分娩した嫡出でない子の順による続柄「長男」と訂正する（平成16・11・１民一3008号通達参照）。

3 上記１及び２による訂正処理の後，親権者母からされた裁判認知の届出に基づき，認知事項及び父の氏名を記載する。

問14　母の離婚後三〇〇日以内に出生し、前夫の嫡出子として入籍している子について、母の後夫との認知の裁判が確定した場合

解説

一　母の離婚後三〇〇日以内の出生子は、前夫の嫡出の推定を受けるので（民七七二条）、その子は、離婚当時の父母の氏を称し（民七九〇条）、父母離婚当時の戸籍に嫡出子として入籍することになる（戸一八条）。しかし、右の子について、母の後夫との間に認知の裁判が確定したときは、その判決（又は審判）の反射効として、子と母の前夫との父子関係は否定されることになる。

ところで、戸籍上の父と子との間の父子関係を否定する方法としては、嫡出否認の裁判、親子関係不存在確認の裁判のほか、強制認知の裁判によることも認められている（昭和三七・二・二〇民事甲三三四号回答、昭和三九・二・六民事甲二七九号回答、昭和四一・三・一四民事甲六五五号回答等）。そして、これらの裁判により戸籍上の父との関係が否定された子については、当該裁判の謄本とその確定証明書を添付して戸籍法第一一六条の戸籍訂正申請をすることにより、父欄の記載を消除する等の所要の訂正がされることになる。

二　本問は、母の離婚後三〇〇日以内に出生したため、母の前夫の嫡出子として父母の離婚当時の戸籍に入籍している子について、母の再婚後にその後夫との間に認知の裁判が確定した場合である。したがって、当該認知の裁判により子と前夫との父子関係は否定され、反対に子と実父（母の後夫）との法律上の父子関係が形成されることとなる。この場合の戸籍訂正は以下のとおりである。

三　右認知の裁判に基づく戸籍法第一一六条の戸籍訂正申請により、被認知者である子の現在戸籍（母の前夫の戸

籍）については所定の戸籍訂正事項を記載の上、父の氏名を消除するとともに、父母との続柄を嫡出子としての続柄から母が分娩した嫡出でない子の順による続柄に訂正することとなる（平成一六・一一・一民一―三〇〇八号通達参照）〔注〕。

また、この場合、子は母の前夫の嫡出子として父の戸籍に入籍しているが、実父との間に認知の裁判が確定したことにより、母の嫡出でない子となるので、出生当時の母の戸籍に移記する必要がある（戸一八条）。

しかし、子の出生当時には、母は婚姻前の戸籍に復籍しており（民七六七条一項、戸一九条一項）、その後、子の実父と夫の氏を称して婚姻したことにより婚姻前の戸籍から除籍（母の除籍とともに当該戸籍は全部消除）されている。したがって、子を一旦右の戸籍の末尾に移記（入籍）するとともに、直ちに子について同所同番地に新戸籍を編製することになる。以上の具体的処理例を示せば、以下のとおりである。

なお、本問の場合は、右の戸籍訂正とは別に戸籍法第六三条の規定による認知の届出（報告的届出）をし認知者父及び被認知者子の各身分事項欄に認知に関する事項を記載しておくこととなる（昭和四一・三・一四民事甲六五五号回答）。

〔注〕　母が分娩した嫡出でない子の出生の順による続柄に訂正するには、父母との続柄に関する申述書の提出を、「事件本人（嫡出でない子が一五歳未満の場合は法定代理人）」又は「母」に対して求めることとなる（戸籍七六五号一一頁以下）。

【戸籍訂正申請書式】

戸籍訂正申請

東京都千代田 市(区)町村 長 殿

平成 30 年 4 月 23 日申請

受付	
平成 30 年 4 月 23 日	
第 123 号	

(一)	事件本人	本籍	東京都千代田区九段南２丁目８番地
		筆頭者氏名	丙　原　昌　夫
(二)		住所及び世帯主氏名	東京都文京区本郷１丁目10番３号　甲野義太郎
(三)		氏名	丙　原　春　夫
		生年月日	平成 29 年 11 月 18 日
(四)	裁判の種類		認知の裁判
	裁判確定年月日		平成 30 年 4 月 18 日
(五)	訂正の趣旨		事件本人は、父母離婚後300日以内に出生し、父母の嫡出の推定を受け父の戸籍に入籍しているところ、平成30年４月18日東京都文京区本郷１丁目４番地甲野義太郎の事件本人に対する認知の裁判が確定したので、次のとおり訂正をする。 １　甲野義太郎の認知の裁判が確定したことにより、事件本人は嫡出でない子であることが明らかになったので、丙原昌夫戸籍において父の氏名消除、父母との続柄を訂正の上、出生当時の母の戸籍（東京都杉並区方南１丁目15番地乙川松男）に移記する。 ２　事件本人出生当時の母の戸籍は、事件本人出生後婚姻によって除籍されているので、事件本人を丙原昌夫戸籍から東京都杉並区方南１丁目15番地乙川松男戸籍の末尾に一旦移記した後、同時に、同所同番地に事件本人についての新戸籍を編製する。
(六)	添付書類		裁判の謄本、確定証明書、母の申述書
(七)	申請人	本籍	東京都文京区本郷１丁目４番地
		筆頭者氏名	甲　野　義太郎
		住所	東京都文京区本郷１丁目10番３号
		署名押印	甲　野　梅　子　㊞
		生年月日	昭和 63 年 2 月 12 日

戸籍	
調査	
記載	
記載調査	
送付	
住民票	
記載	
通知	
附票	
記載	
通知	

（注　意）

事件本人又は申請人が二人以上であるときは、必要に応じ該当欄を区切って記載すること。

認　知　届

平成30年4月28日届出

東京都文京区　長殿

受理　平成30年4月28日　第125号	発送　平成30年4月30日
送付　平成30年5月2日　第250号	東京都文京区長　印

書類調査	戸籍記載	記載調査	附票	住民票	通知	

	認知される子		父母との続き柄	認知する父	
(よみかた)	氏	名		氏	名
氏名	乙《おつ》川《かわ》	春《はる》夫《お》	長 ☑男 □女	甲《こう》野《の》	義太郎《ぎたろう》
生年月日	平成29年11月18日			平成元年6月5日	
住所 (住民登録をしているところ)	東京都文京区本郷 1丁目10 ~~番地~~ 番 3号 世帯主の氏名　甲野義太郎			東京都文京区本郷 1丁目10 ~~番地~~ 番 3号 世帯主の氏名　甲野義太郎	
本籍 (外国人のときは国籍だけを書いてください)	東京都杉並区方南 1丁目15 番地 ~~番~~ 筆頭者の氏名　乙川春夫			東京都文京区本郷 1丁目4 番地 ~~番~~ 筆頭者の氏名　甲野義太郎	
認知の種別	□任意認知 □遺言認知（遺言執行者　年　月　日　就職）			☑審判　平成30年4月18日確定 □判決　年　月　日確定	
子の母	氏名　甲野梅子　昭和63年2月12日生 本籍　東京都文京区本郷1丁目4 番地 ~~番~~ 筆頭者の氏名　甲野義太郎				
その他	☑未成年の子を認知する　□成年の子を認知する　□死亡した子を認知する　□胎児を認知する 添付書類　裁判の謄本及び確定証明書				
届出人	□父　☑その他（親権者母） 住所　東京都文京区本郷1丁目10 ~~番地~~ 番 3号 本籍　東京都文京区本郷1丁目4 番地 ~~番~~　筆頭者の氏名　甲野義太郎 署名　甲野梅子　㊞　昭和63年2月12日生				

事件本人の嫡出子出生届により入籍した戸籍

本籍	東京都千代田区九段南二丁目八番地
氏名	丙原昌夫

（編製事項省略）

（出生事項省略）

（婚姻事項省略）

平成弐拾九年四月拾日妻梅子と協議離婚届出㊞

父	丙原孝二
母	花子
	長男
~~夫~~	昌夫
出生	昭和五拾九年参月壱日

（出生事項省略）
（婚姻事項省略）
平成弐拾九年四月拾日夫昌夫と協議離婚届出東京都杉並区方南一丁目十五番地乙川松男戸籍に入籍につき除籍㊞

父　乙川松男
母　葉子
長女
妻　梅子
出生　昭和六拾参年弐月拾弐日

平成弐拾九年拾壱月拾八日東京都杉並区で出生同年拾弐月壱日母届出同月参日同区長から送付入籍㊞
平成参拾年四月拾八日東京都文京区本郷一丁目四番地甲野義太郎認知の裁判確定同月弐拾参日母申請父の記載消除父母との続柄訂正東京都杉並区方南一丁目十五番地乙川松男戸籍に移記につき消除㊞

父　~~丙原昌夫~~
母　乙川梅子
長男
~~長男~~
春夫
出生　平成弐拾九年拾壱月拾八日

事件本人出生当時の母の戸籍

除籍

本籍　東京都杉並区方南一丁目十五番地

氏名　乙川松男

（編製事項省略）

（消除事項省略）

（出生事項省略）

（離婚事項省略）

平成参拾年弐月拾五日甲野義太郎と婚姻届出同月拾八日東京都文京区長から送付同区本郷一丁目四番地に夫の氏の新戸籍編製につき除籍㊞

父　乙川松男

母　葉子

長女

梅子

出生　昭和六拾参年弐月拾弐日

（出生事項省略）

平成参拾年四月拾八日甲野義太郎認知の裁判確定同月弐拾参日母申請同月弐拾五日東京都千代田区長から送付同区九段南二丁目八番地丙原昌夫戸籍から移記東京都杉並区方南一丁目十五番地に新戸籍編製につき除籍㊞

父
母　乙川梅子
長男
春夫
出生　平成弐拾九年拾壱月拾八

父
母
出生

事件本人（子）についての新戸籍

本籍　東京都杉並区方南一丁目十五番地

氏名　乙川春夫

平成参拾年四月弐拾五日編製㊞

（出生事項省略）

平成参拾年四月拾八日甲野義太郎認知の裁判確定同月弐拾参日母申請同月弐拾五日東京都千代田区長から送付東京都杉並区方南一丁目十五番地乙川松男戸籍から入籍㊞

平成参拾年四月拾八日東京都文京区本郷一丁目四番地甲野義太郎認知の裁判確定同月弐拾八日親権者母届出同年五月弐日同区長から送付㊞

父　甲野義太郎

母　梅子

長男

春夫

出生　平成弐拾九年拾壱月拾八日

母の再婚後の戸籍

本籍	東京都文京区本郷一丁目四番地
氏名	甲野義太郎

平成参拾年弐月拾五日編製㊞

（出生事項省略）

平成参拾年弐月拾五日乙川梅子と婚姻届出東京都文京区本郷一丁目四番地甲野幸雄戸籍から入籍㊞

平成参拾年四月拾八日東京都杉並区方南一丁目十五番地乙川春夫を認知の裁判確定同月弐拾八日親権者母届出㊞

父	甲野幸雄
母	杉代
長男	
夫	義太郎
出生	平成元年六月五日

（出生事項省略）

平成参拾年弐月拾五日甲野義太郎と婚姻届出東京都杉並区方南一丁目十五番地乙川松男戸籍から入籍㊞

父	母	妻	生出	父	母	生出
乙川松男	葉子	梅子	昭和六拾参年弐月拾弐日			
長女						

事件本人の嫡出子出生届により入籍した戸籍（コンピュータシステムによる証明書記載例）

（２の１）　全部事項証明

本　　籍 氏　　名	東京都千代田区九段南二丁目８番地 丙原　昌夫
戸籍事項 　戸籍編製	（編製事項省略）
戸籍に記録されている者	【名】昌夫 【生年月日】昭和５９年３月１日 【父】丙原孝二 【母】丙原花子 【続柄】長男
身分事項 　出　生	（出生事項省略）
婚　姻	（婚姻事項省略）
離　婚	【離婚日】平成２９年４月１０日 【配偶者氏名】丙原梅子
戸籍に記録されている者 除　籍	【名】梅子 【生年月日】昭和６３年２月１２日 【父】乙川松男 【母】乙川葉子 【続柄】長女
身分事項 　出　生	（出生事項省略）
婚　姻	（婚姻事項省略）
離　婚	【離婚日】平成２９年４月１０日 【配偶者氏名】丙原昌夫 【新本籍】東京都杉並区方南一丁目１５番地　乙川松男
戸籍に記録されている者 **消　除**	【名】春夫 【生年月日】平成２９年１１月１８日 **【父】** 【母】乙川梅子 **【続柄】長男**
身分事項 　出　生	【出生日】平成２９年１１月１８日 【出生地】東京都杉並区 【届出日】平成２９年１２月１日 【届出人】母 【送付を受けた日】平成２９年１２月３日

発行番号

（2の2）　全 部 事 項 証 明

	【受理者】東京都杉並区長
消　　除	【消除日】平成３０年４月２３日 【消除事項】父の氏名 【消除事由】東京都文京区本郷一丁目４番地甲野義太郎認知の裁判確定 【裁判確定日】平成３０年４月１８日 【申請日】平成３０年４月２３日 【申請人】母 【関連訂正事項】父母との続柄 【従前の記録】 【父】丙原昌夫 【父母との続柄】長男
移　　記	【移記日】平成３０年４月２３日 【移記事項】出生事項 【移記事由】東京都文京区本郷一丁目４番地甲野義太郎認知の裁判確定 【裁判確定日】平成３０年４月１８日 【申請日】平成３０年４月２３日 【申請人】母 【移記後の戸籍】東京都杉並区方南一丁目１５番地　乙川松男
	以下余白

発行番号

〔注〕 1　「戸籍に記録されている者」欄に係る記録（本事例では「父の氏名」）を消除する場合は，身分事項に基本タイトル（左端タイトル）「消除」を付した上で当該訂正処理事項を記録する。また，【父母との続柄】の訂正については，父の氏名の消除事項に併せて【関連訂正事項】として処理する。

2　本事例の出生事項のように，他の戸籍に移記するために身分事項（又は戸籍事項）を消除する場合は，基本タイトル（左端タイトル）「移記」によりその旨の記録をする。

事件本人出生当時の母の戸籍（コンピュータシステムによる証明書記載例）

除　　籍	（2の1）　全部事項証明
本　　籍 氏　　名	東京都杉並区方南一丁目１５番地 乙川　松男
戸籍事項 　戸籍編製 　戸籍消除	 （編製事項省略） （消除事項省略）
〜〜〜	〜〜〜
戸籍に記録されている者 除　　籍	【名】梅子 【生年月日】昭和６３年２月１２日 【父】乙川松男 【母】乙川葉子 【続柄】長女
身分事項 　出　　生	（出生事項省略）
離　　婚	（離婚事項省略）
婚　　姻	【婚姻日】平成３０年２月１５日 【配偶者氏名】甲野義太郎 【送付を受けた日】平成３０年２月１８日 【受理者】東京都文京区長 【新本籍】東京都文京区本郷一丁目４番地 【称する氏】夫の氏
戸籍に記録されている者 **除　　籍**	【名】春夫 【生年月日】平成２９年１１月１８日 【父】 【母】乙川梅子 【続柄】長男
身分事項 　出　　生	【出生日】平成２９年１１月１８日 【出生地】東京都杉並区 【届出日】平成２９年１２月１日 【届出人】母 【送付を受けた日】平成２９年１２月３日 【受理者】東京都杉並区長
移　　記	**【移記日】平成３０年４月２５日** **【移記事由】甲野義太郎認知の裁判確定** **【裁判確定日】平成３０年４月１８日** **【申請日】平成３０年４月２３日** **【申請人】母** **【送付を受けた日】平成３０年４月２５日** **【受理者】東京都千代田区長**

発行番号

	(2の2)　全部事項証明
除　　籍	【移記前の戸籍】東京都千代田区九段南二丁目８番地　丙原昌夫 【除籍日】平成３０年４月２５日 【除籍事由】甲野義太郎認知の裁判確定 【裁判確定日】平成３０年４月１８日 【申請日】平成３０年４月２３日 【申請人】母 【送付を受けた日】平成３０年４月２５日 【受理者】東京都千代田区長 【新本籍】東京都杉並区方南一丁目１５番地
	以下余白

発行番号

〔注〕　本事例の出生事項のように，移記により身分事項（又は戸籍事項）を記録する場合は，当該身分事項（又は戸籍事項）を記録の上，その直下に段落ちタイトル「移記」を付して，移記した旨の記録をする。

事件本人（子）についての新戸籍（コンピュータシステムによる証明書記載例）

（1の1）　全部事項証明

本　　籍 氏　　名	東京都杉並区方南一丁目１５番地 乙川　春夫
戸籍事項 　戸籍編製	【編製日】平成３０年4月２５日
戸籍に記録されている者	【名】春夫 【生年月日】平成２９年１１月１８日 **【父】甲野義太郎** 【母】甲野梅子 【続柄】長男
身分事項 　出　　生	（出生事項省略）
入　　籍	**【入籍日】平成３０年４月２５日** **【入籍事由】甲野義太郎認知の裁判確定** **【裁判確定日】平成３０年４月１８日** **【申請日】平成３０年４月２３日** **【申請人】母** **【送付を受けた日】平成３０年４月２５日** **【受理者】東京都千代田区長** **【従前戸籍】東京都杉並区方南一丁目１５番地　乙川松男**
認　　知	**【認知の裁判確定日】平成３０年４月１８日** **【認知者氏名】甲野義太郎** **【認知者の戸籍】東京都文京区本郷一丁目４番地　甲野義太郎** **【届出日】平成３０年４月２８日** **【届出人】親権者母** **【送付を受けた日】平成３０年５月２日** **【受理者】東京都文京区長**
	以下余白

発行番号

母の再婚後の戸籍（コンピュータシステムによる証明書記載例）

（1の1）　全部事項証明

本　　籍 氏　　名	東京都文京区本郷一丁目４番地 甲野　義太郎
戸籍事項 　戸籍編製	【編製日】平成３０年２月１５日
戸籍に記録されている者	【名】義太郎 【生年月日】平成元年６月５日　　【配偶者区分】夫 【父】甲野幸雄 【母】甲野杉代 【続柄】長男
身分事項 　出　生	（出生事項省略）
婚　姻	【婚姻日】平成３０年２月１５日 【配偶者氏名】乙川梅子 【従前戸籍】東京都文京区本郷一丁目４番地　甲野幸雄
認　知	**【認知の裁判確定日】平成３０年４月１８日** **【認知した子の氏名】丙原春夫** **【認知した子の戸籍】東京都杉並区方南一丁目１５番地　乙川春夫** **【届出日】平成３０年４月２８日** **【届出人】親権者母**
戸籍に記録されている者	【名】梅子 【生年月日】昭和６３年２月１２日　　【配偶者区分】妻 【父】乙川松男 【母】乙川葉子 【続柄】長女
身分事項 　出　生	（出生事項省略）
婚　姻	【婚姻日】平成３０年２月１５日 【配偶者氏名】甲野義太郎 【従前戸籍】東京都杉並区方南一丁目１５番地　乙川松男
	以下余白

発行番号

問15　母の前夫との婚姻解消後三〇〇日以内に出生した子について届出未済のまま母が再婚した後に、後夫との認知の裁判が確定し、後夫から当該裁判の謄本を添付して嫡出子出生の届出があった場合

解説

一　民法は、妻が婚姻中に懐胎した子は、夫の子と推定する（民七七二条一項）とし、さらに婚姻の成立後二〇〇日以上かつ婚姻の解消又は取消後三〇〇日以内に出生した子は、婚姻中に懐胎したものとして夫の子と推定するとしている（同条二項）〔注一〕。

二　民法上嫡出の推定を受ける子については、その推定が仮に常識的に不合理と思われるような事情にある場合であっても、市町村長としては、いわゆる実質的審査権を有しないことから、嫡出子としての出生届出でなければ、これを受理することができないとされている（昭和二〇・九・二四民事特甲四〇八号回答）。しかし、その嫡出性を排除し得ることが確定判決等裁判によって明確にされているときは、嫡出でない子又は母の後夫の嫡出子とする出生の届出をすることが認められている（昭和四〇・九・二二民事甲二八三四号回答、昭和四八・一〇・一七民二―七八八四号回答ほか）。

三　本問における出生子は、母の前夫との婚姻解消後三〇〇日以内の出生子であるから、当該子の出生が、前夫との婚姻成立の日から二〇〇日を経過した後であるとすれば、前夫の嫡出推定を受けることとなる。しかし、当該出生子については、母の後夫との認知の裁判が確定していることから、それによって前夫の嫡出推定は排除されることとなる。したがって、母の後夫からされた当該嫡出子出生の届出はこれを受理するとともに、出生子を後婚夫婦間の準正嫡出子として直ちに夫婦の戸籍に入籍させて差し支えないこととなる（昭和四一・三・一四民事甲六五五号回答参照）〔注二〕。

右の場合の子の出生届による戸籍の記載処理は、後掲のとおりである。

〔注一〕　離婚等による婚姻の解消後三〇〇日以内の出生子が、民法第七七二条の規定により母の前夫の嫡出推定を受けるためには、母と前夫との婚姻が成立した日から二〇〇日を経過した後に出生していることが不可欠の要件である（中川善之助監修『注釈親族法（上）』三〇一頁）。

〔注二〕　この場合、認知の訴えを提起した者は、別途戸籍法第六三条の規定により認知の届出をすることが必要である。認知事項については、同籍する子の場合の例によって父及び子についてそれぞれ記載すべきであるとされている（前掲民事甲六五五号回答）。

出　生　届

平成 31 年10月18日 届出

東京都文京区　長 殿

受理 平成31年10月18日 第 3214 号			発送 平成 年 月 日			
送付 平成 年 月 日 第 号			長印			
書類調査	戸籍記載	記載調査	調査票	附票	住民票	通知

(1) 生まれた子	子の氏名（よみかた）（外国人のときはローマ字を付記してください）	氏 乙《おつ》野《の》　名 隆《りゅう》太《た》	父母との続き柄 ☑嫡出子 □嫡出でない子　長 ☑男 □女
(2)	生まれたとき	平成 31 年 5 月 8 日 ☑午前 □午後 5 時 20 分	
(3)	生まれたところ	東京都文京区白山２丁目３ ~~番地~~ 番 4 号	
(4)	住所（住民登録をするところ）	東京都文京区白山３丁目２ ~~番地~~ 番 1 号	
		世帯主の氏名 乙野 啓太郎	世帯主との続き柄 子
(5) 生まれた子の父と母	父母の氏名 生年月日（子が生まれたときの年齢）	父 乙野 啓太郎　昭和 60 年 1 月 7 日（満 34 歳）	母 乙野 夏子　昭和 59 年 8 月 3 日（満 34 歳）
(6)	本籍（外国人のときは国籍だけを書いてください）	東京都文京区白山２丁目８ 番地 ~~番~~	
		筆頭者の氏名 乙野 啓太郎	
(7)	同居を始めたとき	平成 27 年 7 月（結婚式をあげたとき、または、同居を始めたときのうち早いほうを書いてください）	
(8)	子が生まれたときの世帯のおもな仕事と	□1. 農業だけまたは農業とその他の仕事を持っている世帯 □2. 自由業・商工業・サービス業等を個人で経営している世帯 □3. 企業・個人商店等（官公庁は除く）の常用勤労者世帯で勤め先の従業者数が1人から99人までの世帯（日々または1年未満の契約の雇用者は5） ☑4. 3にあてはまらない常用勤労者世帯及び会社団体の役員の世帯（日々または1年未満の契約の雇用者は5） □5. 1から4にあてはまらないその他の仕事をしている者のいる世帯 □6. 仕事をしている者のいない世帯	
(9)	父母の職業	（国勢調査の年…　年…の4月1日から翌年3月31日までに子が生まれたときだけ書いてください） 父の職業	母の職業
その他	平成31年9月5日乙野啓太郎の認知の裁判確定につき、裁判の謄本及び同確定証明書を添付する。 本日、別件で同時に認知の届出をした。		
届出人	☑1. 父 □母 □2. 法定代理人（　） □3. 同居者 □4. 医師 □5. 助産師 □6. その他の立会者 □7. 公設所の長		
	住所 東京都文京区白山３丁目２ ~~番地~~ 番 1 号		
	本籍 東京都文京区白山２丁目８ 番地 ~~番~~	筆頭者の氏名 乙野啓太郎	
	署名 乙野 啓太郎 ㊞	昭和 60 年 1 月 7 日生	

事件簿番号	

【認知届書式】

認　知　届

平成31年10月18日 届出

東京都文京区　長 殿

受理 平成31年10月18日 第　3215 号	発送 平成　年　月　日
送付 平成　年　月　日 第　号	長印

書類調査	戸籍記載	記載調査	附票	住民票	通知

	認知される子		認知する父
（よみかた）	おつ の りゅう た	父母との続き柄	おつ の けいたろう
氏名	氏 乙野　名 隆太	長 ☑男 □女	氏 乙野　名 啓太郎
生年月日	平成 31 年 5 月 8 日		昭和 60 年 1 月 7 日
住所 （住民登録をしているところ）	東京都文京区白山3丁目 2 ~~番地~~ 番 1 号 世帯主の氏名 乙野 啓太郎		東京都文京区白山3丁目 2 ~~番地~~ 番 1 号 世帯主の氏名 乙野 啓太郎
本籍 （外国人のときは国籍だけを書いてください）	東京都文京区白山2丁目 8 番地 ~~番~~ 筆頭者の氏名 乙野 啓太郎		東京都文京区白山2丁目 8 番地 ~~番~~ 筆頭者の氏名 乙野 啓太郎
認知の種別	□任意認知 □遺言認知（遺言執行者　年　月　日 就職）		☑審判 平成 31 年 9 月 5 日確定 □判決　年　月　日確定
子の母	氏名 乙野夏子　昭和 59 年 8 月 3 日生 本籍 子と同じ　番地 番 筆頭者の氏名		
その他	☑未成年の子を認知する　□成年の子を認知する　□死亡した子を認知する　□胎児を認知する 添付書類　裁判の謄本及び確定証明書		
届出人	□父　☑その他（ 親権者母 ） 住所 東京都文京区白山3丁目2 ~~番地~~ 番 1 号 本籍 東京都文京区白山2丁目8 番地 ~~番~~ 筆頭者の氏名 乙野啓太郎 署名 乙野夏子 ㊞　昭和 59 年 8 月 3 日生		

母の後夫（出生子の父）の戸籍

本籍	東京都文京区白山二丁目八番地
氏名	乙野　啓太郎

平成参拾年拾弐月七日編製㊞

（出生事項省略）

平成参拾年拾弐月七日山川夏子と婚姻届出東京都文京区白山二丁目八番地乙野孝助戸籍から入籍㊞

平成参拾壱年九月五日同籍隆太を認知の裁判確定同年拾月拾八日親権者母届出㊞

父	乙野孝助
母	冬子
	三男
夫	啓太郎
出生	昭和六拾年壱月七日

（出生事項省略）

平成参拾年拾弐月七日乙野啓太郎と婚姻届出東京都荒川区南千住一丁目十二番地山川忠治戸籍から入籍㊞

父	山川忠治
母	春子
	長女
妻	夏子
生出	昭和五拾九年八月参日

平成参拾壱年五月八日東京都文京区で出生同年拾月拾八日父届出入籍㊞

平成参拾壱年九月五日同籍乙野啓太郎認知の裁判確定同年拾月拾八日親権者母届出㊞

父	乙野啓太郎
母	夏子
	長男
	隆太
生出	平成参拾壱年五月八日

母の後夫の戸籍（コンピュータシステムによる証明書記載例）

（2の1）　全部事項証明

本　　籍 氏　　名	東京都文京区白山二丁目８番地 乙野　啓太郎
戸籍事項 戸籍編製	【編製日】平成３０年１２月７日
戸籍に記録されている者	【名】啓太郎 【生年月日】昭和６０年１月７日　　【配偶者区分】夫 【父】乙野孝助 【母】乙野冬子 【続柄】三男
身分事項 出　生	（出生事項省略）
婚　姻	【婚姻日】平成３０年１２月７日 【配偶者氏名】山川夏子 【従前戸籍】東京都文京区白山二丁目８番地　乙野孝助
認　知	**【認知の裁判確定日】平成３１年９月５日** **【認知した子の氏名】乙野隆太** **【認知した子の戸籍】東京都文京区白山二丁目８番地　乙野太郎** **【届出日】平成３１年１０月１８日** **【届出人】親権者母**
戸籍に記録されている者	【名】夏子 【生年月日】昭和５９年８月３日　　【配偶者区分】妻 【父】山川忠治 【母】山川春子 【続柄】長女
身分事項 出　生	（出生事項省略）
婚　姻	【婚姻日】平成３０年１２月７日 【配偶者氏名】乙野啓太郎 【従前戸籍】東京都荒川区南千住一丁目１２番地　山川忠治
戸籍に記録されている者	【名】隆太 【生年月日】平成３１年５月８日 【父】乙野啓太郎 【母】乙野夏子 【続柄】長男
身分事項	

発行番号

（2の2）　全部事項証明

出　　生	【出生日】平成３１年５月８日 【出生地】東京都文京区 【届出日】平成３１年１０月１８日 【届出人】父
認　　知	【認知の裁判確定日】平成３１年９月５日 【認知者氏名】乙野啓太郎 【認知者の戸籍】東京都文京区白山二丁目８番地　乙野啓太郎 【届出日】平成３１年１０月１８日 【届出人】親権者母
	以下余白

発行番号

〔注〕 嫡出でない子についての認知事項は，婚姻，転籍等による新戸籍等に移記を要するものとされている（戸規39条２号）。しかし，本事例の子は準正嫡出子の身分を取得しているため，移記を要しない。

問16　嫡出でない子が父に認知されて父の氏を称してその戸籍に入籍した後に、認知無効の裁判が確定した場合

解説

一　嫡出でない子が、認知した父の氏を称してその戸籍に入籍した（民七九一条、戸九八条）後に、認知無効の裁判が確定したときは、認知を基礎とする父の氏を称する入籍も無効となるものと解されるので、子は母の戸籍に回復されることになる。しかし、回復すべき母の戸籍が次に示すような状況のいずれにあるのかによって、その訂正方法が異なることとなる。

1　実母の戸籍が、子が父の戸籍に入籍したときのままで認知無効の裁判が確定したとき

2　実母の戸籍が転籍した後に、認知無効の裁判が確定したとき

3　実母の戸籍が他男との婚姻により除籍された後に、認知無効の裁判が確定したとき

二　本問は、右に例示した「1」の事例（実母の戸籍が、子が父の氏を称して父の戸籍に入籍したときのままで認知無効の裁判が確定したとき）に該当する場合である。

この場合における戸籍訂正は、当該認知無効の裁判確定に基づく戸籍法第一一六条の戸籍訂正申請によって、認知をした者と認知をされた者の各戸籍の身分事項欄に記載されている認知事項を消除することになる。しかし、確定判決は、判決主文に包含するものに限り既判力を有するのであるから、認知無効の裁判確定の効力は、被認知者すなわち子の父の氏を称する入籍事項の訂正には及ばない。そのため、父の氏を称する入籍届出の無効については、別途戸籍法第一一四条の規定による戸籍訂正許可の審判を得て、戸籍訂正申請により父の氏を称する入籍事項を消

除し、子を母の戸籍に回復することになる。

三　右の場合の戸籍の訂正処理方法を示すと以下のとおりである。

1　**認知無効の訂正**

㈠　父の戸籍中、父と子について、それぞれその身分事項欄に認知無効の裁判が確定した旨を記載し、認知事項を消除するとともに、父欄の父の記載を消除する。

㈡　子の入籍前の戸籍（子が認知された時の母の戸籍）中、子の身分事項欄に、認知無効の裁判が確定した旨を記載し、認知の記載を消除するとともに、父欄の父の記載を消除する。

2　**子の入籍無効の訂正**

㈠　父の戸籍中、子の身分事項欄に父の氏を称する入籍届出無効の戸籍訂正許可の裁判が確定した旨を記載するとともに、父の氏を称する入籍の記載を消除する。

㈡　子の入籍前の戸籍（子が認知された時の母の戸籍）中、子の身分事項欄に、父の氏を称する入籍届出無効の戸籍訂正許可の裁判が確定した旨を記載するとともに、父の氏を称する入籍の記載（除籍の記載）を消除し、子を当該戸籍の末尾に回復する。回復する身分事項欄には、戸籍法施行規則第三九条に規定する重要身分事項のみを移記すれば足り、回復に関する訂正事項を記載する必要はない（昭和五四・八・二一民二―四三九〇号通達）。

【戸籍訂正申請書式】

戸籍訂正申請

東京都千代田 市区町村 長 殿

平成30年4月22日申請

受付	
	平成30年4月22日
	第 123 号

(一)	事件本人	本籍	東京都千代田区平河町１丁目５番地	千葉市中央区千葉町２丁目５番地
		筆頭者氏名	甲野義雄	丙原花子
(二)		住所及び世帯主氏名	東京都千代田区飯田橋３丁目10番８号　甲野義雄	千葉市中央区千葉町２丁目４番５号　丙原花子
(三)		氏名	甲野雪夫	丙原雪夫
		生年月日	平成23年4月20日	平成23年4月20日
(四)	裁判の種類		認知無効の裁判	
	裁判確定年月日		平成30年4月18日	
(五)	訂正の趣旨		事件本人は平成24年10月１日に甲野義雄に認知されたことにより父の氏を称し、父の戸籍に入籍していたが、平成30年４月18日認知無効の裁判が確定したので、認知の記載及び父の氏名を消除する。	
(六)	添付書類		裁判の謄本、確定証明書	
(七)	申請人	本籍	千葉市中央区千葉町２丁目５番地	
		筆頭者氏名	丙原花子	
		住所	千葉市中央区千葉町２丁目４番５号	
		署名押印	丙原花子　㊞	
		生年月日	昭和59年1月10日	

戸籍	
調査	
記載	
記載調査	
送付	
住民票	
記載	
通知	
附票	
記載	
通知	

（注　意）

事件本人又は申請人が二人以上であるときは、必要に応じ該当欄を区切って記載すること。

戸籍訂正申請

千葉市中央 市区町村 長　殿

平成 30 年 6 月 10 日申請

受付	
	平成 30 年 6 月 10 日
	第 243 号

(一)	事件本人	本籍	東京都千代田区平河町１丁目５番地	千葉市中央区千葉町２丁目５番地
		筆頭者氏名	甲野義雄	丙原花子
(二)		住所及び世帯主氏名	東京都千代田区飯田橋３丁目10番８号　甲野義雄	千葉市中央区千葉町２丁目４番５号　丙原花子
(三)		氏名	甲野雪夫	丙原雪夫
		生年月日	平成 23 年 4 月 20 日	平成 23 年 4 月 20 日
(四)	裁判の種類		戸籍訂正許可の裁判	
	裁判確定年月日		平成 30 年 6 月 4 日	
(五)	訂正の趣旨		事件本人は、平成24年10月１日甲野義雄に認知され、平成29年９月３日父の氏を称する入籍届出により父の戸籍に入籍していたところ、平成30年４月18日、認知無効の裁判が確定し、それに伴い、父の氏を称する入籍届出が無効であるとする戸籍訂正許可の裁判が確定したので、事件本人甲野雪夫を認知者甲野義雄戸籍から消除し、母の戸籍に回復することの訂正をする。	
(六)	添付書類		審判の謄本、確定証明書	
(七)	申請人	本籍	千葉市中央区千葉町２丁目５番地	
		筆頭者氏名	丙原花子	
		住所	千葉市中央区千葉町２丁目４番５号	
		署名押印	丙原花子　㊞	
		生年月日	昭和 59 年 1 月 10 日	

戸籍	
調査	
記載	
記載調査	
送付	
住民票	
記載	
通知	
附票	
記載	
通知	

（注意）

事件本人又は申請人が二人以上であるときは、必要に応じ該当欄を区切って記載すること。

父の戸籍

本籍　東京都千代田区平河町一丁目五番地

氏名　甲野義雄

（編製事項省略）

（出生事項省略）

~~平成弐拾四年拾月壱日千葉市中央区千葉町二丁目五番地丙原花子同籍雪夫を認知届出同月五日同区長から送付㊞~~

平成参拾年四月拾八日丙原雪夫を認知無効の裁判確定同月弐拾弐日丙原花子申請認知の記載消除㊞

父　甲野義太郎

母　松子

長男

義雄

出生　昭和五拾四年参月参日

平成弐拾参年四月弐拾日東京都千代田区で出生同月参拾日母届出同年五月弐日
同区長から送付入籍㊞
~~平成弐拾四年拾月壱日東京都千代田区平河町一丁目五番地甲野義雄認知届出㊞~~
~~平成弐拾九年九月参日父の氏を称する入籍親権者母届出同月八日千葉市中央区~~
~~長から送付同区千葉町二丁目五番地丙原花子戸籍から入籍㊞~~
平成参拾年四月拾八日認知無効の裁判確定同月弐拾弐日母申請認知の記載消
除㊞
父の氏を称する入籍届出無効につき平成参拾年六月四日戸籍訂正許可の裁判確
定同月拾日母申請同月拾参日千葉市中央区長から送付消除㊞

父　~~甲野義雄~~
母　丙原花子
長男

~~雪夫~~

出生　平成弐拾参年四月弐拾日

父
母
出生

子が認知された時の母の戸籍

本籍	千葉市中央区千葉町二丁目五番地
氏名	丙原花子

（編製事項省略）

（出生事項省略）

（子の出生による入籍事項省略）

父	丙原昌夫
母	松子
	長女
（名）	花子
出生	昭和五拾九年壱月拾日

平成弐拾参年四月弐拾日東京都千代田区で出生同月参拾日母届出同年五月弐日
同区長から送付入籍㊞
~~平成弐拾四年拾月壱日東京都千代田区平河町一丁目五番地甲野義雄認知届出㊞~~
~~平成弐拾九年九月参日父の氏を称する入籍親権者母届出東京都千代田区平河町~~
~~一丁目五番地甲野義雄戸籍に入籍につき除籍㊞~~
平成参拾年四月拾八日認知無効の裁判確定同月弐拾弐日母申請同月弐拾六日東
京都千代田区長から送付認知の記載消除㊞
父の氏を称する入籍届出無効につき平成参拾年六月四日戸籍訂正許可の裁判確
定同月拾日母申請その記載消除㊞

父	~~甲野義雄~~
母	丙原花子
	長男
	~~雪夫~~
出生	平成弐拾参年四月弐拾日

平成弐拾参年四月弐拾日東京都千代田区で出生同月参拾日母届出同年五月
弐日同区長から送付入籍㊞

父	
母	丙原花子
	長男
	雪夫
出生	平成弐拾参年四月弐拾日

父の戸籍（コンピュータシステムによる証明書記載例）

（2の1）　全部事項証明

本　籍	東京都千代田区平河町一丁目５番地
氏　名	甲野　義雄
戸籍事項 戸籍編製	（編製事項省略）
戸籍に記録されている者	【名】義雄 【生年月日】昭和５４年３月３日 【父】甲野義太郎 【母】甲野松子 【続柄】長男
身分事項 出　生	（出生事項省略）
消　除	**【消除日】平成３０年４月２２日 【消除事項】認知事項 【消除事由】丙原雪夫を認知無効の裁判確定 【裁判確定日】平成３０年４月１８日 【申請日】平成３０年４月２２日 【申請人】丙原花子 【従前の記録】 　【認知日】平成２４年１０月１日 　【認知した子の氏名】丙原雪夫 　【認知した子の戸籍】千葉市中央区千葉町二丁目５番地 　　丙原花子 　【送付を受けた日】平成２４年１０月５日 　【受理者】千葉市中央区長**
戸籍に記録されている者 **消　除**	【名】雪夫 【生年月日】平成２３年４月２０日 **【父】** 【母】丙原花子 【続柄】長男
身分事項 出　生	【出生日】平成２３年４月２０日 【出生地】東京都千代田区 【届出日】平成２３年４月３０日 【届出人】母 【送付を受けた日】平成２３年５月２日 【受理者】東京都千代田区長
消　除	**【消除日】平成３０年４月２２日 【消除事項】認知事項 【消除事由】認知無効の裁判確定 【裁判確定日】平成３０年４月１８日**

発行番号

（2の2）　全部事項証明

	【申請日】平成３０年４月２２日 【申請人】母 【従前の記録】 　　【認知日】平成２４年１０月１日 　　【認知者氏名】甲野義雄 　　【認知者の戸籍】東京都千代田区平河町一丁目５番地　甲野義雄
消　　除	【消除日】平成３０年４月２２日 【消除事項】父の氏名 【消除事由】認知無効の裁判確定 【裁判確定日】平成３０年４月１８日 【申請日】平成３０年４月２２日 【申請人】母 【従前の記録】 　　【父】甲野義雄
消　　除	【消除日】平成３０年６月１３日 【消除事項】入籍事項 【消除事由】父の氏を称する入籍届出無効につき戸籍訂正許可の裁判確定 【裁判確定日】平成３０年６月４日 【申請日】平成３０年６月１０日 【申請人】母 【送付を受けた日】平成３０年６月１３日 【受理者】千葉市中央区長 【従前の記録】 　　【届出日】平成２９年９月３日 　　【入籍事由】父の氏を称する入籍 　　【届出人】親権者母 　　【送付を受けた日】平成２９年９月８日 　　【受理者】千葉市中央区長 　　【従前戸籍】千葉市中央区千葉町二丁目５番地　丙原花子
	以下余白

発行番号

〔注〕１　身分事項（又は戸籍事項）の一事項全てを消除する場合は，基本タイトル（左端タイトル）「消除」により訂正処理を行う。
２　子（被認知者）については，認知事項とともに父の氏名を消除することとなるが，これらは個別に訂正処理を行う。

子が認知された時の母の戸籍（コンピュータシステムによる証明書記載例）

（2の1）　全部事項証明

本　　　籍 氏　　　名	千葉市中央区千葉町二丁目５番地 丙原　花子
戸籍事項 　戸籍編製	 （編製事項省略）
戸籍に記録されている者	【名】花子 【生年月日】昭和５９年１月１０日 【父】丙原昌夫 【母】丙原松子 【続柄】長女
身分事項 　出　　生 　子の出生	 （出生事項省略） （子の出生による入籍事項省略）
戸籍に記録されている者 除　　籍	【名】雪夫 【生年月日】平成２３年４月２０日 【父】 【母】丙原花子 【続柄】長男
身分事項 　出　　生	 【出生日】平成２３年４月２０日 【出生地】東京都千代田区 【届出日】平成２３年４月３０日 【届出人】母 【送付を受けた日】平成２３年５月２日 【受理者】東京都千代田区長
消　　除	**【消除日】平成３０年４月２６日** **【消除事項】認知事項** **【消除事由】認知無効の裁判確定** **【裁判確定日】平成３０年４月１８日** **【申請日】平成３０年４月２２日** **【申請人】母** **【送付を受けた日】平成３０年４月２６日** **【受理者】東京都千代田区長** **【従前の記録】** 　**【認知日】平成２４年１０月１日** 　**【認知者氏名】甲野義雄** 　**【認知者の戸籍】東京都千代田区平河町一丁目５番地　甲野義雄**
消　　除	**【消除日】平成３０年４月２６日** **【消除事項】父の氏名**

発行番号

（2の2）　全部事項証明

消　　除	【消除事由】認知無効の裁判確定 【裁判確定日】平成３０年４月１８日 【申請日】平成３０年４月２２日 【申請人】母 【送付を受けた日】平成３０年４月２６日 【受理者】東京都千代田区長 【従前の記録】 　　【父】甲野義雄
	【消除日】平成３０年６月１０日 【消除事項】入籍事項 【消除事由】父の氏を称する入籍届出無効につき戸籍訂正許可の裁判確定 【裁判確定日】平成３０年６月４日 【申請日】平成３０年６月１０日 【申請人】母 【従前の記録】 　　【届出日】平成２９年９月３日 　　【除籍事由】父の氏を称する入籍 　　【届出人】親権者母 　　【入籍戸籍】東京都千代田区平河町一丁目５番地　甲野義雄
戸籍に記録されている者	【名】雪夫 【生年月日】平成２３年４月２０日 【父】 【母】丙原花子 【続柄】長男
身分事項 　出　　生	【出生日】平成２３年４月２０日 【出生地】東京都千代田区 【届出日】平成２３年４月３０日 【届出人】母 【送付を受けた日】平成２３年５月２日 【受理者】東京都千代田区長
	以下余白

発行番号

問17　嫡出でない子が父に認知されて父の氏を称してその戸籍に入籍した後に、認知無効の裁判が確定したが、右裁判の確定前に実母の戸籍が転籍している場合

解説　一　嫡出でない子が、認知した父の氏を称してその戸籍に入籍する（民七九一条、戸九八条）ことが認められるのは、認知が有効に成立していることが前提となる。したがって、事後になって認知無効の裁判が確定したときは、認知を基礎とする父の氏を称する入籍も無効となるものと解されることは**前問16**で説明したところである。

二　本問は、実母の戸籍が、父が子を認知した後に他市町村へ転籍している場合において、認知無効の裁判が確定した場合である。したがって、この場合は、認知無効による戸籍訂正の後に別途入籍届出無効の戸籍訂正許可の審判（戸一一四条）を得た上、これに基づく戸籍訂正申請により子を母の転籍後の戸籍に回復することとなる。転籍は、単に戸籍の所在場所を変更するにすぎないものであり、転籍前と転籍後の戸籍においてその同一性が失われるものではないからである。

三　本問における訂正の趣旨は、前問の場合と同様であるが、子を転籍後の母の戸籍に回復するというところが前問とは異なるところである。

この場合の戸籍の訂正処理方法を示すと、次のとおりである。

1　父の戸籍における訂正は、前問の場合と同様に、認知無効の裁判確定により、父及び子の各身分事項欄の認知事項を消除するほか、子については父欄の記載を消除する。そして、その後になされる入籍届出無効による戸籍訂正申請によって、父の氏を称する入籍事項を消除することになる。

2　子の入籍届出無効によるその回復に関する訂正は、母の転籍前の戸籍の子の身分事項欄（既に認知無効の裁判が確定した旨の記載がされている。）に、父の氏を称する入籍届出無効の裁判確定の記載とともに、母の転籍後の戸籍に回復する旨の記載をした上で、父の氏を称する入籍の記載を消除することになる。

3　一方、子を母の転籍後の戸籍の末尾に回復する。なお、その場合の戸籍の記載については、前問において説明したことと同様である（戸規三九条二項）。

【戸籍訂正申請書式】

戸籍訂正申請

東京都千代田 市(区)町村 長 殿

平成 30 年 4 月 22 日申請

受付	平成 30 年 4 月 22 日
	第 236 号

戸籍	
調査	
記載	
記載調査	
送付	
住民票	
記載	
通知	
附票	
記載	
通知	

(一)	事件本人	本籍	東京都千代田区平河町１丁目５番地	千葉市中央区千葉町２丁目５番地
		筆頭者氏名	甲野義雄	丙原花子
(二)		住所及び世帯主氏名	東京都千代田区飯田橋３丁目10番８号　甲野義雄	岐阜市田端町17番地　丙原花子
(三)		氏名	甲野雪夫	丙原雪夫
		生年月日	平成 23 年 4 月 20 日	平成 23 年 4 月 20 日
(四)	裁判の種類		認知無効の裁判	
	裁判確定年月日		平成 30 年 4 月 18 日	
(五)	訂正の趣旨		事件本人は平成24年10月１日甲野義雄に認知されたことにより父の氏を称し、父の戸籍に入籍していたが、平成30年４月18日認知無効の裁判が確定したので、認知の記載及び父の氏名を消除する。	
(六)	添付書類		裁判の謄本、確定証明書	
(七)	申請人	本籍	岐阜市田端町17番地	
		筆頭者氏名	丙原花子	
		住所	本籍と同じ	
		署名押印	丙原花子　㊞	
		生年月日	昭和 59 年 1 月 10 日	

（注意）事件本人又は申請人が二人以上であるときは、必要に応じ該当欄を区切って記載すること。

戸籍訂正申請

千葉市中央 市(区) 町村 長　殿

平成 30 年 6 月 10 日申請

受付	平成 30 年 6 月 10 日
	第　563　号

(一)	事件本人	本籍	東京都千代田区平河町１丁目５番地	岐阜市田端町17番地
		筆頭者氏名	甲　野　義　雄	丙　原　花　子
(二)		住所及び世帯主氏名	岐阜市田端町17番地　丙原花子	左に同じ
(三)		氏名	甲　野　雪　夫	丙　原　雪　夫
		生年月日	平成 23 年 4 月 20 日	平成 23 年 4 月 20 日
(四)	裁判の種類		戸籍訂正許可の裁判	
	裁判確定年月日		平成 30 年 6 月 4 日	
(五)	訂正の趣旨		事件本人は平成24年10月１日甲野義雄に認知され、平成28年９月３日父の氏を称する入籍届出により、父の戸籍に入籍していたところ、平成30年４月18日認知無効の裁判が確定し、それに伴い父の氏を称する入籍届出が無効であるとする戸籍訂正許可の裁判が確定したが、事件本人を回復すべき母の戸籍が、認知無効の裁判確定前に、千葉市中央区千葉町２丁目５番地から岐阜市田端町17番地に転籍しているので、事件本人を甲野義雄戸籍から消除し、転籍後の母の戸籍に回復することの訂正をする。	
(六)	添付書類		審判の謄本、確定証明書、戸籍謄本	
(七)	申請人	本籍	岐阜市田端町17番地	
		筆頭者氏名	丙　原　花　子	
		住所	本籍と同じ	
		署名押印	丙　原　花　子　㊞	
		生年月日	昭和 59 年 1 月 10 日	

戸籍	
調査	
記載	
記載調査	
送付	
住民票	
記載	
通知	
附票	
記載	
通知	

（注意）

事件本人又は申請人が二人以上であるときは、必要に応じ該当欄を区切って記載すること。

父の戸籍

本籍	東京都千代田区平河町一丁目五番地
氏名	甲野義雄

（編製事項省略）

平成弐拾参年四月弐拾日東京都千代田区で出生同月参拾日母届出同年五月弐日同区長から送付入籍㊞

~~平成弐拾四年拾月壱日東京都千代田区平河町一丁目五番地甲野義雄認知届出㊞~~

~~平成弐拾八年九月参日父の氏を称する入籍親権者母届出同月八日千葉市中央区長から送付同区千葉町二丁目五番地丙原花子戸籍から入籍㊞~~

平成参拾年四月拾八日認知無効の裁判確定同月弐拾弐日母申請認知の記載消除㊞

父の氏を称する入籍無効につき平成参拾年六月四日戸籍訂正許可の裁判確定同月拾日母申請同月拾参日千葉市中央区長から送付消除㊞

父	~~甲野義雄~~
母	丙原花子
長男	
名	~~雪夫~~
出生	平成弐拾参年四月弐拾日

母の転籍前の戸籍

除籍

本籍	千葉市中央区千葉町二丁目五番地
氏名	丙原花子

（編製事項省略）

平成弐拾九年七月弐拾日岐阜市田端町十七番地に

転籍届出消除㊞

（出生事項省略）

~~平成弐拾四年拾月壱日東京都千代田区平河町一丁目五番地甲野義雄認知届出㊞~~

~~平成弐拾八年九月参日父の氏を称する入籍親権者母届出東京都千代田区平河町一丁目五番地甲野義雄戸籍に入籍につき除籍㊞~~

平成参拾年四月拾八日認知無効の裁判確定同月弐拾弐日母申請同月弐拾五日東京都千代田区長から送付認知の記載消除㊞

父の氏を称する入籍届出無効につき平成参拾年六月四日戸籍訂正許可の裁判確定同月拾日母申請その記載消除の上岐阜市田端町十七番地丙原花子戸籍に回復㊞

父	~~甲野義雄~~
母	丙原花子
	長男
	~~雪夫~~
出生	平成弐拾参年四月弐拾日

母の転籍後の戸籍

本籍　岐阜県岐阜市田端町十七番地

氏名　丙原花子

平成弐拾九年七月弐拾日千葉市中央区千葉町二丁目五番地から転籍届出同月弐拾参日同区長から送付㊞

平成弐拾参年四月弐拾日東京都千代田区で出生同月参拾日母届出同年五月弐日同区長から送付入籍㊞

申請により平成参拾年六月拾七日千葉市中央区長から送付記載㊞

父

母　丙原花子

長男

雪夫

出生　平成弐拾参年四月弐拾日

父の戸籍（コンピュータシステムによる証明書記載例）

（２の１）　全部事項証明

本　　籍 氏　　名	東京都千代田区平河町一丁目５番地 甲野　義雄
戸籍事項 　戸籍編製	（編製事項省略）
戸籍に記録されている者 消　　除	【名】雪夫 【生年月日】平成２３年４月２０日 【父】 【母】丙原花子 【続柄】長男
身分事項 　出　　生	【出生日】平成２３年４月２０日 【出生地】東京都千代田区 【届出日】平成２３年４月３０日 【届出人】母 【送付を受けた日】平成２３年５月２日 【受理者】東京都千代田区長
消　　除	**【消除日】平成３０年４月２２日** **【消除事項】認知事項** **【消除事由】認知無効の裁判確定** **【裁判確定日】平成３０年４月１８日** **【申請日】平成３０年４月２２日** **【申請人】母** **【従前の記録】** 　　**【認知日】平成２４年１０月１日** 　　**【認知者氏名】甲野義雄** 　　**【認知者の戸籍】東京都千代田区平河町一丁目５番地　甲野義雄**
消　　除	**【消除日】平成３０年４月２２日** **【消除事項】父の氏名** **【消除事由】認知無効の裁判確定** **【裁判確定日】平成３０年４月１８日** **【申請日】平成３０年４月２２日** **【申請人】母** **【従前の記録】** 　　**【父】甲野義雄**
消　　除	**【消除日】平成３０年６月１３日** **【消除事項】入籍事項** **【消除事由】父の氏を称する入籍届出無効につき戸籍訂正許可の裁判確定** **【裁判確定日】平成３０年６月４日**

発行番号

（2の2）　全部事項証明

	【申請日】平成３０年６月１０日 【申請人】母 【送付を受けた日】平成３０年６月１３日 【受理者】千葉市中央区長 【従前の記録】 　　【届出日】平成２８年９月３日 　　【入籍事由】父の氏を称する入籍 　　【届出人】親権者母 　　【送付を受けた日】平成２８年９月８日 　　【受理者】千葉市中央区長 　　【従前戸籍】千葉市中央区千葉町二丁目５番地　丙原花子
	以下余白

発行番号

〔注〕 1　身分事項（又は戸籍事項）の一事項全てを消除する場合は，基本タイトル（左端タイトル）「消除」により訂正処理を行う。

2　子（被認知者）については，認知事項とともに父の氏名を消除することとなるが，これらは個別に訂正処理を行う。

母の転籍前の戸籍（コンピュータシステムによる証明書記載例）

（2の1）　全部事項証明

本　　籍 氏　　名	千葉市中央区千葉町二丁目５番地 丙原　花子
戸籍事項 　戸籍編製 　転　　籍	（編製事項省略） 【転籍日】平成２９年７月２０日 【新本籍】岐阜市田端町１７番地
〜〜〜	〜〜〜
戸籍に記録されている者 除　　籍	【名】雪夫 【生年月日】平成２３年４月２０日 【父】 【母】丙原花子 【続柄】長男
身分事項 　出　　生	（出生事項省略）
消　　除	【消除日】平成３０年４月２５日 【消除事項】認知事項 【消除事由】認知無効の裁判確定 【裁判確定日】平成３０年４月１８日 【申請日】平成３０年４月２２日 【申請人】母 【送付を受けた日】平成３０年４月２５日 【受理者】東京都千代田区長 【従前の記録】 　　【認知日】平成２４年１０月１日 　　【認知者氏名】甲野義雄 　　【認知者の戸籍】東京都千代田区平河町一丁目５番地　甲野義雄
消　　除	【消除日】平成３０年４月２５日 【消除事項】父の氏名 【消除事由】認知無効の裁判確定 【裁判確定日】平成３０年４月１８日 【申請日】平成３０年４月２２日 【申請人】母 【送付を受けた日】平成３０年４月２５日 【受理者】東京都千代田区長 【従前の記録】 　　【父】甲野義雄
消　　除	【消除日】平成３０年６月１０日 【消除事項】入籍事項 【消除事由】父の氏を称する入籍届出無効につき戸籍訂正許可の裁判確定 【裁判確定日】平成３０年６月４日

発行番号

（2の2）　全部事項証明

	【申請日】平成３０年６月１０日 【申請人】母 【回復後の戸籍】岐阜市田端町１７番地　丙原花子 【従前の記録】 　　【届出日】平成２８年９月３日 　　【除籍事由】父の氏を称する入籍 　　【届出人】親権者母 　　【入籍戸籍】東京都千代田区平河町一丁目５番地　甲野義 　　　雄
	以下余白

発行番号

〔注〕　入籍届出無効についての戸籍訂正許可の審判に基づき入籍事項を消除の上，消除事項中に【回復後の戸籍】を表示し，転籍後の戸籍に回復する。

母の転籍後の戸籍（コンピュータシステムによる証明書記載例）

（1の1）　全部事項証明

本　　籍 氏　　名	岐阜市田端町１７番地 丙原　花子
戸籍事項 戸籍編製 転　　籍	（編製事項省略） 【転籍日】平成２９年７月２０日 【従前本籍】千葉市中央区千葉町二丁目５番地 【送付を受けた日】平成２９年７月２３日 【受理者】千葉市中央区長
戸籍に記録されている者	【名】雪夫 【生年月日】平成２３年４月２０日 【父】 【母】丙原花子 【続柄】長男
身分事項 出　　生	【出生日】平成２３年４月２０日 【出生地】東京都千代田区 【届出日】平成２３年４月３０日 【届出人】母 【送付を受けた日】平成２３年５月２日 【受理者】東京都千代田区長
記　　録	**【記録日】平成３０年６月１７日** **【記録事由】申請** **【送付を受けた日】平成３０年６月１７日** **【受理者】千葉市中央区長**
	以下余白

発行番号

〔注〕　本事例の出生事項のように一身分事項（又は一戸籍事項）の全部を記録するときは，当該事項の記録を行った上，その直下に段落ちタイトル「記録」により処理事項を記録する。

問18　嫡出でない子が父に認知されて父の氏を称してその戸籍に入籍した後に、認知無効の裁判が確定したが、右裁判の確定前に実母の戸籍が他男との婚姻により除籍されている場合

解説

一　嫡出でない子が、認知した父の氏を称してその戸籍に入籍した（民七九一条、戸九八条）後に、認知無効の裁判が確定したときは、認知を基礎とする父の氏を称する入籍も無効となるものと解されることは既に「問16」で説明したところである。

二　本問は、嫡出でない子が父に認知されて父の氏を称してその戸籍に入籍後、実母が、他男と夫の氏を称する婚姻により除籍された後に、認知無効の裁判が確定した場合である。

ところで、本問の場合、認知無効の裁判確定による戸籍訂正の後に、別途なされる入籍届出無効の戸籍訂正によって子を従前戸籍に回復させることになるが、右のとおり、母は、子の父の氏を称する入籍届出後に、他男と夫の氏を称する婚姻をして氏を改めており、かつ、当該母の戸籍は全員除籍により消除されている。したがって、同戸籍を回復した上で、末尾に子を回復させることになる。

以上の趣旨による戸籍訂正の方法は、次のとおりである。

1　認知無効による戸籍訂正について　前述の「問16」及び「問17」の場合と同様である。

2　入籍届出の無効による戸籍訂正について　子を回復すべき母の戸籍は母が他男との婚姻により除籍されているので、これを回復する必要がある。

回復の方法は、回復前の母の戸籍の戸籍事項欄に、戸籍消除の記載は錯誤につき消除する旨の記載をし、戸籍消除事項を消除する。

子の身分事項欄には、前述の「**問16**」の場合と同様に、既になされている認知無効の裁判確定による戸籍訂正事項に続けて、父の氏を称する入籍届出を無効とする戸籍訂正許可の裁判が確定した旨の記載をして、父の氏を称する入籍届出事項を消除する。

回復後の母の戸籍の戸籍事項欄には、戸籍消除の記載は錯誤につき回復した旨の記載をする。

なお、回復後の事件本人である子の身分事項欄には、従前の身分事項欄に記載された事項のうち重要身分事項を移記するが、回復に関する訂正事項の記載は要しない取扱いであるため（昭和五四・八・二一民二―四三九一号通達参照）、その戸籍事項欄には、戸籍訂正許可の裁判が確定した旨及びその年月日を記載することとされている。

戸籍訂正申請

東京都千代田　市㊄区 町村　長　殿

平成 30 年 4 月 22 日申請

受付	
	平成 30 年 4 月 22 日
	第 123 号

(一)	事件本人	本籍	東京都千代田区平河町１丁目５番地	千葉市中央区千葉町２丁目５番地
		筆頭者氏名	甲野義雄	丙原花子
(二)		住所及び世帯主氏名	千葉市中央区千葉町２丁目４番５号　丙原花子	
(三)		氏名	甲野雪夫	丙原雪夫
		生年月日	平成 23 年 4 月 20 日	平成 23 年 4 月 20 日
(四)	裁判の種類		認知無効の裁判	
	裁判確定年月日		平成 30 年 4 月 18 日	
(五)	訂正の趣旨		事件本人は平成24年10月１日甲野義雄に認知されたことにより父の氏を称し、父の戸籍に入籍していたが、平成30年４月18日認知無効の裁判が確定したので、認知の記載及び父の氏名を消除する。	
(六)	添付書類		裁判の謄本、確定証明書	
(七)	申請人	本籍	千葉市中央区千葉町２丁目５番地	
		筆頭者氏名	丙原花子	
		住所	千葉市中央区千葉町２丁目４番５号	
		署名押印	丙原花子　㊞	
		生年月日	昭和 59 年 1 月 10 日	

戸籍	
調査	
記載	
記載調査	
送付	
住民票	
記載	
通知	
附票	
記載	
通知	

（注意）

事件本人又は申請人が二人以上であるときは、必要に応じ該当欄を区切って記載すること。

戸籍訂正申請

千葉市中央 市区町村 長 殿

平成30年6月10日申請

受付	平成30年6月10日
	第 1234 号

(一)	事件本人	本籍	東京都千代田区平河町１丁目５番地	千葉市中央区千葉町２丁目５番地
		筆頭者氏名	甲野義雄	丙原花子
(二)		住所及び世帯主氏名	千葉市中央区千葉町２丁目４番５号　丙原花子	
(三)		氏名	甲野雪夫	丙原雪夫
		生年月日	平成23年4月20日	平成23年4月20日
(四)	裁判の種類		戸籍訂正許可の裁判	
	裁判確定年月日		平成30年6月4日	
(五)	訂正の趣旨		事件本人は、東京都千代田区平河町１丁目５番地甲野義雄に認知され父の戸籍に入籍していたところ、平成30年４月18日認知無効の裁判が確定し、これに伴い父の氏を称する入籍届出無効の戸籍訂正許可の裁判が確定したが、事件本人を回復すべき上記母の戸籍は、母の婚姻により既に除籍されているので、同戸籍を回復の上、事件本人を回復させる。	
(六)	添付書類		審判の謄本、確定証明書	
(七)	申請人	本籍	千葉市中央区千葉町２丁目５番地	
		筆頭者氏名	丙原花子	
		住所	千葉市中央区千葉町２丁目４番５号	
		署名押印	丙原花子　㊞	
		生年月日	昭和59年1月10日	

戸籍	
調査	
記載	
記載調査	
送付	
住民票	
記載	
通知	
附票	
記載	
通知	

（注意）

事件本人又は申請人が二人以上であるときは、必要に応じ該当欄を区切って記載すること。

父の戸籍

本籍　東京都千代田区平河町一丁目五番地

氏名　甲野義雄

（編製事項省略）

（出生事項省略）

平成弐拾壱年八月四日乙川梅子と婚姻届出東京都千代田区平河町一丁目五番地甲野義太郎戸籍から入籍㊞

~~平成弐拾四年拾月壱日千葉市中央区千葉町二丁目五番地丙原花子同籍雪夫を認知届出同月五日同区長から送付㊞~~

平成参拾年四月拾八日丙原雪夫を認知無効の裁判確定同月弐拾弐日丙原花子申請認知の記載消除㊞

父　甲野義太郎

母　松子

長男

夫　義雄

出生　昭和五拾四年参月参日

（出生事項省略）

平成弐拾壱年八月四日甲野義雄と婚姻届出東京都台東区浅草二丁目一番地

乙川忠治戸籍から入籍㊞

父	乙川忠治
母	春子
	長女
妻	梅子
出生	昭和五拾五年五月七日

平成弐拾参年四月弐拾日東京都千代田区で出生同月参拾日母届出同年五月弐日

同区長から送付入籍㊞

~~平成弐拾四年拾月壱日東京都千代田区平河町一丁目五番地甲野義雄認知届出㊞~~

~~平成弐拾八年九月参日父の氏を称する入籍親権者母届出同月八日千葉市中央区~~

~~長から送付同区千葉町二丁目五番地丙原花子戸籍から入籍㊞~~

平成参拾年四月拾八日認知無効の裁判確定同月弐拾弐日母申請認知の記載消

除㊞

父の氏を称する入籍届出無効につき平成参拾年六月四日戸籍訂正許可の裁判確

定同月拾日母申請同月拾参日千葉市中央区長から送付消除㊞

父	~~甲野義雄~~
母	丙原花子
	長男
	~~雪夫~~
出生	平成弐拾参年四月弐拾日

母の回復前の戸籍

除籍

本籍　千葉市中央区千葉町二丁目五番地

氏名　丙原花子

平成弐拾参年五月弐日編製㊞

~~平成弐拾八年九月参日消除㊞~~

戸籍消除の記載は錯誤につき平成参拾年六月拾日

その記載消除㊞

（出生事項省略）

子の出生届出平成弐拾参年五月弐日千葉市中央区千葉町二丁目五番地丙原

忠治戸籍から入籍㊞

平成弐拾九年七月弐拾日丁山太郎と婚姻届出同月弐拾参日東京都杉並区長

から送付同区方南四丁目九番地に夫の氏の新戸籍編製につき除籍㊞

父　丙原忠治

母　杉子

長女

~~花子~~

出生　昭和五拾九年壱月拾日

平成弐拾参年四月弐拾日東京都千代田区で出生同月参拾日母届出同年五月弐日同区長から送付入籍㊞

~~平成弐拾四年拾月壱日東京都千代田区平河町一丁目五番地甲野義雄認知届出㊞~~

~~平成弐拾八年九月参日父の氏を称する入籍親権者母届出東京都千代田区平河町一丁目五番地甲野義雄戸籍に入籍につき除籍㊞~~

平成参拾年四月拾八日認知無効の裁判確定同月弐拾弐日母申請同月弐拾五日東京都千代田区長から送付認知の記載消除㊞

父の氏を称する入籍届出無効につき平成参拾年六月四日戸籍訂正許可の裁判確定同月拾日母申請その記載消除㊞

父	~~甲野義雄~~
母	丙原花子
	長男
名	~~雪夫~~
出生	平成弐拾参年四月弐拾日

父	
母	
出生	

母の回復後の戸籍

本籍	千葉市中央区千葉町二丁目五番地
氏名	丙原花子

（編製事項省略）

戸籍消除の記載は錯誤につき平成参拾年六月四日戸籍訂正許可の裁判確定同月拾日申請回復㊞

（出生事項省略）

平成弐拾九年七月弐拾日丁山太郎と婚姻届出同月弐拾参日東京都杉並区長から送付同区方南四丁目九番地に夫の氏の新戸籍編製につき除籍㊞

父	丙原忠治
母	杉子
続柄	長女
（名）	花子（×印で抹消）
出生	昭和五拾九年壱月拾日

平成弐拾参年四月弐拾日東京都千代田区で出生同月参拾日母届出同年五月弐日同区長から送付入籍㊞

父	母	生出
	丁山花子	平成弐拾参年四月弐拾日
長男		

雪夫

父	母	生出

父の戸籍（コンピュータシステムによる証明書記載例）

（3の1）　全部事項証明

本　　籍 氏　　名	東京都千代田区平河町一丁目５番地 甲野　義雄
戸籍事項 　戸籍編製	（編製事項省略）
戸籍に記録されている者	【名】義雄 【生年月日】昭和５４年３月３日　　【配偶者区分】夫 【父】甲野義太郎 【母】甲野松子 【続柄】長男
身分事項 　出　生	（出生事項省略）
婚　姻	【婚姻日】平成２１年８月４日 【配偶者氏名】乙川梅子 【従前戸籍】東京都千代田区平河町一丁目５番地　甲野義太郎
消　除	**【消除日】平成３０年４月２２日 【消除事項】認知事項 【消除事由】丙原雪夫を認知無効の裁判確定 【裁判確定日】平成３０年４月１８日 【申請日】平成３０年４月２２日 【申請人】丙原花子 【従前の記録】 　　【認知日】平成２４年１０月１日 　　【認知した子の氏名】丙原雪夫 　　【認知した子の戸籍】千葉市中央区千葉町二丁目５番地 　　　丙原花子 　　【送付を受けた日】平成２４年１０月５日 　　【受理者】千葉市中央区長**
戸籍に記録されている者	【名】梅子 【生年月日】昭和５５年５月７日　　【配偶者区分】妻 【父】乙川忠治 【母】乙川春子 【続柄】長女
身分事項 　出　生	（出生事項省略）
婚　姻	【婚姻日】平成２１年８月４日 【配偶者氏名】甲野義雄 【従前戸籍】東京都台東区浅草二丁目１番地　乙川忠治
戸籍に記録されている者	【名】雪夫

発行番号

（3の2）　全部事項証明

消　　除	【生年月日】平成２３年４月２０日 【父】 【母】丙原花子 【続柄】長男
身分事項 出　　生	【出生日】平成２３年４月２０日 【出生地】東京都千代田区 【届出日】平成２３年４月３０日 【届出人】母 【送付を受けた日】平成２３年５月２日 【受理者】東京都千代田区長
消　　除	【消除日】平成３０年４月２２日 【消除事項】認知事項 【消除事由】認知無効の裁判確定 【裁判確定日】平成３０年４月１８日 【申請日】平成３０年４月２２日 【申請人】母 【従前の記録】 【認知日】平成２４年１０月１日 【認知者氏名】甲野義雄 【認知者の戸籍】東京都千代田区平河町一丁目５番地　甲野義雄
消　　除	【消除日】平成３０年４月２２日 【消除事項】父の氏名 【消除事由】認知無効の裁判確定 【裁判確定日】平成３０年４月１８日 【申請日】平成３０年４月２２日 【申請人】母 【従前の記録】 【父】甲野義雄
消　　除	【消除日】平成３０年６月１３日 【消除事項】入籍事項 【消除事由】父の氏を称する入籍届出無効につき戸籍訂正許可の裁判確定 【裁判確定日】平成３０年６月４日 【申請日】平成３０年６月１０日 【申請人】母 【送付を受けた日】平成３０年６月１３日 【受理者】千葉市中央区長 【従前の記録】 【届出日】平成２８年９月３日 【入籍事由】父の氏を称する入籍 【届出人】親権者母 【送付を受けた日】平成２８年９月８日 【受理者】千葉市中央区長

発行番号

（3の3）　全部事項証明

	【従前戸籍】千葉市中央区千葉町５番地　丙原花子
	以下余白

発行番号

〔注〕１　身分事項（又は戸籍事項）の一事項全てを消除する場合は，基本タイトル（左端タイトル）「消除」により訂正処理を行う。
２　子（被認知者）については，認知事項とともに父の氏名を消除することとなるが，これらは個別に訂正処理を行う。

母の回復前の戸籍（コンピュータシステムによる証明書記載例）

除　　籍	（2の1）　全部事項証明
本　　籍 氏　　名	千葉市中央区千葉町二丁目５番地 丙原　花子
戸籍事項 　戸籍編製 　**消　　除**	【編製日】平成２３年５月２日 **【消除日】平成３０年６月１０日** **【消除事項】戸籍消除事項** **【消除事由】戸籍消除の記録錯誤** **【従前の記録】** 　**【消除日】平成２８年９月３日**
戸籍に記録されている者 除　　籍	【名】花子 【生年月日】昭和５９年１月１０日 【父】丙原忠治 【母】丙原杉子 【続柄】長女
身分事項 　出　　生	（出生事項省略）
子の出生	【入籍日】平成２３年５月２日 【入籍事由】子の出生届出 【従前戸籍】千葉市中央区千葉町二丁目５番地　丙原忠治
婚　　姻	【婚姻日】平成２９年７月２０日 【配偶者氏名】丁山太郎 【送付を受けた日】平成２９年７月２３日 【受理者】東京都杉並区長 【新本籍】東京都杉並区方南四丁目９番地 【称する氏】夫の氏
戸籍に記録されている者 除　　籍	【名】雪夫 【生年月日】平成２３年４月２０日 **【父】** 【母】丙原花子 【続柄】長男
身分事項 　出　　生	【出生日】平成２３年４月２０日 【出生地】東京都千代田区 【届出日】平成２３年４月３０日 【届出人】母 【送付を受けた日】平成２３年５月２日 【受理者】東京都千代田区長
消　　除	**【消除日】平成３０年４月２５日** **【消除事項】認知事項**

発行番号

（2の2）　全部事項証明

<table>
<tr><td></td><td>【消除事由】認知無効の裁判確定
【裁判確定日】平成３０年４月１８日
【申請日】平成３０年４月２２日
【申請人】母
【送付を受けた日】平成３０年４月２５日
【受理者】東京都千代田区長
【従前の記録】
　　【認知日】平成２４年１０月１日
　　【認知者氏名】甲野義雄
　　【認知者の戸籍】東京都千代田区平河町一丁目５番地　甲野義雄</td></tr>
<tr><td>消　　除</td><td>【消除日】平成３０年４月２５日
【消除事項】父の氏名
【消除事由】認知無効の裁判確定
【裁判確定日】平成３０年４月１８日
【申請日】平成３０年４月２２日
【申請人】母
【送付を受けた日】平成３０年４月２５日
【受理者】東京都千代田区長
【従前の記録】
　　【父】甲野義雄</td></tr>
<tr><td>消　　除</td><td>【消除日】平成３０年６月１０日
【消除事項】入籍事項
【消除事由】父の氏を称する入籍届出無効につき戸籍訂正許可の裁判確定
【裁判確定日】平成３０年６月４日
【申請日】平成３０年６月１０日
【申請人】母
【従前の記録】
　　【届出日】平成２８年９月３日
　　【除籍事由】父の氏を称する入籍
　　【届出人】親権者母
　　【入籍戸籍】東京都千代田区平河町一丁目５番地　甲野義雄</td></tr>
<tr><td></td><td>以下余白</td></tr>
</table>

発行番号

母の回復後の戸籍（コンピュータシステムによる証明書記載例）

（1の1）　全部事項証明

本　　籍 氏　　名	千葉市中央区千葉町二丁目５番地 丙原　花子
戸籍事項 戸籍編製 **戸籍回復**	（編製事項省略） **【回復日】平成３０年６月１０日** **【回復事由】戸籍消除の記録錯誤につき戸籍訂正許可の裁判確定** **【裁判確定日】平成３０年６月４日** **【申請日】平成３０年６月１０日**
戸籍に記録されている者 除　　籍	【名】花子 【生年月日】昭和５９年１月１０日 【父】丙原忠治 【母】丙原杉子 【続柄】長女
身分事項 出　　生 婚　　姻	（出生事項省略） 【婚姻日】平成２９年７月２０日 【配偶者氏名】丁山太郎 【送付を受けた日】平成２９年７月２３日 【受理者】東京都杉並区長 【新本籍】東京都杉並区方南四丁目９番地 【称する氏】夫の氏
戸籍に記録されている者	【名】雪夫 【生年月日】平成２３年４月２０日 【父】 【母】丁山花子 【続柄】長男
身分事項 出　　生	【出生日】平成２３年４月２０日 【出生地】東京都千代田区 【届出日】平成２３年４月３０日 【届出人】母 【送付を受けた日】平成２３年５月２日 【受理者】東京都千代田区長
	以下余白

発行番号

問19　嫡出でない子が父に認知されて父の氏を称してその戸籍に入籍し、更に自己の氏を称して婚姻した後、認知無効の裁判が確定した場合

解説

一　嫡出でない子は、母の氏を称して母の戸籍に入籍することとされ（民七九〇条二項、戸一八条二項）、父に認知されてもそのことのみによっては父の氏を称するということはなく、したがって、父の戸籍に入籍することもない。つまり、嫡出でない子が認知をした父の氏を称してその戸籍に入籍するには、子の氏を父の氏に変更する家庭裁判所の許可を得た上（民七九一条一項）、戸籍法第九八条に規定する入籍届によらなければならない。

二　ところで、父に認知された子が、右により父の氏を称する入籍届をした後に認知無効の裁判〔注〕が確定した場合は、入籍届の前提を欠くことになり、したがって、当該入籍届出は無効となる。本問は、この場合の戸籍訂正である。ただし、本問の場合は、子が認知した父の戸籍に入籍した後に自己の氏を称して婚姻している事案である。

三　右の場合における戸籍訂正は、まず、認知無効の裁判に基づく戸籍法第一一六条の戸籍訂正申請により父の戸籍中の父と子の各身分事項欄に記載されている認知事項を消除することになる。そして、次に父の氏を称する入籍事項及び婚姻による除籍事項のほか、婚姻により編製した夫婦の戸籍についても訂正をする必要が生ずる。しかし、この訂正については、別途戸籍法第一一四条及び第一一三条の規定による戸籍訂正手続によることとなる。

四　そこで、子の父の氏を称する入籍事項については、戸籍法第一一四条の戸籍訂正申請により消除した上、子を母の戸籍に回復することになる。次いで、子を母の戸籍に回復させた後に、戸籍法第一一三条の戸籍訂正申請によ

り父の戸籍から婚姻事項を移記するほか、婚姻によって編製された戸籍の氏及び婚姻事項中の従前戸籍の表示の訂正を要することとなる。ちなみにこの場合、父の氏を称する入籍事項の消除と、婚姻事項に関する訂正のすべてを戸籍法第一一三条の戸籍訂正許可の審判のみにより訂正することも可能であると考えられている（昭和二五・六・一〇民事甲一六三八号回答）。

五　以上の趣旨による戸籍訂正の方法は、次のとおりである。

1　父の戸籍について

①　認知無効による戸籍法第一一六条の戸籍訂正申請により、父と子の各身分事項欄に、認知無効の裁判確定の旨の記載をして認知事項を消除するとともに、子についてはなお父欄の記載を消除する。

②　次に、戸籍法第一一三条の戸籍訂正申請により、父の氏を称する入籍事項の記載を消除し、婚姻事項を実母の戸籍（認知当時の戸籍）に移記した旨の記載をし、父の氏を称する入籍事項及び婚姻事項を第一図のように消除する。

2　実母の戸籍（認知当時の戸籍）について

認知無効による戸籍法第一一六条の戸籍訂正申請により、子の身分事項欄に認知無効の裁判確定の旨の記載をし、認知事項を第二図のように消除するとともに、子の父欄の記載を消除する。

3　子の婚姻後の戸籍について

①　認知無効による戸籍法第一一六条の戸籍訂正申請により、子の身分事項欄に認知無効の裁判確定の旨の記載をして、認知事項を第三図のように消除するとともに、父欄の記載を消除する。

②　次いで、戸籍法第一一三条の戸籍訂正申請により、戸籍事項欄に、筆頭者の氏を訂正する旨の記載をし、筆

頭者氏名欄の氏を認知前の氏に訂正する。

③　子の身分事項欄の婚姻事項中、従前戸籍の表示に関する記載を、父の戸籍の表示から母の戸籍の表示に訂正する。

④　妻の身分事項欄に記載されている婚姻事項中の夫の氏を、夫が認知される前の氏に訂正する。

〔注〕　本問で示す記載例は、父から請求した認知無効の裁判が確定した場合のものである。認知無効の請求権者は、民法第七八六条において「子その他の利害関係人」とされているところ、この「利害関係人」に認知者（父）が含まれるかについては、従来から判例・学説が分かれていた。この問題につき最高裁判所は「血縁上の父子関係がないにもかかわらずされた認知は無効というべきであるところ、認知者が認知をするに至る事情は様々であり、自らの意思で認知したことを重視して認知者自身による無効の主張を一切許さないと解することは相当でな」く、「認知者は、民法七八六条に規定する利害関係人に当たり、自らした認知の無効を主張することができるというべきである」と判示している（最判平成二六・一・一四民集六八巻一号一頁、戸籍時報七〇九号七一頁参照）。

【戸籍訂正申請書式】

戸籍訂正申請

東京都千代田 市・区・町・村 長　殿　（「区」に丸印）

平成29年12月25日申請

受付	
平成29年12月25日	第　463　号

(一)	事件本人	本籍	東京都千代田区平河町１丁目５番地
		筆頭者氏名	甲　野　義　雄
(二)		住所及び世帯主氏名	東京都千代田区飯田橋３丁目10番８号　甲野義雄
(三)		氏名	甲　野　雪　夫
		生年月日	平成　5　年　1　月　15日
(四)	裁判の種類		認知無効の裁判
	裁判確定年月日		平成　29　年　12　月　15　日
(五)	訂正の趣旨		事件本人は甲野義雄に認知され、父の氏を称して父の戸籍に入籍した後、平成28年９月15日丁山桃子と婚姻し、新戸籍が編製された。 その後、平成29年12月15日認知無効の裁判が確定したので、下記の戸籍について認知事項を消除する等所要の訂正をする。 東京都杉並区方南四丁目９番地　丙原花子 同　上　甲野雪夫
(六)	添付書類		裁判の謄本、確定証明書
(七)	申請人	本籍	東京都千代田区平河町１丁目５番地
		筆頭者氏名	甲　野　義　雄
		住所	東京都千代田区飯田橋３丁目10番８号
		署名押印	甲　野　義　雄　㊞
		生年月日	昭和　41　年　2　月　3　日

戸籍	
調査	
記載	
記載調査	
送付	
住民票	
記載	
通知	
附票	
記載	
通知	

（注　意）

事件本人又は申請人が二人以上であるときは、必要に応じ該当欄を区切って記載すること。

戸籍訂正申請

東京都杉並 市区町村 長　殿

平成30年2月15日申請

受付	平成30年2月15日	戸籍	
	第　4126　号	調査	
		記載	
		記載調査	
		送付	
		住民票	
		記載	
		通知	
		附票	
		記載	
		通知	

(一)	事件本人	本籍	東京都千代田区平河町１丁目５番地	東京都杉並区方南４丁目９番地
		筆頭者氏名	甲野義雄	丙原雪夫
(二)		住所及び世帯主氏名	東京都杉並区方南４丁目２番１号　丙原雪夫	
(三)		氏名	甲野雪夫	丙原雪夫
		生年月日	平成5年1月15日	平成5年1月15日
(四)	裁判の種類		戸籍訂正許可の裁判	
	裁判確定年月日		平成30年2月2日	
(五)	訂正の趣旨		事件本人は、父の氏を称する入籍届によって父の戸籍に入籍したが、平成29年12月15日認知無効の裁判確定に伴い、入籍届出無効による戸籍訂正許可の裁判を得たので、その入籍事項を消除するとともに、婚姻により編製された戸籍の従前戸籍の表示、事件本人の妻桃子の婚姻前の戸籍の婚姻事項中夫の氏をそれぞれ訂正する。 関連する戸籍の表示 東京都杉並区方南４丁目９番地　丙原花子 千葉市中央区千葉町２丁目５番地　丁山洋一	
(六)	添付書類		審判の謄本、確定証明書	
(七)	申請人	本籍	東京都杉並区方南４丁目９番地	
		筆頭者氏名	丙原雪夫	
		住所	東京都杉並区方南４丁目２番１号	
		署名押印	丙原雪夫　㊞	
		生年月日	平成5年1月15日	

（注意）

事件本人又は申請人が二人以上であるときは、必要に応じ該当欄を区切って記載すること。

第一図　父の戸籍

本籍	東京都千代田区平河町一丁目五番地
氏名	甲野義雄

（編製事項省略）

（出生事項省略）

平成五年弐月拾壱日乙川梅子と婚姻届出東京都千代田区平河町一丁目五番地甲野義太郎戸籍から入籍㊞

~~平成弐拾四年七月弐拾日東京都杉並区方南四丁目九番地丙原花子同籍雪夫を認知届出同月弐拾五日同区長から送付㊞~~

平成弐拾九年拾弐月拾五日丙原雪夫を認知無効の裁判確定同月弐拾五日申請認知の記載消除㊞

父	甲野義太郎
母	松子
長男	
夫	義雄
出生	昭和四拾壱年弐月参日

（出生事項省略）
平成五年弐月拾壱日甲野義雄と婚姻届出東京都台東区浅草二丁目一番地乙川忠治戸籍から入籍㊞

父	乙川忠治
母	春子
	長女
妻	梅子
生出	昭和四拾参年九月拾日

平成五年壱月拾五日東京都千代田区で出生同月弐拾五日母届出同月弐拾八日同区長から送付入籍㊞
平成弐拾四年七月弐拾日東京都千代田区平河町一丁目五番地甲野義雄認知届出㊞
平成弐拾五年弐月拾八日父の氏を称する入籍届出東京都杉並区方南四丁目九番地丙原花子戸籍から入籍㊞
平成弐拾八年九月拾五日丁山桃子と婚姻届出東京都杉並区方南四丁目九番地に夫の氏の新戸籍編製につき除籍㊞
平成弐拾九年拾弐月拾五日認知無効の裁判確定同月弐拾五日甲野義雄申請

父	甲野義雄
母	丙原花子
	長男
	雪夫
生出	平成五年壱月拾五日

（次頁に掛紙として続く）

掛紙（前頁雪夫の身分事項）

認知の記載消除㊞
　平成参拾年弐月弐日戸籍訂正許可の裁判確定同月拾五日申請同月拾八日東
京都杉並区長から送付父の氏を称する入籍の記載消除の上婚姻事項を東京都
杉並区方南四丁目九番地丙原花子戸籍に移記につき消除㊞

第二図　認知当時の子の戸籍

本籍	東京都杉並区方南四丁目九番地
氏名	丙原花子

（編製事項省略）

平成五年壱月拾五日東京都千代田区で出生同月弐拾五日母届出同月弐拾八日同区長から送付入籍㊞

~~平成弐拾四年七月弐拾日東京都千代田区平河町一丁目五番地甲野義雄認知届出㊞~~

~~平成弐拾五年弐月拾八日父の氏を称する入籍届出同月弐拾日東京都千代田区長から送付同区平河町一丁目五番地甲野義雄戸籍に入籍につき除籍㊞~~

平成弐拾九年拾弐月拾五日認知無効の裁判確定同月弐拾五日甲野義雄申請同月弐拾八日東京都千代田区長から送付認知の記載消除㊞

平成弐拾八年九月拾五日丁山桃子と婚姻届出東京都杉並区方南四丁目九番

父	~~甲野義雄~~
母	丙原花子
	男
名	~~雪夫~~
出生	平成五年壱月拾五日

（次頁に掛紙として続く）

掛紙（前頁雪夫の身分事項）

地に夫の氏の新戸籍編製につき除籍㊞
平成参拾年弐月弐日戸籍訂正許可の裁判確定同月拾五日申請父の氏を称する入籍の記載消除婚姻事項を東京都千代田区平河町一丁目五番地甲野義雄戸籍から移記㊞

第三図　子の婚姻後の戸籍

本籍　東京都杉並区方南四丁目九番地

氏名　丙原（~~甲野~~）雪夫

平成弐拾八年九月拾八日編製㊞

平成参拾年弐月弐日戸籍訂正許可の裁判確定同月拾五日夫申請氏の記載訂正㊞

平成五年壱月拾五日東京都千代田区で出生同月弐拾八日同区長から送付入籍㊞

~~平成弐拾四年七月弐拾日東京都千代田区平河町一丁目九番地甲野義雄認知届出㊞~~

平成弐拾八年九月拾五日丁山桃子と婚姻届出同月拾八日東京都千代田区長から送付~~同区平河町一丁目五番地甲野義雄~~**東京都杉並区方南四丁目九番地丙原花子**戸籍から入籍㊞

平成弐拾九年拾弐月拾五日認知無効の裁判確定同月弐拾五日甲野義雄申請同月弐拾八日東京都千代田区長から送付認知の記載消除㊞

平成参拾年弐月弐日戸籍訂正許可の裁判確定同月拾五日申請婚姻事項中従前の戸籍の表示訂正㊞

父	~~甲野義雄~~
母	丙原花子
続柄	長男
夫	雪夫
出生	平成五年壱月拾五日

（出生事項省略）

平成弐拾八年九月拾五日中野《丙原》雪夫と婚姻届出同月拾八日東京都千代田区長から送付千葉市中央区千葉町二丁目五番地丁山洋一戸籍から入籍㊞

平成参拾年弐月弐日戸籍訂正許可の裁判確定同月拾五日夫申請婚姻事項中夫の氏訂正㊞

父	丁山洋一
母	冬子
	二女
妻	桃子
生出	平成六年参月参日

父	
母	
生出	

〔注〕　子（雪夫）の身分事項欄の婚姻事項中、従前戸籍の表示に関する訂正につき、訂正事項が多く記載が困難なときは、次の振合いで記載しても差し支えない。

平成参拾年弐月弐日戸籍訂正許可の裁判確定同月拾五日申請婚姻事項中従前の戸籍の表示を「東京都杉並区方南四丁目九番地丙原花子」と訂正㊞

第四図　妻の婚姻前の戸籍

本籍	千葉市中央区千葉町二丁目五番地
氏名	丁山洋一

（編製事項省略）

（出生事項省略）

平成弐拾八年九月拾五日~~中野~~丙原雪夫と婚姻届出同月拾八日東京都千代田区長から送付東京都杉並区方南四丁目九番地に夫の氏の新戸籍編製につき除籍㊞

平成参拾年弐月弐日戸籍訂正許可の裁判確定同月拾五日夫申請同月弐拾日東京都杉並区長から送付婚姻事項中夫の氏訂正㊞

父	丁山洋一
母	冬子
	二女
	~~桃子~~
出生	平成六年参月参日

第一図　父の戸籍（コンピュータシステムによる証明書記載例）

（３の１）　全部事項証明

本　　籍	東京都千代田区平河町一丁目５番地
氏　　名	甲野　義雄
戸籍事項 　戸籍編製	（編製事項省略）
戸籍に記録されている者	【名】義雄 【生年月日】昭和４１年２月３日　　【配偶者区分】夫 【父】甲野義太郎 【母】甲野松子 【続柄】長男
身分事項 　出　生	（出生事項省略）
婚　姻	【婚姻日】平成５年２月１１日 【配偶者氏名】乙川梅子 【従前戸籍】東京都千代田区平河町一丁目５番地　甲野義太郎
消　除	**【消除日】平成２９年１２月２５日 【消除事項】認知事項 【消除事由】丙原雪夫を認知無効の裁判確定 【裁判確定日】平成２９年１２月１５日 【申請日】平成２９年１２月２５日 【従前の記録】 　【認知日】平成２４年７月２０日 　【認知した子の氏名】丙原雪夫 　【認知した子の戸籍】東京都杉並区方南四丁目９番地　丙原花子 　【送付を受けた日】平成２４年７月２５日 　【受理者】東京都杉並区長**
戸籍に記録されている者	【名】梅子 【生年月日】昭和４３年９月１０日　　【配偶者区分】妻 【父】乙川忠治 【母】乙川春子 【続柄】長女
身分事項 　出　生	（出生事項省略）
婚　姻	【婚姻日】平成５年２月１１日 【配偶者氏名】甲野義雄 【従前戸籍】東京都台東区浅草二丁目１番地　乙川忠治
戸籍に記録されている者 **消　除**	【名】雪夫

発行番号

（3の2）　全部事項証明

除　　籍	【生年月日】平成５年１月１５日 【父】 【母】丙原花子 【続柄】長男
身分事項 出　　生	【出生日】平成５年１月１５日 【出生地】東京都千代田区 【届出日】平成５年１月２５日 【届出人】母 【送付を受けた日】平成５年１月２８日 【受理者】東京都千代田区長
消　　除	【消除日】平成２９年１２月２５日 【消除事項】認知事項 【消除事由】認知無効の裁判確定 【裁判確定日】平成２９年１２月１５日 【申請日】平成２９年１２月２５日 【申請人】甲野義雄 【従前の記録】 【認知日】平成２４年７月２０日 【認知者氏名】甲野義雄 【認知者の戸籍】東京都千代田区平河町一丁目５番地　甲野義雄
消　　除	【消除日】平成２９年１２月２５日 【消除事項】父の氏名 【消除事由】認知無効の裁判確定 【裁判確定日】平成２９年１２月１５日 【申請日】平成２９年１２月２５日 【申請人】甲野義雄 【従前の記録】 【父】甲野義雄
消　　除	【消除日】平成３０年２月１８日 【消除事項】入籍事項 【消除事由】戸籍訂正許可の裁判確定 【裁判確定日】平成３０年２月２日 【申請日】平成３０年２月１５日 【送付を受けた日】平成３０年２月１８日 【受理者】東京都杉並区長 【従前の記録】 【届出日】平成２５年２月１８日 【入籍事由】父の氏を称する入籍 【従前戸籍】東京都杉並区方南四丁目９番地　丙原花子
移　　記	【移記日】平成３０年２月１８日 【移記事項】婚姻事項 【移記事由】戸籍訂正許可の裁判確定 【裁判確定日】平成３０年２月２日 【申請日】平成３０年２月１５日 【送付を受けた日】平成３０年２月１８日

発行番号

（3の3）　全部事項証明

	【受理者】東京都杉並区長 【移記後の戸籍】東京都杉並区方南四丁目９番地　丙原花子 【従前の記録】 　　【婚姻日】平成２８年９月１５日 　　【配偶者氏名】丁山桃子 　　【新本籍】東京都杉並区方南四丁目９番地 　　【称する氏】夫の氏
	以下余白

発行番号

〔注〕 1　身分事項（又は戸籍事項）の一事項全てを消除する場合は，基本タイトル（左端タイトル）「消除」により訂正処理を行う。
2　子（被認知者）については，認知事項とともに父の氏名を消除することとなるが，これらは個別に訂正処理を行う。
3　本事例の婚姻事項のように，他の戸籍に移記するために身分事項（又は戸籍事項）を消除する場合は，基本タイトル（左端タイトル）「移記」によりその旨の記録をする。

第二図　認知当時の子の戸籍（コンピュータシステムによる証明書記載例）

（2の1）　全部事項証明

本　　籍 氏　　名	東京都杉並区方南四丁目９番地 丙原　花子
戸籍事項 　戸籍編製	（編製事項省略）
戸籍に記録されている者 除　　籍	【名】雪夫 【生年月日】平成５年１月１５日 【父】 【母】丙原花子 【続柄】男
身分事項 　出　　生	【出生日】平成５年１月１５日 【出生地】東京都千代田区 【届出日】平成５年１月２５日 【届出人】母 【送付を受けた日】平成５年１月２８日 【受理者】東京都千代田区長
消　　除	【消除日】平成２９年１２月２８日 【消除事項】認知事項 【消除事由】認知無効の裁判確定 【裁判確定日】平成２９年１２月１５日 【申請日】平成２９年１２月２５日 【申請人】甲野義雄 【送付を受けた日】平成２９年１２月２８日 【受理者】東京都千代田区長 【従前の記録】 　　【認知日】平成２４年７月２０日 　　【認知者氏名】甲野義雄 　　【認知者の戸籍】東京都千代田区平河町一丁目５番地　甲野義雄
消　　除	【消除日】平成２９年１２月２８日 【消除事項】父の氏名 【消除事由】認知無効の裁判確定 【裁判確定日】平成２９年１２月１５日 【申請日】平成２９年１２月２５日 【申請人】甲野義雄 【送付を受けた日】平成２９年１２月２８日 【受理者】東京都千代田区長 【従前の記録】 　　【父】甲野義雄
消　　除	【消除日】平成３０年２月１５日

発行番号

（2の2）　全部事項証明

	【消除事項】入籍事項 【消除事由】戸籍訂正許可の裁判確定 【裁判確定日】平成３０年２月２日 【申請日】平成３０年２月１５日 【従前の記録】 　【届出日】平成２５年２月１８日 　【入籍事由】父の氏を称する入籍 　【送付を受けた日】平成２５年２月２０日 　【受理者】東京都千代田区長 　【入籍戸籍】東京都千代田区平河町一丁目５番地　甲野義雄
婚　姻	【婚姻日】平成２８年９月１５日 【配偶者氏名】丁山桃子 【新本籍】東京都杉並区方南四丁目９番地 【称する氏】夫の氏
移　記	【移記日】平成３０年２月１５日 【移記事由】戸籍訂正許可の裁判確定 【裁判確定日】平成３０年２月２日 【申請日】平成３０年２月１５日 【移記前の戸籍】東京都千代田区平河町一丁目５番地　甲野義雄
	以下余白

発行番号

〔注〕 1　身分事項（又は戸籍事項）の一事項全てを消除する場合は，基本タイトル（左端タイトル）「消除」により訂正処理を行う。

2　子（被認知者）については，認知事項とともに父の氏名を消除することとなるが，これらは個別に訂正処理を行う。

3　本事例の婚姻事項のように，移記により身分事項（又は戸籍事項）を記録する場合は，当該身分事項（又は戸籍事項）を記録の上，その直下に段落ちタイトル「移記」を付して，移記した旨の記録をする。

4　本事例における子（雪夫）は，平成16年10月31日以前の出生であるため，父母との続柄は当時の取扱いにより「男」と記載されている（平成16・11・1民一3008号通達参照）。

第三図　子の婚姻後の戸籍（コンピュータシステムによる証明書記載例）

（2の1）　全部事項証明

本　　籍 氏　　名	東京都杉並区方南四丁目９番地 **丙原　雪夫**
戸籍事項 　戸籍編製 　**訂　　正**	【編製日】平成２８年9月１８日 **【訂正事項】氏** **【訂正日】平成３０年２月１５日** **【訂正事由】戸籍訂正許可の裁判確定** **【裁判確定日】平成３０年２月２日** **【申請日】平成３０年２月１５日** **【申請人】夫** **【従前の記録】** 　　**【氏名】甲野雪夫**
戸籍に記録されている者	【名】雪夫 【生年月日】平成５年１月１５日　　　【配偶者区分】夫 **【父】** 【母】丙原花子 【続柄】長男
身分事項 　出　　生	【出生日】平成５年１月１５日 【出生地】東京都千代田区 【届出日】平成５年１月２５日 【届出人】母 【送付を受けた日】平成５年１月２８日 【受理者】東京都千代田区長
婚　　姻	【婚姻日】平成２８年９月１５日 【配偶者氏名】丁山桃子 【送付を受けた日】平成２８年９月１８日 【受理者】東京都千代田区長 **【従前戸籍】東京都杉並区方南四丁目９番地　丙原花子**
訂　　正	**【訂正日】平成３０年２月１５日** **【訂正事由】戸籍訂正許可の裁判確定** **【裁判確定日】平成３０年２月２日** **【申請日】平成３０年２月１５日** **【従前の記録】** 　　**【従前戸籍】東京都千代田区平河町一丁目５番地　甲野義雄**
消　　除	**【消除日】平成２９年１２月２８日** **【消除事項】認知事項** **【消除事由】認知無効の裁判確定** **【裁判確定日】平成２９年１２月１５日** **【申請日】平成２９年１２月２５日** **【申請人】甲野義雄**

発行番号

（2の2）　全部事項証明

消　　除	【送付を受けた日】平成２９年１２月２８日 【受理者】東京都千代田区長 【従前の記録】 　　【認知日】平成２４年７月２０日 　　【認知者氏名】甲野義雄 　　【認知者の戸籍】東京都千代田区平河町一丁目５番地　甲野義雄
	【消除日】平成２９年１２月２８日 【消除事項】父の氏名 【消除事由】認知無効の裁判確定 【裁判確定日】平成２９年１２月１５日 【申請日】平成２９年１２月２５日 【申請人】甲野義雄 【送付を受けた日】平成２９年１２月２８日 【受理者】東京都千代田区長 【従前の記録】 　　【父】甲野義雄
戸籍に記録されている者	【名】桃子 【生年月日】平成６年３月３日　　　　【配偶者区分】妻 【父】丁山洋一 【母】丁山冬子 【続柄】二女
身分事項 　出　　生	（出生事項省略）
婚　　姻	【婚姻日】平成２８年９月１５日 【配偶者氏名】丙原雪夫 【送付を受けた日】平成２８年９月１８日 【受理者】東京都千代田区長 【従前戸籍】千葉市中央区千葉町二丁目５番地　丁山洋一
訂　　正	【訂正日】平成３０年２月１５日 【訂正事由】戸籍訂正許可の裁判確定 【裁判確定日】平成３０年２月２日 【申請日】平成３０年２月１５日 【申請人】夫 【従前の記録】 　　【配偶者氏名】甲野雪夫
	以下余白

発行番号

第四図　妻の婚姻前の戸籍（コンピュータシステムによる証明書記載例）

（1の1）　全部事項証明

本　　籍 氏　　名	千葉市中央区千葉町二丁目５番地 丁山　洋一
戸籍事項 　戸籍編製	（編製事項省略）
〰〰〰	〰〰〰
戸籍に記録されている者 除　籍	【名】桃子 【生年月日】平成６年３月３日 【父】丁山洋一 【母】丁山冬子 【続柄】二女
身分事項 　出　　生	（出生事項省略）
婚　　姻	【婚姻日】平成２８年９月１５日 **【配偶者氏名】丙原雪夫** 【送付を受けた日】平成２８年９月１８日 【受理者】東京都千代田区長 【新本籍】東京都杉並区方南四丁目９番地 【称する氏】夫の氏
訂　　正	**【訂正日】平成３０年２月２０日** **【訂正事由】戸籍訂正許可の裁判確定** **【裁判確定日】平成３０年２月２日** **【申請日】平成３０年２月１５日** **【申請人】夫** **【送付を受けた日】平成３０年２月２０日** **【受理者】東京都杉並区長** **【従前の記録】** 　　**【配偶者氏名】甲野雪夫**
	以下余白

発行番号

問20　昭和六三年一月一日以後に、母の夫の認知により準正嫡出子の身分を取得し、入籍の届出によって父母の戸籍に入籍した子について、父母の離婚後に認知無効の裁判が確定した場合

解説

一　父母の婚姻又は父の認知によって準正嫡出子の身分を取得した子（民七八九条）は、従来は、それによって当然に父母の氏を称し、父母の戸籍に入籍する取扱いとされていた（昭和三五・一二・一六民事甲三〇九一号通達、**問21**参照）。

その後、昭和六二年法律第一〇一号によって民法の一部が改正され、父又は母が氏を改めたことにより、父母と氏を異にするに至った子は、父母の婚姻中に限り、家庭裁判所の許可を得ないで父母の氏を称することができることとされた（民七九一条二項）ので、右従前の取扱いは改められた。すなわち、昭和六三年一月一日以後は、父母の婚姻又は母の夫の認知により準正嫡出子の身分を取得した子であっても、当然には父母の氏を称することはなく、父母の氏を称するには、民法第七九一条第一項から第三項までに定めるところにより、戸籍法第九八条に定める「入籍届」によらなければならないものとされた（昭和六二・一〇・一民二―五〇〇〇号通達第5の3）。

二　ところで、本問の場合は、昭和六三年一月一日以後に準正により嫡出子の身分を取得した子が、戸籍法第九八条に定める入籍届によって父母の戸籍に入籍した後において、父の認知無効の裁判が確定した場合の例である。したがって、認知無効の裁判に基づく戸籍法第一一六条の戸籍訂正申請により父及び子の関係戸籍における認知事項を消除することとなる。そのほか、子については、父の認知の無効に伴い、戸籍法第九八条による入籍届もまた無効となる。しかし、この場合、昭和六二年一二月三一日まではその取扱いが異なり、右の認知無効による戸籍訂正と併せて父母の氏を称する入籍を当然無効として処理することはできない。別途戸籍法第一一四条の規定による戸籍訂正許可の審判を得た上でこれに基づく戸籍訂正申請により父母の氏を称する入籍事項を消除し、子を母の戸籍に回復させる訂正をしなければならない。

三　本問における戸籍訂正の方法は次のとおりである。

1　父母の戸籍について

認知無効の裁判確定により、父については、身分事項欄の認知事項を消除し、子については、父欄の記載を消除し、父母との続柄を嫡出子としての続柄「長男」から母が分娩した嫡出でない子の順による続柄「長男」に訂正する（平成一六・一一・一民一―三〇〇八号通達参照）。また、本問の場合は、子の入籍後に、父母が子の親権者を母と定めて協議離婚をしているので、その「親権に関する事項」の記載を消除することになる。

次に、子の身分事項欄の父母の氏を称する入籍事項については、前述のとおり、別途戸籍法第一一四条の戸籍訂正許可の審判を得た上、これに基づく訂正申請により消除する。

2　母の従前の戸籍について

母の従前の戸籍は、子が父母の氏を称する入籍をしたことにより全員除籍され、戸籍が消除されているが、母は離婚により別に新戸籍が編製されている。そこで、子について、まず認知無効の裁判確定の旨の記載をし、認知事項を消除するほか、父欄の記載を消除し、父母との続柄を嫡出子としての続柄「長男」から母が分娩した嫡出でない子の順による続柄「長男」に訂正する。

次いで、子の身分事項欄に、戸籍法第一一四条の戸籍訂正許可の審判が確定した旨を記載し、父母の氏を称する入籍事項を消除するとともに、便宜、この戸籍において、一旦子を回復の上、母の離婚後の新戸籍に入籍させる。

3　母の離婚後（子の入籍後）の戸籍について

子の身分事項欄に、父母の氏を称する入籍届出無効の戸籍訂正事項とともに母の婚姻前の戸籍（前記2の戸籍）から入籍した旨を記載する。

戸籍訂正申請

東京都千代田　市㊀区町村　長　殿

平成28年2月10日申請

受付	
平成28年2月10日	
第	13　号

(一)	事件本人	本　籍	東京都千代田区平河町１丁目５番地	
		筆頭者氏名	甲　野　義　雄	
(二)		住所及び世帯主氏名	東京都杉並区方南４丁目２番１号　丙原花子	東京都千代田区飯田橋３丁目10番８号　甲野義雄
(三)		氏　名	甲　野　雪　夫	甲　野　義　雄
		生年月日	平成14年10月11日	昭和48年4月5日
(四)	裁判の種類		認知無効の裁判	
	裁判確定年月日		平成28年2月5日	
(五)	訂正の趣旨		事件本人は母の夫（甲野義雄）の認知により準正されたので、平成18年５月４日父母の氏を称する入籍届によって父母の戸籍に入籍していたところ、平成27年11月２日父母離婚後の平成28年２月５日認知無効の裁判が確定したので、関連戸籍について次のとおり訂正する。 １　東京都千代田区平河町１丁目５番地甲野義雄戸籍中、同人及び雪夫の各身分事項欄に記載の認知事項を消除するほか、雪夫については、なお親権者指定事項及び父欄の記載を消除し、父母との続き柄を「長男」と訂正する。 ２　東京都杉並区方南４丁目９番地丙原花子除籍中、雪夫の身分事項欄に記載の認知事項及び父欄の記載を消除し、父母との続柄を「長男」と訂正する。	
(六)	添付書類		裁判の謄本、確定証明書	
(七)	申請人	本　籍	東京都杉並区方南４丁目９番地	
		筆頭者氏名	丙　原　花　子	
		住　所	東京都杉並区方南４丁目２番１号	
		署名押印	丙　原　花　子　㊞	
		生年月日	昭和49年2月3日	

戸籍	
調査	
記載	
記載調査	
送付	
住民票	
記載	
通知	
附票	
記載	
通知	

（注意）

事件本人又は申請人が二人以上であるときは、必要に応じ該当欄を区切って記載すること。

戸籍訂正申請

東京都千代田 市(区)町村 長 殿

平成28年4月6日申請

受付	
	平成28年4月6日
	第　1046　号

戸籍	
調査	
記載	
記載調査	
送付	
住民票	
記載	
通知	
附票	
記載	
通知	

(一)	事件本人	本籍	東京都千代田区平河町１丁目５番地
		筆頭者氏名	甲　野　義　雄
(二)		住所及び世帯主氏名	東京都杉並区方南４丁目２番１号　丙原花子
(三)		氏名	甲　野　雪　夫
		生年月日	平成14年10月11日
(四)	裁判の種類		戸籍訂正許可の裁判
	裁判確定年月日		平成28年4月2日
(五)	訂正の趣旨		事件本人は準正されたことにより平成18年５月４日父母の戸籍に入籍していたところ、平成28年２月５日認知無効の裁判が確定し、それに関連して、平成28年４月２日父母の氏を称する入籍届出無効の戸籍訂正許可の裁判が確定したので、下記のとおり訂正する。 １　東京都千代田区平河町１丁目５番地甲野義雄戸籍の雪夫の身分事項欄中父母の氏を称する入籍の記載を消除の上、同人の記載を消除する。 ２　東京都杉並区方南４丁目９番地丙原花子除籍の雪夫の身分事項欄中父母の氏を称する入籍の記載を消除の上回復し、東京都杉並区方南４丁目９番地丙原花子戸籍に入籍させる。 ３　東京都杉並区方南４丁目９番地丙原花子戸籍に雪夫を入籍させる。
(六)	添付書類		審判の謄本、確定証明書
(七)	申請人	本籍	東京都杉並区方南４丁目９番地
		筆頭者氏名	丙　原　花　子
		住所	東京都杉並区方南４丁目２番１号
		署名押印	丙　原　花　子　㊞
		生年月日	昭和49年2月3日

（注意）

事件本人又は申請人が二人以上であるときは、必要に応じ該当欄を区切って記載すること。

父母の戸籍

本籍	東京都千代田区平河町一丁目五番地
氏名	甲野義雄

平成拾五年七月壱日編製㊞

（出生事項省略）

平成拾五年七月壱日丙原花子と婚姻届出東京都千代田区平河町一丁目五番地甲野義太郎戸籍から入籍㊞

~~平成拾七年七月八日東京都杉並区方南四丁目九番地丙原花子同籍雪夫を認知届出㊞~~

平成弐拾七年拾壱月弐日妻花子と協議離婚届出㊞

平成弐拾八年弐月五日丙原雪夫を認知無効の裁判確定同月拾日丙原花子申請

認知の記載消除㊞

父	甲野義太郎
母	松子
	長男
夫	義雄
出生	昭和四拾八年四月五日

（出生事項省略）

平成拾五年七月壱日甲野義雄と婚姻届出東京都杉並区方南四丁目九番地丙原花子戸籍から入籍㊞

平成弐拾七年拾壱月弐日夫義雄と協議離婚届出東京都杉並区方南四丁目九番地に新戸籍編製につき除籍㊞

父	丙原忠治
母	杉子
続柄	長女
妻	~~花子~~
出生	昭和四拾九年弐月参日

（出生事項省略）

~~平成拾八年五月四日父母の氏を称する入籍親権者父母届出同月八日東京都杉並区長から送付同区方南四丁目九番地丙原花子戸籍から入籍㊞~~

~~平成弐拾七年拾壱月弐日親権者を母と定める旨父母届出㊞~~

平成弐拾八年弐月五日認知無効の裁判確定同月拾日母申請父の記載及び親権者を定める記載消除父母との続柄訂正㊞

父母の氏を称する入籍届出無効につき平成弐拾八年四月弐日戸籍訂正許可の裁判確定同月六日母申請消除㊞

父	~~甲野義雄~~
母	花子
続柄	**長男** ~~長男~~
	~~雪夫~~
出生	平成拾四年拾月拾壱日

母の従前の戸籍

除籍

本籍　東京都杉並区方南四丁目九番地

氏名　丙原花子

平成拾四年拾月弐拾参日編製㊞

平成拾八年五月四日消除㊞

（出生事項省略）

子の出生届出平成拾四年拾月弐拾参日東京都杉並区方南四丁目九番地丙原忠治戸籍から入籍㊞

平成拾五年七月壱日甲野義雄と婚姻届出同月拾日東京都千代田区長から送付同区平河町一丁目五番地に夫の氏の新戸籍編製につき除籍㊞

父　丙原忠治

母　杉子

長女

花子

出生　昭和四拾九年弐月参日

平成拾四年拾月拾壱日東京都杉並区で出生同月弐拾参日母届出入籍㊞

~~平成拾七年七月八日東京都千代田区平河町一丁目五番地甲野義雄認知届出~~

~~同月拾壱日同区長から送付父母との続柄訂正㊞~~

~~平成拾八年五月四日父母の氏を称する入籍親権者父母届出東京都千代田区~~

~~平河町一丁目五番地甲野義雄戸籍に入籍につき除籍㊞~~

平成弐拾八年弐月五日認知無効の裁判確定同月拾日母申請同月拾参日東京

都千代田区長から送付認知の記載消除㊞

父母の氏を称する入籍届出無効につき平成弐拾八年四月弐日戸籍訂正許可

の裁判確定同月六日母申請同月九日東京都千代田区長から送付その記載消除

父	~~甲野義雄~~
母	~~丙原~~花子
~~長男~~ 男	

~~雪夫~~

出生	平成拾四年拾月拾壱日

掛紙

回復東京都杉並区方南四丁目九番地丙原花子戸籍に入籍につき除籍㊞

母の離婚後の戸籍

本籍　東京都杉並区方南四丁目九番地

氏名　丙原花子

平成弐拾七年拾壱月五日編製㊞

（出生事項省略）

平成弐拾七年拾壱月弐日夫甲野義雄と協議離婚届出同月五日東京都千代田区長から送付同区平河町一丁目五番地甲野義雄戸籍から入籍㊞

父　丙原忠治

母　杉子

長女

花子

出生　昭和四拾九年弐月参日

平成拾四年拾月拾壱日東京都杉並区で出生同月弐拾参日母届出入籍㊞
父母の氏を称する入籍届出無効につき平成弐拾八年四月弐日戸籍訂正許可の裁判確定同月六日母申請東京都杉並区方南四丁目九番地丙原花子戸籍から入籍㊞

父	
母	丙原花子
	長男
	雪夫
生出	平成拾四年拾月拾壱日

父	
母	
生出	

父母の戸籍（コンピュータシステムによる証明書記載例）

（3の1）　全部事項証明

本　　籍 氏　　名	東京都千代田区平河町一丁目５番地 甲野　義雄
戸籍事項 　戸籍編製	【編製日】平成１５年７月１日
戸籍に記録されている者	【名】義雄 【生年月日】昭和４８年４月５日 【父】甲野義太郎 【母】甲野松子 【続柄】長男
身分事項 　出　　生	（出生事項省略）
婚　　姻	【婚姻日】平成１５年７月１日 【配偶者氏名】丙原花子 【従前戸籍】東京都千代田区平河町一丁目５番地　甲野義太郎
離　　婚	【離婚日】平成２７年１１月２日 【配偶者氏名】甲野花子
消　　除	**【消除日】平成２８年２月１０日** **【消除事項】認知事項** **【消除事由】丙原雪夫を認知無効の裁判確定** **【裁判確定日】平成２８年２月５日** **【申請日】平成２８年２月１０日** **【申請人】丙原花子** **【従前の記録】** 　**【認知日】平成１７年７月８日** 　**【認知した子の氏名】丙原雪夫** 　**【認知した子の戸籍】東京都杉並区方南四丁目９番地　丙原花子**
戸籍に記録されている者 除　　籍	【名】花子 【生年月日】昭和４９年２月３日 【父】丙原忠治 【母】丙原杉子 【続柄】長女
身分事項 　出　　生	（出生事項省略）
婚　　姻	【婚姻日】平成１５年７月１日 【配偶者氏名】甲野義雄 【従前戸籍】東京都杉並区方南四丁目９番地　丙原花子

発行番号

（3の2）　全部事項証明

離　　婚	【離婚日】平成２７年１１月２日 【配偶者氏名】甲野義雄 【新本籍】東京都杉並区方南四丁目９番地
戸籍に記録されている者 消　　除	【名】雪夫 【生年月日】平成１４年１０月１１日 【父】 【母】甲野花子 【続柄】長男
身分事項 出　　生	（出生事項省略）
消　　除	【消除日】平成２８年２月１０日 【消除事項】父の氏名 【消除事由】認知無効の裁判確定 【裁判確定日】平成２８年２月５日 【申請日】平成２８年２月１０日 【申請人】母 【関連訂正事項】父母との続柄 【従前の記録】 　　【父】甲野義雄 　　【父母との続柄】長男
消　　除	【消除日】平成２８年２月１０日 【消除事項】親権事項 【消除事由】認知無効の裁判確定 【裁判確定日】平成２８年２月５日 【申請日】平成２８年２月１０日 【申請人】母 【従前の記録】 　　【親権者を定めた日】平成２７年１１月２日 　　【親権者】母 　　【届出人】父母
消　　除	【消除日】平成２８年４月６日 【消除事項】入籍事項 【消除事由】父母の氏を称する入籍届出無効につき戸籍訂正許可の裁判確定 【裁判確定日】平成２８年４月２日 【申請日】平成２８年４月６日 【申請人】母 【従前の記録】 　　【届出日】平成１８年５月４日 　　【入籍事由】父母の氏を称する入籍 　　【届出人】親権者父母 　　【送付を受けた日】平成１８年５月８日 　　【受理者】東京都杉並区長

発行番号

（3の3）　全部事項証明

	【従前戸籍】東京都杉並区方南四丁目９番地　丙原花子
	以下余白

発行番号

〔注〕 1　身分事項（又は戸籍事項）の一事項全てを消除する場合は，基本タイトル（左端タイトル）「消除」により訂正処理を行う。

2　準正嫡出子の認知事項については，父母の氏を称する入籍等により他の戸籍に入籍（又は新戸籍を編製）する場合には移記を要しないため（戸規39条1項2号，昭和24・12・20民事甲2904号通達参照），当該戸籍の子の身分事項欄には認知事項の記載はない。なお，認知無効の裁判の確定により，父の氏名を消除する必要がある。

母の従前の戸籍（コンピュータシステムによる証明書記載例）

除　　籍	（2の1）　全部事項証明
本　　籍 氏　　名	東京都杉並区方南四丁目９番地 丙原　花子
戸籍事項 　戸籍編製 　戸籍消除	 【編製日】平成１４年１０月２３日 【消除日】平成１８年５月４日
戸籍に記録されている者 除　　籍	【名】花子 【生年月日】昭和４９年２月３日 【父】丙原忠治 【母】丙原杉子 【続柄】長女
身分事項 　出　　生	 （出生事項省略）
子の出生	【入籍日】平成１４年１０月２３日 【入籍事由】子の出生届出 【従前戸籍】東京都杉並区方南四丁目９番地　丙原忠治
婚　　姻	【婚姻日】平成１５年７月１日 【配偶者氏名】甲野義雄 【送付を受けた日】平成１５年７月１０日 【受理者】東京都千代田区長 【新本籍】東京都千代田区平河町一丁目５番地 【称する氏】夫の氏
戸籍に記録されている者 除　　籍	【名】雪夫 【生年月日】平成１４年１０月１１日 **【父】** 【母】丙原花子 **【続柄】長男**
身分事項 　出　　生	 （出生事項省略）
消　　除	**【消除日】平成２８年２月１３日** **【消除事項】認知事項** **【消除事由】認知無効の裁判確定** **【裁判確定日】平成２８年２月５日** **【申請日】平成２８年２月１０日** **【申請人】母** **【送付を受けた日】平成２８年２月１３日** **【受理者】東京都千代田区長** **【従前の記録】** 　**【認知日】平成１７年７月８日** 　**【認知者氏名】甲野義雄**

発行番号

（2の2）　全部事項証明

	【認知者の戸籍】東京都千代田区平河町一丁目５番地　甲野義雄 【送付を受けた日】平成１７年７月１１日 【受理者】東京都千代田区長 【関連訂正事項】父母との続柄 【従前の記録】 【父母との続柄】男
消　除	【消除日】平成２８年２月１３日 【消除事項】父の氏名 【消除事由】認知無効の裁判確定 【裁判確定日】平成２８年２月５日 【申請日】平成２８年２月１０日 【申請人】母 【送付を受けた日】平成２８年２月１３日 【受理者】東京都千代田区長 【関連訂正事項】父母との続柄 【従前の記録】 【父】甲野義雄 【父母との続柄】長男
消　除	【消除日】平成２８年４月９日 【消除事項】入籍事項 【消除事由】父母の氏を称する入籍届出無効につき戸籍訂正許可の裁判確定 【裁判確定日】平成２８年４月２日 【申請日】平成２８年４月６日 【申請人】母 【送付を受けた日】平成２８年４月９日 【受理者】東京都千代田区長 【回復後の戸籍】東京都杉並区方南四丁目９番地　丙原花子 【従前の記録】 【届出日】平成１８年５月４日 【除籍事由】父母の氏を称する入籍 【届出人】親権者父母 【入籍戸籍】東京都千代田区平河町一丁目５番地　甲野義雄
	以下余白

発行番号

〔注〕 1　本事例の認知事項のように身分事項（又は戸籍事項）の一事項全てを消除する場合は，基本タイトル（左端タイトル）「消除」により訂正処理を行う。消除する記録（紙戸籍において朱線抹消又は朱線交さする記載）については，記録上消除することなく【従前の記録】として表示する。なお，本記載例では，従前の記録中の【父母との続柄】は，左４字分を空けて記録しているが，システム上４字分を空けることができない場合は，２字分だけ空けて記録すればよい（新谷雄彦『コンピュータ化戸籍の訂正記載例』172頁）。

2　本事例における子（雪夫）の父母との続柄は，まず，出生当時（平成16年10月31日以前）に嫡出でない子としての続柄「男」が記載され，次に，認知準正による嫡出子としての続柄「長男」に訂正され，その後，認知無効の裁判確定により，母が分娩した嫡出でない子の順による続柄「長男」と訂正されたものである（平成16・11・１民一3008号通達参照）。

母の離婚後の戸籍（コンピュータシステムによる証明書記載例）

（1の1）　全部事項証明

本　　籍 氏　　名	東京都杉並区方南四丁目９番地 丙原　花子
戸籍事項 　戸籍編製	【編製日】平成２７年１１月５日
戸籍に記録されている者	【名】花子 【生年月日】昭和４９年２月３日 【父】丙原忠治 【母】丙原杉子 【続柄】長女
身分事項 　出　生	（出生事項省略）
離　婚	【離婚日】平成２７年１１月２日 【配偶者氏名】甲野義雄 【送付を受けた日】平成２７年１１月５日 【受理者】東京都千代田区長 【従前戸籍】東京都千代田区平河町一丁目５番地　甲野義雄
戸籍に記録されている者	【名】雪夫 【生年月日】平成１４年１０月１１日 【父】 【母】丙原花子 【続柄】長男
身分事項 　出　生	【出生日】平成１４年１０月１１日 【出生地】東京都千代田区 【届出日】平成１４年１０月２３日 【届出人】母
入　籍	**【入籍日】平成２８年４月９日** **【入籍事由】父母の氏を称する入籍届出無効につき戸籍訂正許可の裁判確定** **【裁判確定日】平成２８年４月２日** **【申請日】平成２８年４月６日** **【申請人】母** **【送付を受けた日】平成２８年４月９日** **【受理者】東京都千代田区長** **【従前戸籍】東京都杉並区方南四丁目９番地　丙原花子**
	以下余白

発行番号

問21　昭和六二年一二月三一日以前に、母の夫の認知により準正嫡出子として父母の戸籍に入籍した子について、父母の離婚後に認知無効の裁判が確定した場合

解説

一　嫡出子は父母の氏を称し、嫡出でない子は母の氏を称するものとされている（民七九〇条、戸一八条）。しかし、準正嫡出子については、その称する氏についての明確な規定がない。戸籍実務においては、従前は、民法第七八九条第一項又は第二項の規定によって準正嫡出子の身分を取得した子は、その身分を取得すると同時に父母の氏を称するものとして取り扱われていた（昭和三五・一二・一六民事甲三〇九一号通達。なおこの扱いは、昭和六二年法律第一〇一号による民法の一部を改正する法律の施行（昭和六三年一月一日）前である昭和六二年一二月三一日までである。）。

二　ところで、本問は、準正嫡出子の身分を取得した子が、右の取扱いにより父母の戸籍に入籍していたところ、父母が当該子の親権者を母と定めて協議離婚をし、母につき新戸籍が編製された後に父の認知無効の裁判が確定し、これに基づき戸籍法第一一六条の戸籍訂正申請がなされた場合の戸籍訂正である。この場合は、父及び子の双方の身分事項欄に、認知無効の裁判が確定した旨の記載をするとともに、各認知事項を消除しなければならない。さらに、子につき父母離婚の際の親権者指定事項については、父の認知の無効によりその前提を欠くこととなる（すなわち、子について、民法第七八九条に規定する準正の効果は生じないから、子は母の嫡出でない子となり母の単独親権に服することになる。したがって、父母離婚に伴う親権者の指定ということはあり得ない。）ので、その記載を消除しなければならない。

三　また、右の子が準正嫡出子たる身分を取得して父母の戸籍に入籍したのは、その前提としての父母の婚姻と父の認知という二つの要件（民七八九条二項）を備えていたことによるものであるところ、父の認知無効の裁判が確定したことによりその要件を欠くに至った（したがって、準正の効果は生じない。）ので、父母の戸籍に入籍したことは当然に無効であるから、子を従前の戸籍に回復することになる。しかし、この場合、子の従前の戸籍は、子が父母の戸籍への入籍により全員除籍され、戸籍が消除されているので、便宜、この戸籍において、認知無効の裁判確定による戸籍訂正申請により、子を一旦同戸籍に回復した上、母の離婚後の戸籍に入籍させることになる〔注〕。

以上の趣旨による本問の戸籍訂正の処理方法は、後記のとおりである。

なお、本事例は、平成六年法律第六七号による戸籍法の一部改正により戸籍事務を電子情報処理組織によって処理することが可能となる次前に生じた例である。

〔注〕　昭和六二年の民法の一部改正後は、子は準正嫡出子の身分を取得しても当然には父母の戸籍に入籍しない取扱いとされた（昭和六二・一〇・一民二―五〇〇〇号通達第5の3）。そして、父母の氏を称するには、父母が婚姻中であるときは、家庭裁判所の許可を得ないで、戸籍法第九八条に規定する入籍の届出によらなければならないこととされた。したがって、本例のような場合に、認知無効の裁判確定に基づく戸籍法第一一六条の戸籍訂正申請のみによって、子が父の氏を称する入籍に関する戸籍の訂正は認められないことに注意する必要がある。問20参照）。

【戸籍訂正申請書式】

戸籍訂正申請

東京都千代田 市(区)町村 長 殿

平成 6 年 2 月 10 日申請

受付	平成 6 年 2 月 10 日
	第 12 号

(一)	事件本人	本籍	東京都千代田区平河町１丁目５番地	
		筆頭者氏名	甲野義雄	
(二)		住所及び世帯主氏名	東京都杉並区方南４丁目２番１号　丙原花子	東京都千代田区飯田橋３丁目10番８号　甲野義雄
(三)		氏名	甲野雪夫	甲野義雄
		生年月日	昭和 59 年 10 月 11 日	昭和 30 年 4 月 5 日
(四)	裁判の種類		認知無効の裁判	
	裁判確定年月日		平成 6 年 2 月 5 日	
(五)	訂正の趣旨		事件本人は母の夫（甲野義雄）の認知により準正され、父母の戸籍に入籍していたところ、平成５年11月２日父母離婚後の平成６年２月５日に認知無効の裁判が確定したので、関連戸籍について次のとおり訂正する。 １．事件本人雪夫を東京都杉並区方南４丁目９番地丙原花子戸籍に入籍させる。 ２．東京都千代田区平河町１丁目５番地甲野義雄戸籍中、同人及び雪夫の各身分事項欄に記載の認知事項を消除するほか、雪夫については、なお親権者指定事項及び父欄の記載を消除し、父母との続柄を「男」と訂正の上、同人の記載を全部消除する。 ３．東京都杉並区方南４丁目９番地丙原花子除籍中雪夫の身分事項欄に記載の認知事項を消除するとともに、東京都杉並区方南４丁目９番地丙原花子戸籍に入籍につき除籍の記載をする。	
(六)	添付書類		裁判の謄本、確定証明書	
(七)	申請人	本籍	東京都杉並区方南４丁目９番地	
		筆頭者氏名	丙原花子	
		住所	東京都杉並区方南４丁目２番１号	
		署名押印	丙原花子　㊞	
		生年月日	昭和 31 年 2 月 3 日	

戸籍	
調査	
記載	
記載調査	
送付	
住民票	
記載	
通知	
附票	
記載	
通知	

（注意）

事件本人又は申請人が二人以上であるときは、必要に応じ該当欄を区切って記載すること。

父母の戸籍

本籍	東京都千代田区平河町一丁目五番地
氏名	甲野義雄

（編製事項省略）

（出生事項省略）

（婚姻事項省略）

~~昭和六拾年七月八日丙原雪夫を認知届出㊞~~

平成五年拾壱月弐日妻花子と協議離婚届出㊞

平成六年弐月五日丙原雪夫を認知無効の裁判確定同月拾日丙原花子申請認知の記載消除㊞

父	甲野義太郎
母	松子
（続柄）	長男
名	義雄
出生	昭和参拾年四月五日

（出生事項省略）

（婚姻事項省略）

平成五年拾壱月弐日夫義雄と協議離婚届出東京都杉並区方南四丁目九番地
に新戸籍編製につき除籍㊞

父	乙川忠治
母	杉子
	長女
妻	花子
出生	昭和参拾壱年弐月参日

（出生事項省略）

~~昭和六拾年七月八日甲野義雄認知届出東京都杉並区方南四丁目九番地丙原~~
~~花子戸籍から入籍㊞~~

~~平成五年拾壱月弐日親権者を母と定める旨父母届出㊞~~

平成六年弐月五日認知無効の裁判確定同月拾日母申請認知事項及び親権者
を定める記載消除の上消除㊞

父	~~甲野義雄~~
母	花子
	~~長男~~ 男
	雪夫
出生	昭和五拾九年拾月拾壱日

母の従前戸籍

除籍

本籍　東京都杉並区方南四丁目九番地

氏名　丙原花子

昭和五拾九年拾月弐拾参日編製㊞

昭和六拾年七月拾壱日消除㊞

（出生事項省略）

子の出生届出昭和五拾九年拾月弐拾参日東京都杉並区方南四丁目九番地丙原忠治戸籍から入籍㊞

昭和六拾年七月壱日甲野義雄と婚姻届出同月参日東京都千代田区長から送付同区平河町一丁目五番地に夫の氏の新戸籍編製につき除籍㊞

父　丙原忠治

母　杉子

長女

花子

出生　昭和参拾壱年弐月参日

昭和五拾九年拾月拾壱日東京都杉並区で出生同月弐拾参日母届出入籍㊞

~~昭和六拾年七月八日東京都千代田区平河町一丁目五番地甲野義雄認知届出~~
~~同月拾壱日同区長から送付父母との続柄訂正甲野義雄戸籍に入籍につき除~~
~~籍㊞~~

平成六年弐月五日認知無効の裁判確定同月拾日母申請同月拾参日東京都千
代田区長から送付認知の記載消除回復東京都杉並区方南四丁目九番地丙原花
子戸籍に入籍につき除籍㊞

父　~~甲野義雄~~
母　丙原花子
~~長男~~　男

~~雪夫~~

出生　昭和五拾九年拾月拾壱日

父
母
出生

母離婚後の戸籍

本籍	東京都杉並区方南四丁目九番地
氏名	丙原花子

平成五年拾壱月五日編製㊞

（出生事項省略）

平成五年拾壱月弐日夫甲野義雄と協議離婚届出同月五日東京都千代田区長から送付同区平河町一丁目五番地甲野義雄戸籍から入籍㊞

父	丙原忠治
母	杉子
続柄	長女
名	花子
出生	昭和参拾壱年弐月参日

（出生事項省略）
平成六年弐月五日認知無効の裁判確定同月拾日母申請同月拾参日東京都千
代田区長から送付東京都杉並区方南四丁目九番地丙原花子戸籍から入籍㊞

父	
母	丙原花子
	男
	雪夫
出生	昭和五拾九年拾月拾壱日

父	
母	
出生	

問22　戸籍上の父母が死亡しているため、子から実父を被告として認知の訴えを提起し、その裁判が確定した場合

解説

一　戸籍上の父母が死亡している場合において、その戸籍上の親子関係が真実の親子関係と合致しないため、これを事実と合致するよう戸籍訂正するには、その前提として、子から検察官を相手方として親子関係存否確認の訴えを提起して、その確定判決を得るか、あるいは、子から真実の父を相手方として認知の訴えを提起して、その確定判決（又は審判）を得ることが必要となる（人訴二条二号・一二条）。

二　本問は、戸籍上の親子関係が真実に反する場合において、戸籍上の父母の死亡後に、子から実父を相手方として認知の訴えを提起し、その裁判が確定した場合である。この場合、当該認知の裁判の反射効として、戸籍上の父との間の父子関係が否定されることとなる。また、右の裁判の理由中において、戸籍上の母との間にも親子関係が存在しないものと認定されているときは、その子に対する当初の出生届は、結果的には虚偽の届出であるということになる。したがって、当該認知の裁判確定に基づく戸籍法第一一六条の戸籍訂正申請により、子を表見上の父母の戸籍から、消除することになる〔注〕。

三　また、右の認知の裁判の理由中において、仮に戸籍上の母との関係が否定されていない場合には、当初の出生届書の記載に誤りがあったとしても、虚偽の届出であるとはいえない。したがって、この場合、実父を相手方とする認知の裁判確定により、子は、嫡出でない子ということになるものの、子の氏に変更はなく、入籍した戸籍にも誤りはない。そこで、この場合は、前記戸籍法第一一六条の戸籍訂正申請により、子の身分事項欄に認知の裁判確

定の旨を記載し、父の氏名を消除するとともに、父母との続柄につき嫡出子としての続柄から嫡出でない子としての続柄に訂正することとなる（平成一六・一一・一民一―三〇〇八号通達参照）。その後において、戸籍法第六三条の規定による認知の届出により、子の身分事項欄に認知の裁判の旨の記載をし、父欄に父の氏名を記載する一方、実父の戸籍にも認知事項を記載することになる。

以上の趣旨による戸籍訂正の処理方法は、後記のとおりである。

〔注〕　右の戸籍訂正申請により、戸籍から消除された子については、届出義務者から新たな出生の届出をすることになるが、もし届出義務者の死亡等によって出生の届出ができないときは、家庭裁判所の就籍の許可を得てその届出をすることになる。しかし、当該認知の裁判の理由中において、実母の本籍氏名が明らかになっているときは、事件本人の申出により、判決謄本を資料として、管轄局の長の許可を得て、職権により戸籍の記載をすることができる（昭和二六・一二・二八民事甲二四八三号回答）。

なお、右により子の出生による入籍後、戸籍法第六三条の規定による認知届を要することとなる。

【戸籍訂正申請書式】
1　母との親子関係も否定されているとき

戸籍訂正申請

東京都千代田 市区町村 長 殿

平成 30 年 3 月 10 日申請

受付	
平成 30 年 3 月 10 日	
第 1230 号	

戸籍	
調査	
記載	
記載調査	
送付	
住民票	
記載	
通知	
附票	
記載	
通知	

(一)	事件本人	本籍	東京都千代田区平河町１丁目５番地
		筆頭者氏名	甲　野　義　雄
(二)		住所及び世帯主氏名	東京都千代田区飯田橋３丁目10番８号　甲野春夫
(三)		氏名	甲　野　春　夫
		生年月日	昭和 51 年 6 月 8 日
(四)	裁判の種類		認知の裁判
	裁判確定年月日		平成 30 年 3 月 1 日
(五)	訂正の趣旨		事件本人は、甲野義雄同人妻花子の嫡出子として戸籍に記載されているところ、双方死亡後の平成30年３月１日丙原信夫の事件本人に対する認知の裁判が確定し、また、同裁判の理由中において、戸籍上の母花子との間にも親子関係の存在しないことが明らかにされているので、甲野義雄戸籍から事件本人を消除する。
(六)	添付書類		裁判の謄本、確定証明書
(七)	申請人	本籍	東京都千代田区平河町１丁目５番地
		筆頭者氏名	甲　野　義　雄
		住所	東京都千代田区飯田橋３丁目10番８号
		署名押印	甲　野　春　夫　㊞
		生年月日	昭和 51 年 6 月 8 日

（注　意）

事件本人又は申請人が二人以上であるときは、必要に応じ該当欄を区切って記載すること。

出　生　届

平成 30 年 3 月13日 届出

東京都杉並区　長 殿

受 理　平成30年 3 月13日 第　123 号			発 送　平成　年　月　日 長 印			
送 付　平成　年　月　日 第　号						
書類調査	戸籍記載	記載調査	調 査 票	附　票	住 民 票	通　知

(1) 生まれた子	子 の 氏 名（よみかた）（外国人のときはローマ字を付記してください）	氏 丁《てい》 山《やま》　名 春《はる》 夫《お》	父母との続き柄 □嫡出子 ☑嫡出でない子 長 ☑男 □女
(2)	生まれたとき	昭和 51 年 6 月 8 日	□午前 □午後　時　分
(3)	生まれたところ	東京都杉並区荻窪２丁目15	~~番地~~ 番 6 号
(4)	住　所（住民登録をするところ）	東京都杉並区方南４丁目23	~~番地~~ 番 3 号
		世帯主の氏名 丁 山 春 夫	世帯主との続き柄 本人
(5) 生まれた子の父と母	父母の氏名 生年月日（子が生まれたときの年齢）	父　年　月　日（満　歳）	母 丁 山 秋 枝　昭和 25 年 2 月 4 日（満 26 歳）
(6)	本　籍（外国人のときは国籍だけを書いてください）	東京都杉並区方南４丁目９	番地 ~~番~~
		筆頭者の氏名 丁 山 秋 枝	
(7)	同居を始めたとき	年　月	（結婚式をあげたとき、または、同居を始めたときのうち早いほうを書いてください）
(8)	子が生まれたときの世帯のおもな仕事と	□1．農業だけまたは農業とその他の仕事を持っている世帯 □2．自由業・商工業・サービス業等を個人で経営している世帯 □3．企業・個人商店等（官公庁は除く）の常用勤労者世帯で勤め先の従業者数が１人から99人までの世帯（日々または１年未満の契約の雇用者は５） □4．３にあてはまらない常用勤労者世帯及び会社団体の役員の世帯（日々または１年未満の契約の雇用者は５） ☑5．１から４にあてはまらないその他の仕事をしている者のいる世帯 □6．仕事をしている者のいない世帯	
(9)	父 母 の 職 業	（国勢調査の年…　年…の４月１日から翌年３月31日までに子が生まれたときだけ書いてください） 父の職業	母の職業
その他	平成30年３月１日丙原信夫の認知の裁判が確定したことによる出生届である。認知の裁判の謄本を添付する。		
届出人	□1.父 ☑母　□2.法定代理人（　）　□3.同居者　□4.医師　□5.助産師　□6.その他の立会者　□7.公設所の長		
	住　所	東京都杉並区荻窪２丁目15	~~番地~~ 番 6 号
	本　籍	東京都杉並区方南４丁目９　番地 ~~番~~	筆頭者の氏名 丁山秋枝
	署　名	丁 山 秋 枝　㊞	昭和 25 年 2 月 4 日生

事 件 簿 番 号	

【認知届書式】

認　知　届

平成30年3月13日届出

東京都千代田区　長殿

受理　平成30年3月13日 第　124号			発送　平成　年　月　日			
送付　平成　年　月　日 第　号			長印			
書類調査	戸籍記載	記載調査	附票	住民票	通知	

	認知される子		認知する父
（よみかた） 氏名	氏　甲野《こうの》　名　春夫《はるお》	父母との続き柄 長 ☑男 □女	氏　丙原《へいはら》　名　信夫《のぶお》
生年月日	昭和51年6月8日		昭和31年5月8日
住所 （住民登録をしているところ）	東京都千代田区飯田橋３丁目 10 ~~番地~~ 番 8 号 世帯主の氏名　甲野春夫		東京都台東区浅草２丁目 16 ~~番地~~ 番 2 号 世帯主の氏名　丙原信夫
本籍 （外国人のときは国籍だけを書いてください）	東京都千代田区平河町１丁目 5 番地 ~~番~~ 筆頭者の氏名　甲野義雄		東京都台東区浅草２丁目 15 番地 ~~番~~ 筆頭者の氏名　丙原信夫
認知の種別	□任意認知 □遺言認知（遺言執行者　年　月　日　就職）		□審判　年　月　日確定 ☑判決　平成30年3月1日確定
子の母	氏名　丁山秋枝　昭和25年2月4日生 本籍　東京都杉並区方南４丁目９ 番地 ~~番~~ 筆頭者の氏名　丁山秋枝		
その他	□未成年の子を認知する　□成年の子を認知する　□死亡した子を認知する　□胎児を認知する 戸籍上の父母死亡後、実父を相手方とする認知の裁判確定。裁判の謄本を添付する。		
届出人	□父　☑その他（認知される子） 住所　東京都千代田区飯田橋３丁目10 ~~番地~~ 番 8 号 本籍　東京都杉並区方南４丁目９ 番地 ~~番~~　筆頭者の氏名　丁山秋枝 署名　甲野春夫 ㊞　昭和51年6月8日生		

父母の戸籍（母との親子関係も否定されているとき）

除籍

本籍　東京都千代田区平河町一丁目五番地

氏名　甲野義雄

（編製事項省略）

（出生事項省略）

（婚姻事項省略）

（死亡事項省略）

父　甲野義太郎

母　松子

長男

夫　義雄

出生　昭和弐拾八年参月四日

(出生事項省略)

(婚姻事項省略)

(婚姻解消事項省略)

平成弐拾八年九月七日午後拾時弐分東京都新宿区で死亡同月八日親族甲野五郎届出除籍㊞

父　乙川哲夫
母　芳子
長女
妻　花子
出生　昭和弐拾八年九月拾日

~~昭和五拾壱年六月八日東京都千代田区で出生同月弐拾日父届出入籍㊞~~

平成参拾年参月壱日東京都台東区浅草二丁目十五番地丙原信夫認知の裁判確定同月拾日申請消除㊞

父　甲野義雄
母　花子
長男
春夫
出生　昭和五拾壱年六月八日

〔注〕出生事項及び下部全欄にかけて、朱線を交さして消除する。

実母の戸籍に出生届で入籍するとき

本籍	東京都杉並区方南四丁目九番地
氏名	丁山秋枝

（編製事項省略）

昭和五拾壱年六月八日東京都千代田区で出生平成参拾年参月拾参日母届出
入籍㊞
平成参拾年参月壱日東京都台東区浅草二丁目十五番地丙原信夫認知の裁判確定同月拾参日届出㊞

父	丙原信夫
母	丁山秋枝
	長男
	春夫
出生	昭和五拾壱年六月八日

父母の戸籍（母との親子関係も否定されているとき）（コンピュータシステムによる証明書記載例）

除　　籍	（2の1）　全部事項証明
本　　籍 氏　　名	東京都千代田区平河町一丁目５番地 甲野　義雄
戸籍事項 　戸籍編製 　**戸籍消除**	 （編製事項省略） **【消除日】平成３０年３月１０日**
戸籍に記録されている者 除　　籍	【名】義雄 【生年月日】昭和２８年３月４日 【父】甲野義太郎 【母】甲野松子 【続柄】長男
身分事項 　出　　生 　婚　　姻 　死　　亡	 （出生事項省略） （婚姻事項省略） （死亡事項省略）
戸籍に記録されている者 除　　籍	【名】花子 【生年月日】昭和２８年９月１０日 【父】乙川哲夫 【母】乙川芳子 【続柄】長女
身分事項 　出　　生 　婚　　姻 　配偶者の死亡 　死　　亡	 （出生事項省略） （婚姻事項省略） （婚姻解消事項省略） 【死亡日】平成２８年９月７日 【死亡時分】午後１０時２分 【死亡地】東京都新宿区 【届出日】平成２８年９月８日 【届出人】親族　甲野五郎
戸籍に記録されている者 **消　　除**	【名】春夫 【生年月日】昭和５１年６月８日 【父】甲野義雄 【母】甲野花子 【続柄】長男
身分事項 　出　　生	 【出生日】昭和５１年６月８日

発行番号

（2の2）　全部事項証明

消　　除	【出生地】東京都千代田区 【届出日】昭和５１年６月２０日 【届出人】父 【消除日】平成３０年３月１０日 【消除事項】戸籍の記録全部 【消除事由】東京都台東区浅草二丁目１５番地丙原信夫認知の裁判確定 【裁判確定日】平成３０年３月１日 【申請日】平成３０年３月１０日
	以下余白

発行番号

〔注〕 本事例の出生事項のように身分事項（又は戸籍事項）の一事項全てを消除する場合は，基本タイトル（左端タイトル）「消除」により訂正処理を行う。

実母の戸籍に出生届で入籍するとき（コンピュータシステムによる証明書記載例）

（1の1）　全部事項証明

本　　籍	東京都杉並区方南四丁目９番地
氏　　名	丁山　秋枝
戸籍事項 　戸籍編製	（編製事項省略）
戸籍に記録されている者	【名】春夫 【生年月日】昭和５１年６月８日 **【父】丙原信夫** 【母】丁山秋枝 【続柄】長男
身分事項 　出　　生	【出生日】昭和５１年６月８日 【出生地】東京都千代田区 【届出日】平成３０年３月１３日 【届出人】母
認　　知	**【認知の裁判確定日】平成３０年３月１日** **【認知者氏名】丙原信夫** **【認知者の戸籍】東京都台東区浅草二丁目１５番地　丙原信夫** **【届出日】平成３０年３月１３日**
	以下余白

発行番号

2　母との親子関係が否定されていないとき

【戸籍訂正申請書式】

戸籍訂正申請

東京都千代田 市(区)町村 長 殿

平成 30 年 3 月 10 日申請

受付	
平成 30 年 3 月 10 日	
第 123 号	

戸籍	
調査	
記載	
記載調査	
送付	
住民票	
記載	
通知	
附票	
記載	
通知	

(一)	事件本人	本籍	東京都千代田区平河町１丁目５番地
		筆頭者氏名	甲　野　義　雄
(二)		住所及び世帯主氏名	東京都千代田区飯田橋３丁目10番８号　甲野春夫
(三)		氏名	甲　野　春　夫
		生年月日	昭和 51 年 6 月 8 日
(四)	裁判の種類		認知の裁判
	裁判確定年月日		平成 30 年 3 月 1 日
(五)	訂正の趣旨		事件本人は、甲野義雄同人妻花子の嫡出子として戸籍に記載されているところ、双方死亡後の平成30年３月１日丙原信夫（本籍東京都台東区浅草２丁目15番地）の事件本人に対する認知の裁判が確定したので、父欄の甲野義雄を消除し、出生事項中届出人の資格及び、父母との続柄を訂正する。
(六)	添付書類		裁判の謄本、確定証明書、事件本人甲野春夫の申述書
(七)	申請人	本籍	東京都千代田区平河町１丁目５番地
		筆頭者氏名	甲　野　義　雄
		住所	東京都千代田区飯田橋３丁目10番８号
		署名押印	甲　野　春　夫　㊞
		生年月日	昭和 51 年 6 月 8 日

（注　意）

事件本人又は申請人が二人以上であるときは、必要に応じ該当欄を区切って記載すること。

認　知　届

平成30年3月10日届出

東京都千代田区　長殿

受理　平成30年3月10日 第　124号	発送　平成　年　月　日		
送付　平成　年　月　日 第　号	長印		

書類調査	戸籍記載	記載調査	附票	住民票	通知

	認知される子		父母との続き柄	認知する父	
（よみかた）	こう　の	はる　お		へい　はら	のぶ　お
氏名	氏 甲　野	名 春　夫	長　☑男　□女	氏 丙　原	名 信　夫
生年月日	昭和51年6月8日			昭和31年5月8日	
住所 （住民登録をしているところ）	東京都千代田区飯田橋３丁目 10 ~~番地~~ 番 8号			東京都台東区浅草２丁目 16 ~~番地~~ 番 2号	
	世帯主の氏名　甲　野　春　夫			世帯主の氏名　丙　原　信　夫	
本籍 （外国人のときは国籍だけを書いてください）	東京都千代田区平河町１丁目 5 番地 ~~番~~			東京都台東区浅草２丁目 15 番地 ~~番~~	
	筆頭者の氏名　甲　野　義　雄			筆頭者の氏名　丙　原　信　夫	
認知の種別	□任意認知 □遺言認知（遺言執行者　年　月　日就職）			□審判　年　月　日確定 ☑判決　平成30年3月1日確定	
子の母	氏名　甲　野　花　子　昭和28年9月10日生				
	本籍　東京都千代田区平河町１丁目５　番地 ~~番~~				
	筆頭者の氏名　甲　野　花　子				
その他	□未成年の子を認知する　□成年の子を認知する　□死亡した子を認知する　□胎児を認知する 戸籍上の父母死亡後、実父を相手方とする認知の裁判確定。裁判の謄本を添付する。				
届出人	□父　☑その他（認知される子）				
	住所　東京都千代田区飯田橋３丁目10　~~番地~~ 番 8号				
	本籍　東京都千代田区平河町１丁目５　番地 ~~番~~　筆頭者の氏名　甲野義雄				
	署名　甲　野　春　夫　㊞　昭和51年6月8日生				

父母の戸籍（母との親子関係が否定されていないとき）

本籍

東京都千代田区平河町一丁目五番地

氏名

甲野義雄

（編製事項省略）

（出生事項省略）

（婚姻事項省略）

平成弐拾七年五月拾七日午後八時参拾分東京都千代田区で死亡同月拾八日

親族甲野花子届出除籍㊞

父　甲野義太郎

母　松子

長男

夫　義雄

出生　昭和弐拾八年参月四日

（出生事項省略）
（婚姻事項省略）
平成弐拾七年五月拾七日夫死亡㊞
平成弐拾八年九月七日午後拾時弐分東京都新宿区で死亡同月八日親族甲野
五郎届出除籍㊞

父	乙川哲夫
母	芳子
	長女
妻	~~花子~~
出生	昭和弐拾八年九月拾日

昭和五拾壱年六月八日東京都千代田区で出生同月弐拾日~~父~~（甲野義雄）届出入籍㊞
平成参拾年参月壱日東京都台東区浅草二丁目十五番地丙原信夫認知の裁判
確定同月拾日申請父の記載消除父母との続柄訂正㊞
平成参拾年参月壱日東京都台東区浅草二丁目十五番地丙原信夫認知の裁判
確定同月拾日届出㊞

父	~~甲野義雄~~ **丙原信夫**
母	**甲野花子**
	~~長男~~ 長男
	春夫
出生	昭和五拾壱年六月八日

実父の戸籍

本籍	東京都台東区浅草二丁目十五番地
氏名	丙原信夫

（編製事項省略）

（出生事項省略）

平成参拾年参月壱日東京都千代田区平河町一丁目五番地甲野義雄同籍春夫を認知の裁判確定同月拾日甲野春夫届出同月拾参日同区長から送付㊞

父	丙原良夫
母	芳子
続柄	長男
	信夫
出生	昭和参拾壱年五月八日

父母の戸籍（母との親子関係が否定されていないとき）（コンピュータシステムによる証明書記載例）

（2の1）　全部事項証明

本　　籍 氏　　名	東京都千代田区平河町一丁目５番地 甲野　義雄
戸籍事項 　戸籍編製	（編製事項省略）
戸籍に記録されている者 除　　籍	【名】義雄 【生年月日】昭和２８年３月４日 【父】甲野義太郎 【母】甲野松子 【続柄】長男
身分事項 　出　　生	（出生事項省略）
婚　　姻	（婚姻事項省略）
死　　亡	【死亡日】平成２７年５月１７日 【死亡時分】午後８時３０分 【死亡地】東京都千代田区 【届出日】平成２７年５月１８日 【届出人】親族　甲野花子
戸籍に記録されている者 除　　籍	【名】花子 【生年月日】昭和２８年９月１０日 【父】乙川哲夫 【母】乙川芳子 【続柄】長女
身分事項 　出　　生	（出生事項省略）
婚　　姻	（婚姻事項省略）
配偶者の死亡	【配偶者の死亡日】平成２７年５月１７日
死　　亡	【死亡日】平成２８年９月７日 【死亡時分】午後１０時２分 【死亡地】東京都新宿区 【届出日】平成２８年９月８日 【届出人】親族　甲野五郎
戸籍に記録されている者	【名】春夫 【生年月日】昭和５１年６月８日 **【父】丙原信夫** 【母】甲野花子 **【続柄】長男**

発行番号

（２の２）　全部事項証明

身分事項 出　　生	【出生日】昭和５１年６月８日 【出生地】東京都千代田区 【届出日】昭和５１年６月２０日 【届出人】甲野義雄
訂　　正	【訂正日】平成３０年３月１０日 【訂正事由】東京都台東区浅草二丁目１５番地丙原信夫認知の裁判確定 【裁判確定日】平成３０年３月１日 【申請日】平成３０年３月１０日 【従前の記録】 　【届出人】父
消　　除	【消除日】平成３０年３月１０日 【消除事項】父の氏名 【消除事由】東京都台東区浅草二丁目１５番地丙原信夫認知の裁判確定 【裁判確定日】平成３０年３月１日 【申請日】平成３０年３月１０日 【関連訂正事項】父母との続柄 【従前の記録】 　【父】甲野義雄 　【父母との続柄】男
認　　知	【認知の裁判確定日】平成３０年３月１日 【認知者氏名】丙原信夫 【認知者の戸籍】東京都台東区浅草二丁目１５番地　丙原信夫 【届出日】平成３０年３月１０日
	以下余白

発行番号

〔注〕１　「戸籍に記録されている者」欄に係る記録（本事例では「父の氏名」）を消除する場合は，身分事項に基本タイトル（左端タイトル）「消除」を付した上で当該訂正処理事項を記録する。また，【父母との続柄】の訂正については，父の氏名の消除事項に併せて【関連訂正事項】として処理する。なお，本事例では，父母の嫡出子として記録されている続柄「長男」を，母が分娩した嫡出でない子の順による続柄「長男」と訂正している（平成16・11・1民一3008号通達参照）。

２　出生事項中の【届出人】の訂正のように，身分事項の一部を訂正する場合には，段落ちタイトル「訂正」により処理を行う。

実父の戸籍（コンピュータシステムによる証明書記載例）

（1の1）　全部事項証明

本　　籍 氏　　名	東京都台東区浅草二丁目１５番地 丙原　信夫
戸籍事項 戸籍編製	（編製事項省略）
戸籍に記録されている者	【名】信夫 【生年月日】昭和３１年５月８日 【父】丙原良夫 【母】丙原芳子 【続柄】長男
身分事項 出　　生	（出生事項省略）
認　　知	**【認知の裁判確定日】平成３０年３月１日** **【認知した子の氏名】甲野春夫** **【認知した子の戸籍】東京都千代田区平河町一丁目５番地　甲野義雄** **【届出日】平成３０年３月１０日** **【届出人】甲野春夫** **【送付を受けた日】平成３０年３月１３日** **【受理者】東京都千代田区長**
	以下余白

発行番号

問23　母の婚姻前に出生した嫡出でない子が、母の夫に認知されて準正嫡出子の身分を取得し、入籍の届出により父母の戸籍に入籍した後、父母が協議離婚し、同時に母の戸籍法第七七条の二の届出により新戸籍が編製されたところ、右の子について認知無効の裁判が確定した場合

解説

一　民法第七八九条の規定により、準正嫡出子の身分を取得した子（母の婚姻前の戸籍に在籍）が婚姻中の父母の氏を称してその戸籍に入籍するには、家庭裁判所の許可を得ることなく、戸籍法第九八条に定める入籍届によってすることとされている（民七九一条二項、昭和六二・一〇・一民二―第五〇〇〇号通達第5の1(1)）。従前は、準正嫡出子の身分を取得した子は、その身分取得と同時に当然に父母の氏を称してその戸籍に入籍するものとされていたが（昭和三五・一二・一六民事甲三〇九一号通達）、昭和六二年法律第一〇一号による民法の一部改正を機に右のとおり改められた（前掲通達第5の3）。

二　ところで、母の夫の認知により準正嫡出子の身分を取得した子が、前述の入籍届により婚姻中の父母の戸籍に入籍した後において認知無効の裁判があった場合には、結果的には、子は準正嫡出子の身分を取得しなかったこととなり、したがって、その入籍届は、民法第七九一条第二項及び戸籍法第九八条の要件を欠く無効な届出であるということになる。

三　本問は、右の場合における戸籍訂正の例である。すなわち、準正嫡出子が婚姻中の父母の戸籍に入籍後、父母が右の子の親権者を母と定めて協議離婚をすると同時に、母が戸籍法第七七条の二の届出をして新戸籍が編製された後において認知無効の裁判が確定した場合である。この場合、当該認知無効の裁判確定に基づく戸籍法第一一六条の戸籍訂正申請により所要の訂正を行うこととなる（後述**四**参照）が、入籍届出事項の訂正については、別途戸籍法第一一四条の戸籍訂正許可の審判を得てすることになる〔**注**〕。

四　以上の趣旨による本問の戸籍訂正の処理方法は、次のとおりである。

1　父母の戸籍について

①　認知無効の裁判による戸籍訂正申請により、次のとおり訂正する。

ア　子について、父の記載を消除し、父母との続柄を嫡出子としての続柄から嫡出でない子としての続柄に訂正する（平成一六・一一・一民一―三〇〇八号通達参照）。また、父母の協議離婚の際に記載された親権者指定事項も消除する。

イ　父について、認知無効の裁判確定の旨の記載をして、認知事項を消除する。

②　子の入籍届出無効による戸籍訂正申請により、子について、入籍前の戸籍に回復させる。

2　子の回復戸籍について

①　前記入籍届出無効の戸籍訂正申請により、子を入籍前の戸籍に回復する。

②　なお、本問の場合には、子は入籍する前の氏（母の氏）に復することになる。前述のとおり、母は夫と離婚すると同時に戸籍法第七七条の二の届出により離婚の際の氏を称している。しかし、この場合、入籍届出無効の戸籍訂正によって子が復する氏は、子が父母の氏を称して入籍する前の氏（いわゆる民法上の氏）であるから、もし、子が母の右の戸籍に入籍するには、別途母と同籍する旨の入籍届をすることが必要である（昭和五一・一一・四民二―五三五一号通達）。

3　母の戸籍について

① 子が父母の戸籍に入籍した当時の母の戸籍が除籍されているときは、その戸籍を回復した上で、子を回復することになる。この場合、身分事項欄には、回復に関する訂正事項の記載は不要である。

② 母の戸籍法第七七条の二の届出による新戸籍については、何らの処理も必要としない。

〔注〕従前の取扱いにより、準正嫡出子がその身分取得と同時に父母の戸籍に入籍した後に、認知無効の裁判が確定した事例の場合は、同裁判による戸籍訂正の際に子を入籍前の戸籍に回復する訂正が認められる（問21参照）。

【戸籍訂正申請書式】

戸籍訂正申請

東京都千代田 市㋙ 町村 長　殿

平成28年2月10日申請

受付	平成28年2月10日	戸籍	
	第　102　号	調査	
		記載	
		記載調査	
		送付	
		住民票	
		記載	
		通知	
		附票	
		記載	
		通知	

(一)	事件本人	本籍	東京都千代田区平河町１丁目５番地	
		筆頭者氏名	甲　野　義　雄	
(二)		住所及び世帯主氏名	東京都杉並区方南４丁目３番２号　甲野花子	東京都千代田区飯田橋３丁目10番８号　甲野義雄
(三)		氏名	甲　野　雪　夫	甲　野　義　雄
		生年月日	平成14年10月11日	昭和48年4月5日
(四)	裁判の種類		認知無効の裁判	
	裁判確定年月日		平成28年2月5日	
(五)	訂正の趣旨		事件本人甲野雪夫は甲野義雄に認知されて準正嫡出子の身分を取得し、同人の戸籍に入籍しているところ、父母離婚、母が戸籍法第77条の２により新戸籍を編製した後、平成28年２月５日認知無効の裁判が確定したので、関連戸籍について下記のとおり訂正する。 (1)　上記甲野義雄の戸籍について 認知無効の裁判確定により、義雄の身分事項欄の認知事項を消除する。事件本人雪夫について認知事項、親権者指定事項を消除する。 (2)　東京都杉並区方南４丁目９番地丙原花子除籍について 雪夫についての認知事項を消除する。	
(六)	添付書類		裁判の謄本、確定証明書	
(七)	申請人	本籍	東京都杉並区方南４丁目９番地	
		筆頭者氏名	甲　野　花　子	
		住所	東京都杉並区方南４丁目３番２号	
		署名押印	甲　野　花　子　㊞	
		生年月日	昭和49年2月3日	

（注　意）

事件本人又は申請人が二人以上であるときは、必要に応じ該当欄を区切って記載すること。

戸籍訂正申請

東京都千代田 市㊀町村 長 殿

(The marked option is the circled 区.)

平成28年4月6日申請

受付	平成28年4月6日	戸籍
	第　104　号	調査

(一)	事件本人	本籍	東京都千代田区平河町１丁目５番地
		筆頭者氏名	甲　野　義　雄
(二)		住所及び世帯主氏名	東京都杉並区方南４丁目３番２号　甲野花子
(三)		氏名	甲　野　雪　夫
		生年月日	平成14年10月11日
(四)	裁判の種類		戸籍訂正許可の裁判
	裁判確定年月日		平成28年4月2日
(五)	訂正の趣旨		事件本人甲野雪夫は、甲野義雄の認知により準正嫡出子の身分を取得し、入籍の届出により同人の戸籍に入籍していたところ、平成28年２月５日甲野義雄の認知無効の裁判が確定したので、準正嫡出子として父母の戸籍に入籍したことは無効であるため、下記のとおり訂正する。 (1)　甲野義雄の戸籍について 　事件本人雪夫の入籍届出無効により入籍事項を消除する。 (2)　東京都杉並区方南４丁目９番地丙原花子除籍について 　同雪夫の入籍届出無効につき入籍による除籍事項を消除するとともに、同除籍を回復の上、雪夫を回復する。 (3)　同所　丙原花子戸籍について 　「(2)」により回復する。
(六)	添付書類		審判の謄本、確定証明書
(七)	申請人	本籍	東京都杉並区方南４丁目９番地
		筆頭者氏名	甲　野　花　子
		住所	東京都杉並区方南４丁目３番２号
		署名押印	甲　野　花　子　㊞
		生年月日	昭和49年2月3日

記載	
記載調査	
送付	
住民票	
記載	
通知	
附票	
記載	
通知	

（注意）
事件本人又は申請人が二人以上であるときは、必要に応じ該当欄を区切って記載すること。

父母の戸籍

本籍	東京都千代田区平河町一丁目五番地
氏名	甲野義雄

平成拾五年七月壱日編製㊞

（出生事項省略）

平成拾五年七月壱日丙原花子と婚姻届出東京都千代田区平河町一丁目五番地甲野義太郎戸籍から入籍㊞

~~平成拾五年七月八日東京都杉並区方南四丁目九番地丙原花子同籍雪夫を認知届出㊞~~

平成弐拾七年拾壱月拾日妻花子と協議離婚届出㊞

平成弐拾八年弐月五日丙原雪夫を認知無効の裁判確定同月拾日甲野花子申請認知の記載消除㊞

父	甲野義太郎
母	松子
	長男
~~夫~~	義雄
出生	昭和四拾八年四月五日

（出生事項省略）

平成拾五年七月壱日甲野義雄と婚姻届出東京都杉並区方南四丁目九番地丙原花子戸籍から入籍㊞

平成弐拾七年拾壱月拾日夫義雄と協議離婚届出㊞

同日戸籍法七十七条の二の届出東京都杉並区方南四丁目九番地に新戸籍編製につき除籍㊞

父	丙原忠治
母	杉子
	長女
妻	花子
生出	昭和四拾九年弐月参日

（出生事項省略）

~~平成拾八年五月四日父母の氏を称する入籍親権者父母届出同月八日東京都杉並区長から送付同区方南四丁目九番地丙原花子戸籍から入籍㊞~~

~~平成弐拾七年拾壱月拾日親権者を母と定める旨父母届出㊞~~

平成弐拾八年弐月五日認知無効の裁判確定同月拾日母申請父の記載及び親権者を定める記載消除父母との続柄訂正㊞

父母の氏を称する入籍届出無効につき平成弐拾八年四月弐日戸籍訂正許可の裁判確定同月六日母申請消除㊞

父	~~甲野義雄~~
母	花子
	~~長男~~ 長男
	~~雪夫~~
生出	平成拾四年拾月拾壱日

母の婚姻前の戸籍

除籍

本籍　東京都杉並区方南四丁目九番地

氏名　丙原花子

平成拾四年拾月弐拾五日編製㊞

~~平成拾八年五月四日消除㊞~~

戸籍消除の記載は錯誤につき平成弐拾八年四月拾日その記載消除㊞

（出生事項省略）

子の出生届出平成拾四年拾月弐拾五日東京都杉並区方南四丁目九番地丙原忠治戸籍から入籍㊞

平成拾五年七月壱日甲野義雄と婚姻届出同月参日東京都千代田区長から送付同区平河町一丁目五番地に夫の氏の新戸籍編製につき除籍㊞

父　丙原忠治

母　杉子

長女

花子

出生　昭和四拾九年弐月参日

（出生事項省略）

~~平成拾五年七月八日東京都千代田区平河町一丁目五番地甲野義雄認知届出同月拾日同区長から送付父母との続柄訂正㊞~~

~~平成拾八年五月四日父母の氏を称する入籍親権者父母届出東京都千代田区平河町一丁目五番地甲野義雄戸籍に入籍につき除籍㊞~~

平成弐拾八年弐月五日認知無効の裁判確定同月拾日母申請同月拾四日東京都千代田区長から送付認知事項消除父母との続柄訂正㊞

父母の氏を称する入籍届出無効につき平成弐拾八年四月弐日戸籍訂正許可の裁判確定同月六日母申請同月拾日東京都千代田区長から送付その記載消除㊞

父	~~甲野義雄~~
母	~~丙原花子~~
~~長男~~ 男	

~~雪夫~~

出生　平成拾四年拾月拾壱日

母の回復後の戸籍

本籍	東京都杉並区方南四丁目九番地
氏名	丙原花子

平成拾四年拾月弐拾五日編製㊞

戸籍消除の記載は錯誤につき平成弐拾八年四月弐日戸籍訂正許可の裁判確定同月六日申請同月拾日東京都千代田区長から送付回復㊞

（出生事項省略）

父	
母	甲野花子
長男	
	雪夫
出生	平成拾四年拾月拾壱日

母離婚後の戸籍

本籍　東京都杉並区方南四丁目九番地

氏名　甲野花子

平成弐拾七年拾壱月拾日戸籍法七十七条の二の届出㊞

平成弐拾七年拾壱月拾弐日編製㊞

（出生事項省略）

平成弐拾七年拾壱月拾日夫義雄と協議離婚届出㊞

同日戸籍法七十七条の二の届出同月拾弐日東京都千代田区長から送付同区平河町一丁目五番地甲野義雄戸籍から入籍㊞

父　丙原忠治

母　杉子

長女

花子

出生　昭和四拾九年弐月参日

父母の戸籍（コンピュータシステムによる証明書記載例）

（3の1）　全部事項証明

本　　籍 氏　　名	東京都千代田区平河町一丁目５番地 甲野　義雄
戸籍事項 　戸籍編製	【編製日】平成１５年７月１日
戸籍に記録されている者	【名】義雄 【生年月日】昭和４８年４月５日 【父】甲野義太郎 【母】甲野松子 【続柄】長男
身分事項 　出　　生	（出生事項省略）
婚　　姻	【婚姻日】平成１５年７月１日 【配偶者氏名】丙原花子 【従前戸籍】東京都千代田区平河町一丁目５番地　甲野義太郎
離　　婚	【離婚日】平成２７年１１月１０日 【配偶者氏名】甲野花子
消　　除	**【消除日】平成２８年２月１０日** **【消除事項】認知事項** **【消除事由】丙原雪夫を認知無効の裁判確定** **【裁判確定日】平成２８年２月５日** **【申請日】平成２８年２月１０日** **【申請人】甲野花子** **【従前の記録】** 　　**【認知日】平成１５年７月８日** 　　**【認知した子の氏名】丙原雪夫** 　　**【認知した子の戸籍】東京都杉並区方南四丁目９番地　丙原花子**
戸籍に記録されている者 除　　籍	【名】花子 【生年月日】昭和４９年２月３日 【父】丙原忠治 【母】丙原杉子 【続柄】長女
身分事項 　出　　生	（出生事項省略）
婚　　姻	【婚姻日】平成１５年７月１日 【配偶者氏名】甲野義雄 【従前戸籍】東京都杉並区方南四丁目９番地　丙原花子
離　　婚	【離婚日】平成２７年１１月１０日

発行番号

（3の2）　全部事項証明

氏の変更	【配偶者氏名】甲野義雄 【氏変更日】平成２７年１１月１０日 【氏変更の事由】戸籍法７７条の２の届出 【新本籍】東京都杉並区方南四丁目９番地
戸籍に記録されている者 消　　除	【名】雪夫 【生年月日】平成１４年１０月１１日 【父】 【母】甲野花子 【続柄】長男
身分事項 出　　生	（出生事項省略）
消　　除	【消除日】平成２８年２月１０日 【消除事項】父の氏名 【消除事由】認知無効の裁判確定 【裁判確定日】平成２８年２月５日 【申請日】平成２８年２月１０日 【申請人】母 【関連訂正事項】父母との続柄 【従前の記録】 　　【父】甲野義雄 　　【父母との続柄】長男
消　　除	【消除日】平成２８年２月１０日 【消除事項】親権事項 【消除事由】認知無効の裁判確定 【裁判確定日】平成２８年２月５日 【申請日】平成２８年２月１０日 【申請人】母 【従前の記録】 　　【親権者を定めた日】平成２７年１１月１０日 　　【親権者】母 　　【届出人】父母
消　　除	【消除日】平成２８年４月６日 【消除事項】入籍事項 【消除事由】父母の氏を称する入籍届出無効につき戸籍訂正許可の裁判確定 【裁判確定日】平成２８年４月２日 【申請日】平成２８年４月６日 【申請人】母 【従前の記録】 　　【届出日】平成１８年５月４日 　　【入籍事由】父母の氏を称する入籍 　　【届出人】親権者父母 　　【送付を受けた日】平成１８年５月８日 　　【受理者】東京都杉並区長

発行番号

	（3の3）全部事項証明
	【従前戸籍】東京都杉並区方南四丁目９番地　丙原花子
	以下余白

発行番号

〔注〕 1　身分事項（又は戸籍事項）の一事項全てを消除する場合は，基本タイトル（左端タイトル）「消除」により訂正処理を行う。

2　準正嫡出子の身分を取得した子の認知事項については，父母の氏を称する入籍等により他の戸籍に入籍（又は新戸籍を編製）する場合には移記を要しないため（戸規39条１項２号，昭和24・12・20民事甲2904号通達参照），当該戸籍の子の身分事項欄には認知事項の記載はない。なお，認知無効の裁判の確定により，父の氏名を消除する必要がある。

母の婚姻前の戸籍（コンピュータシステムによる証明書記載例）

除　　籍	（3の1）　全部事項証明
本　　籍 氏　　名	東京都杉並区方南四丁目9番地 内原　花子
戸籍事項 　戸籍編製 　消　　除	【編製日】平成14年10月25日 【消除日】平成28年4月10日 【消除事項】戸籍消除事項 【消除事由】戸籍消除の記録錯誤 【従前の記録】 　【消除日】平成18年5月4日
戸籍に記録されている者 除　　籍	【名】花子 【生年月日】昭和49年2月3日 【父】内原忠治 【母】内原杉子 【続柄】長女
身分事項 　出　　生	（出生事項省略）
子の出生	【入籍日】平成14年10月25日 【入籍事由】子の出生届出 【従前戸籍】東京都杉並区方南四丁目9番地　内原忠治
婚　　姻	【婚姻日】平成15年7月1日 【配偶者氏名】甲野義雄 【送付を受けた日】平成15年7月3日 【受理者】東京都千代田区長 【新本籍】東京都千代田区平河町一丁目5番地 【称する氏】夫の氏
戸籍に記録されている者 除　　籍	【名】雪夫 【生年月日】平成14年10月11日 【父】 【母】甲野花子 【続柄】長男
身分事項 　出　　生	（出生事項省略）
更　　正	【更正日】平成15年7月10日 【更正事項】母の氏名 【更正事由】母婚姻 【従前の記録】 　【母】内原花子

発行番号

（3の2）　全部事項証明

消　　除	【消除日】平成２８年２月１４日 【消除事項】認知事項 【消除事由】認知無効の裁判確定 【裁判確定日】平成２８年２月５日 【申請日】平成２８年２月１０日 【申請人】母 【送付を受けた日】平成２８年２月１４日 【受理者】東京都千代田区長 【従前の記録】 　　【認知日】平成１５年７月８日 　　【認知者氏名】甲野義雄 　　【認知者の戸籍】東京都千代田区平河町一丁目５番地　甲野義雄 　　【送付を受けた日】平成１５年７月１０日 　　【受理者】東京都千代田区長 　　【関連訂正事項】父母との続柄 　　【従前の記録】 　　　　【父母との続柄】男
消　　除	【消除日】平成２８年２月１４日 【消除事項】父の氏名 【消除事由】認知無効の裁判確定 【裁判確定日】平成２８年２月５日 【申請日】平成２８年２月１０日 【申請人】母 【送付を受けた日】平成２８年２月１４日 【受理者】東京都千代田区長 【関連訂正事項】父母との続柄 【従前の記録】 　　【父】甲野義雄 　　【父母との続柄】長男
消　　除	【消除日】平成２８年４月１０日 【消除事項】入籍事項 【消除事由】父母の氏を称する入籍届出無効につき戸籍訂正許可の裁判確定 【裁判確定日】平成２８年４月２日 【申請日】平成２８年４月６日 【申請人】母 【送付を受けた日】平成２８年４月１０日 【受理者】東京都千代田区長 【従前の記録】 　　【届出日】平成１８年５月４日 　　【除籍事由】父母の氏を称する入籍 　　【届出人】親権者父母

発行番号

（3の3）　全 部 事 項 証 明

	【入籍戸籍】東京都千代田区平河町一丁目５番地　甲野義雄
	以下余白

発行番号

〔注〕 1　本事例の認知事項のように身分事項（又は戸籍事項）の一事項全てを消除する場合は，基本タイトル（左端タイトル）「消除」により訂正処理を行う。なお，本記載例では，従前の記録中の【父母との続柄】は，左４字分を空けて記録しているが，システム上４字分を空けることができない場合は，２字分だけ空けて記録すればよい（新谷雄彦『コンピュータ化戸籍の訂正記載例』172頁）。

2　本事例における子（雪夫）の父母との続柄は，まず，出生当時（平成16年10月31日以前）に嫡出でない子としての続柄「男」が記載され，次に，認知準正による嫡出子としての続柄「長男」に訂正され，その後，認知無効の裁判確定により，母が分娩した嫡出でない子の順による続柄「長男」と訂正されたものである（平成16・11・１民一3008号通達参照）。

母の回復後の戸籍（コンピュータシステムによる証明書記載例）

（1の1）　全部事項証明

本　　籍 氏　　名	東京都杉並区方南四丁目９番地 丙原　花子
戸籍事項 　戸籍編製 　**戸籍回復**	【編製日】平成１４年１０月２５日 **【回復日】平成２８年４月１０日** **【回復事由】戸籍消除の記録錯誤につき戸籍訂正許可の裁判確定** **【裁判確定日】平成２８年４月２日** **【申請日】平成２８年４月６日** **【送付を受けた日】平成２８年４月１０日** **【受理者】東京都千代田区長**
戸籍に記録されている者	【名】雪夫 【生年月日】平成１４年１０月１１日 【父】 【母】甲野花子 【続柄】長男
身分事項 　出　　生	（出生事項省略）
	以下余白

発行番号

母の離婚後の戸籍（コンピュータシステムによる証明書記載例）

（1の1）　全部事項証明

本　　籍	東京都杉並区方南四丁目9番地
氏　　名	甲野　花子
戸籍事項 戸籍事項 氏の変更	 【氏変更日】平成27年11月10日 【氏変更の事由】戸籍法77条の2の届出 【編製日】平成27年11月12日
戸籍に記録されている者	 【名】花子 【生年月日】昭和49年2月3日 【父】丙原忠治 【母】丙原杉子 【続柄】長女
身分事項 出　生	 （出生事項省略）
離　婚	【離婚日】平成27年11月10日 【配偶者氏名】甲野義雄
氏の変更	【氏変更日】平成27年11月10日 【氏変更の事由】戸籍法77条の2の届出 【送付を受けた日】平成27年11月12日 【受理者】東京都千代田区長 【従前戸籍】東京都千代田区平河町一丁目5番地　甲野義雄
	以下余白

発行番号

問24　甲男と乙女との間に嫡出でない子丙が出生したが、その出生届未済のうちに乙女は丁男と婚姻した後、子丙について丁男から乙女との嫡出子として出生届がなされてその戸籍に入籍した後、丙と丁男との間の父子関係を否定して戸籍訂正をする場合

解説

一　本問は、甲男と乙女との間に嫡出でない子として出生した丙について、その出生届が未済のうちに母乙女が丁男と婚姻をした後、丁男から丙を乙女との間の嫡出子として出生届（戸六二条）をした後において、丁男と丙との間の父子関係を否定して、戸籍上の父子関係を実体に合致するよう整序する場合の戸籍訂正の事例である。

二　ところで、右の場合、丁男からされた丙の出生の届出は、戸籍法第六二条に規定する認知の届出の効力を有する嫡出子出生届に該当する。したがって、丙と丁男との間の父子関係を否定するには、認知無効の確定判決（又は審判。以下同じ）によるべきであって、父子関係不存在確認の裁判によるべきではないと解されている（昭和三四・七・九第五三回法務省、裁判所戸籍事務連絡協議会結論）〔注〕。

右により丙に対する丁男の認知無効の裁判が確定したときは、これに基づく戸籍法第一一六条の戸籍訂正申請により、丙を現在の戸籍（前記嫡出子出生届によって入籍した戸籍）から消除し、出生当時の母乙女の戸籍（すなわち、婚姻前の戸籍）に入籍させる処理をすることとなる。丙はそもそも母乙女の婚姻外の出生子（したがって、嫡出でない子）であるからである。

三　以上の趣旨による戸籍訂正の処理方法は、次のとおりである。

1　乙女と丁男夫婦の戸籍について

認知無効の裁判が確定したことにより、丙は嫡出でない子ということになるので、丙を右夫婦の戸籍から消除し、出生当時の母の戸籍に移記することになる。この場合、丙の身分事項欄に、認知無効の裁判確定の旨を記載するとともに、出生事項中の届出人の氏名及び父母との続柄を訂正し、父欄の記載を消除することとなる。

2　子の出生当時の母乙女の戸籍について

前記1の戸籍から、子丙を移記する。もし、右母の戸籍が全員除籍により消除（除籍）されているときは、これを回復した上で、丙を移記することとなる。もっとも、この場合、母乙女が当該戸籍の在籍者（すなわち、丙にとって祖父母の戸籍）であるときは、後記3より処理することとなる。

3　子丙について新戸籍を編製するとき

前記の戸籍訂正申請により、丙を移記するべき戸籍が、母乙女の親（丙の祖父母）の戸籍である場合には、丙と母乙女との関連をつけるために、丙をいったん右の戸籍に移記した上で、同日付けで子丙について新戸籍を編製することになる。

〔注〕もっとも、この場合に、丙と丁男との間に親子関係不存在確認の裁判が確定し、これに基づき戸籍法第一一六条の戸籍訂正申請がなされたときは、これを受理し、所定の戸籍訂正をすることとされている（昭和二八・一・一三民事甲六号回答、『改訂設題解説戸籍実務の処理Ⅻ戸籍訂正各論編⑵出生（下）』二〇七頁参照）。

【戸籍訂正申請書式】

戸籍訂正申請

東京都千代田 市区町村 長　殿

平成 30 年 7 月 30 日申請

受付	平成 30 年 7 月 30 日	戸　籍	
	第　127　号	調査	
		記載	
		記載調査	
		送付	
		住民票	
		記載	
		通知	
		附　票	
		記載	
		通知	

(一)	事件本人	本　籍	東京都千代田区平河町１丁目５番地
		筆頭者氏名	甲　野　義　雄
(二)		住所及び世帯主氏名	東京都千代田区飯田橋３丁目10番８号　甲野義雄
(三)		氏　名	甲　野　雪　夫
		生年月日	平成 27 年 5 月 10 日
(四)	裁判の種類		認知無効の裁判
	裁判確定年月日		平成 30 年 7 月 23 日
(五)	訂正の趣旨		事件本人は平成28年２月５日甲野義雄の戸籍法62条の出生届によって同人の戸籍に入籍していたところ、平成30年７月23日に認知無効の裁判が確定したので、次のとおり訂正する。 １　上記戸籍について 　事件本人につき、認知無効の裁判確定により父の記憶を消除し、父母との続柄等を訂正の上、出生当時の母の戸籍に移記し消除する。 ２　東京都杉並区方南４丁目９番地乙川忠治戸籍について 　母花子は甲野義雄と婚姻し除籍されているが、母との関連をつけるため、事件本人を上記祖父母の戸籍に一旦移記し、同時に同所同番地に事件本人を筆頭者とする新戸籍を編製する。
(六)	添付書類		裁判の謄本、確定証明書
(七)	申請人	本　籍	東京都千代田区平河町１丁目５番地
		筆頭者氏名	甲　野　義　雄
		住　所	東京都千代田区飯田橋３丁目10番８号
		署名押印	甲　野　花　子　㊞
		生年月日	昭和 63 年 6 月 2 日

（注　意）

事件本人又は申請人が二人以上であるときは、必要に応じ該当欄を区切って記載すること。

父母の戸籍

本籍	東京都千代田区平河町一丁目五番地
氏名	甲野義雄

平成弐拾八年壱月拾五日編製㊞

（出生事項省略）

平成弐拾八年壱月拾五日乙川花子と婚姻届出東京都千代田区平河町一丁目五番地甲野義太郎戸籍から入籍㊞

父	甲野義太郎
母	松子
	長男
夫	義雄
出生	昭和五拾八年九月参日

（出生事項省略）
平成弐拾八年壱月拾五日甲野義雄と婚姻届出東京都杉並区方南四丁目九番
地乙川忠治戸籍から入籍㊞

父	乙川忠治
母	春子
	長女
妻	花子
生出	昭和六拾参年六月弐日

平成弐拾七年五月拾日東京都杉並区で出生平成弐拾八年弐月五日~~父~~甲野義雄届出入
籍㊞
平成参拾年七月弐拾参日認知無効の裁判確定同月参拾日母申請父の記載消
除父母との続柄訂正東京都杉並区方南四丁目九番地乙川忠治戸籍に移記につ
き消除㊞

父	~~甲野義雄~~
母	花子
	長男 ~~長男~~
	~~雪夫~~
生出	平成弐拾七年五月拾日

子の祖父母の戸籍

本籍	東京都杉並区方南四丁目九番地
氏名	乙川忠治

（編製事項省略）

（出生事項省略）

（婚姻除籍事項省略）

父	乙川忠治
母	春子
	長女
	花子
出生	昭和六拾参年六月弐日

平成弐拾七年五月拾日東京都杉並区で出生平成弐拾八年弐月五日甲野義雄
届出入籍㊞
平成参拾年七月弐拾参日認知無効の裁判確定同月参拾日母申請同年八月弐
日東京都千代田区長から送付同区平河町一丁目五番地甲野義雄戸籍から移記
同日東京都杉並区方南四丁目九番地に新戸籍編製につき除籍㊞

父
母　甲野花子
長男
雪夫
出生　平成弐拾七年五月拾日

子の新戸籍

本籍	東京都杉並区方南四丁目九番地
氏名	乙川雪夫

平成参拾年八月弐日編製㊞

（出生事項省略）

平成参拾年七月弐拾参日認知無効の裁判確定同月参拾日母申請同年八月弐日東京都千代田区長から送付東京都杉並区方南四丁目九番地乙川忠治戸籍から入籍㊞

父	
母	甲野花子
	長男
	雪夫
出生	平成弐拾七年五月拾日

父母の戸籍（コンピュータシステムによる証明書記載例）

（２の１）　全 部 事 項 証 明

本　　　籍 氏　　　名	東京都千代田区平河町一丁目５番地 甲野　義雄
戸籍事項 　戸籍編製	【編製日】平成２８年１月１５日
戸籍に記録されている者	【名】義雄 【生年月日】昭和５８年９月３日　　　　【配偶者区分】夫 【父】甲野義太郎 【母】甲野松子 【続柄】長男
身分事項 　出　　生	（出生事項省略）
婚　　姻	【婚姻日】平成２８年１月１５日 【配偶者氏名】乙川花子 【従前戸籍】東京都千代田区平河町一丁目５番地　甲野義太郎
戸籍に記録されている者	【名】花子 【生年月日】昭和６３年６月２日　　　　【配偶者区分】妻 【父】乙川忠治 【母】乙川春子 【続柄】長女
身分事項 　出　　生	（出生事項省略）
婚　　姻	【婚姻日】平成２８年１月１５日 【配偶者氏名】甲野義雄 【従前戸籍】東京都杉並区方南四丁目９番地　乙川忠治
戸籍に記録されている者 **消　　除**	【名】雪夫 【生年月日】平成２７年５月１０日 **【父】** 【母】甲野花子 **【続柄】長男**
身分事項 　出　　生	【出生日】平成２７年５月１０日 【出生地】東京都杉並区 【届出日】平成２８年２月５日 **【届出人】甲野義雄**
訂　　正	**【訂正日】平成３０年７月３０日** **【訂正事由】認知無効の裁判確定**

発行番号

（2の2）　全部事項証明

	【裁判確定日】平成３０年７月２３日 【申請日】平成３０年７月３０日 【申請人】母 【従前の記録】 　　【届出人】父
消　　除	【消除日】平成３０年７月３０日 【消除事項】父の氏名 【消除事由】認知無効の裁判確定 【裁判確定日】平成３０年７月２３日 【申請日】平成３０年７月３０日 【申請人】母 【関連訂正事項】父母との続柄 【従前の記録】 　　【父】甲野義雄 　　【父母との続柄】長男
移　　記	【移記日】平成３０年７月３０日 【移記事項】出生事項 【移記事由】認知無効の裁判確定 【裁判確定日】平成３０年７月２３日 【申請日】平成３０年７月３０日 【申請人】母 【移記後の戸籍】東京都杉並区方南四丁目９番地　乙川忠治
	以下余白

発行番号

〔注〕 1 「戸籍に記録されている者」欄に係る記録（本事例では「父の氏名」）を消除する場合は，身分事項に基本タイトル（左端タイトル）「消除」を付した上で当該訂正処理事項を記録する。

2 【父母との続柄】の訂正については，上記１の父の氏名の消除事項に併せて【関連訂正事項】として処理する。本事例では，父母の嫡出子として記録されている続柄「長男」を，母が分娩した嫡出でない子の順による続柄「長男」と訂正する（平成16・11・１民一3008号通達参照）。

3 本事例の雪夫の出生事項のように，他の戸籍に移記するために身分事項（又は戸籍事項）を消除する場合は，基本タイトル（左端タイトル）「移記」によりその旨の記録をする。

子の祖父母の戸籍（コンピュータシステムによる証明書記載例）

（2の1）　全部事項証明

本　　籍 氏　　名	東京都杉並区方南四丁目９番地 乙川　忠治
戸籍事項 戸籍編製	（編製事項省略）
戸籍に記録されている者 除　　籍	【名】花子 【生年月日】昭和６３年６月２日 【父】乙川忠治 【母】乙川春子 【続柄】長女
身分事項 出　　生	（出生事項省略）
婚　　姻	（婚姻除籍事項省略）
戸籍に記録されている者 除　　籍	【名】雪夫 【生年月日】平成２７年５月１０日 【父】 【母】甲野花子 【続柄】長男
身分事項 出　　生	【出生日】平成２７年５月１０日 【出生地】東京都杉並区 【届出日】平成２８年２月５日 【届出人】甲野義雄
移　　記	**【移記日】平成３０年８月２日 【移記事由】認知無効の裁判確定 【裁判確定日】平成３０年７月２３日 【申請日】平成３０年７月３０日 【申請人】母 【送付を受けた日】平成３０年８月２日 【受理者】東京都千代田区長 【移記前の戸籍】東京都千代田区平河町一丁目５番地　甲野義雄**
除　　籍	**【除籍日】平成３０年８月２日 【除籍事由】認知無効の裁判確定 【裁判確定日】平成３０年７月２３日 【申請日】平成３０年７月３０日 【申請人】母 【送付を受けた日】平成３０年８月２日**

発行番号

（2の2）　全部事項証明

	【受理者】東京都千代田区長 【新本籍】東京都杉並区方南四丁目９番地
	以下余白

発行番号

〔注〕 1　一旦，母の従前戸籍の末尾に子の記録を移記し，併せて除籍事項を記録して当該子を除籍する。

2　本事例の雪夫の出生事項のように，移記により身分事項（又は戸籍事項）を記録する場合は，当該身分事項（又は戸籍事項）を記録の上，その直下に段落ちタイトル「移記」を付して，移記した旨の記録をする。

子の新戸籍（コンピュータシステムによる証明書記載例）

（1の1）　全部事項証明

本　　籍 氏　　名	東京都杉並区方南四丁目９番地 乙川　雪夫
戸籍事項 **戸籍編製**	**【編製日】平成３０年８月２日**
戸籍に記録されている者	【名】雪夫 【生年月日】平成２７年５月１０日 【父】 【母】甲野花子 【続柄】長男
身分事項 出　　生	【出生日】平成２７年５月１０日 【出生地】東京都杉並区 【届出日】平成２８年２月５日 【届出人】甲野義雄
入　　籍	**【入籍日】平成３０年８月２日** **【入籍事由】認知無効の裁判確定** **【裁判確定日】平成３０年７月２３日** **【申請日】平成３０年７月３０日** **【申請人】母** **【送付を受けた日】平成３０年８月２日** **【受理者】東京都千代田区長** **【従前戸籍】東京都杉並区方南四丁目９番地　乙川忠治**
	以下余白

発行番号

〔**注**〕 子について新戸籍を編製し，入籍事項の記録をする。なお，戸籍編製の年月日は，戸籍編製の原因となった戸籍訂正申請書が受理市町村から送付された年月日である。

問25　A男とB女との間に嫡出でない子として出生したCについて、D男がこれを認知した後DとBが婚姻し、CはEを養子とする縁組をした。C及びDがともに死亡した後に、右の認知が真実に反するものであるとしてその戸籍を訂正する場合

解説

一　本問は、A男とB女との間に出生した嫡出でない子（以下「C」という。）であるにもかかわらず、血縁関係にないDがCを認知した後、実母BとD男が婚姻し、一方、CはEを養子とする縁組をしている場合において、かつ、認知者D及び被認知者Cがともに死亡している現在において、DのCに対する認知が真実に反するとして、Cの戸籍を真実に合致させる場合の戸籍訂正の事例である。

なお、Cの戸籍関係は、後記**四**のとおりである。

二　ところで、認知は、嫡出でない子と父との間に法律上の親子関係を成立させるための法律要件である。したがって、認知者と被認知者との間には、生理学的に真実の父子関係が存在することが不可欠の要件となるので、血縁関係にない者の間において認知が行われても、それによって法律上の父子関係が生ずることはない（最判昭和五〇・九・三〇家月二八巻四号八一頁）。つまり、当該認知は無効である。

三　認知が事実に反し無効である場合には、子その他の利害関係人は反対の事実を主張して認知無効の訴えを提起することができるとされている（民七八六条、人訴二条）。ちなみに認知無効の訴えの当事者については、被認知者が原告となる場合は認知者が被告となり、認知者が原告となる場合は被認知者が被告となるが、被告となる者が死亡している場合は検察官が被告となる（人訴一二条）。また、利害関係人である第三者が原告となるときは、被認知者及び認知者の双方が被告となるが、その一方が死亡している場合は他の一方が被告となり（同条二項）、被告とすべき者が全て死亡している場合は検察官を被告として訴えを提起することになる（同条三項）。

本問の場合は、認知者D及び被認知者Cともに死亡しているため、利害関係人から検察官を被告としてDC間の認知無効の訴えを提起することができるほか、亡Cの養子Eから、真実の父Aを相手方として、亡Cの認知を求める裁判を提起することも考えられる（昭和三五・一一・一五大阪家裁家事部決議）。

四　本問では、後者の方法、すなわち、亡Cの養子Eが、Cの真実の父Aを相手方として亡Cの認知を求める訴訟を提起し、その確定判決（又は家事事件手続法二七七条の合意に相当する審判）を得た場合を例として、その後の戸籍訂正ないし訂正の処理方法等について述べることとする。すなわち、前記のA男（真実の父）と亡C間の認知の裁判が確定したときは、これに基づく戸籍法第一一六条による戸籍訂正申請により、亡D及び亡Cの各身分事項欄に記載の認知事項を消除し、次に、同裁判確定に基づく認知届出（戸六三条）により、父A及び亡Cの各身分事項欄に認知の記載をする（昭和三六・一二・一一民事甲三〇六五号回答）。そして、別途、戸籍法第一一三条による戸籍訂正申請により、関連事項の訂正を行うこととなる。

訂正を要する戸籍は、⑴D男B女夫婦の戸籍、⑵母Bの従前戸籍（Cの出生当時の戸籍）、⑶Cの養子縁組後の戸籍、⑷実父Aの戸籍、⑸養子Eの縁組前の戸籍であり、それぞれ次のとおり訂正をすることとなる。

1　D男B女夫婦の戸籍について

子Cは、実母B女からの嫡出でない子の出生届によりその戸籍に入籍した後に、D男から認知され、次いで、D男B女が婚姻したためCが準正嫡出子となり、父母の氏を称する入籍届によりD男B女の婚姻後の戸籍に在籍しているが、実父AがCを認知する旨の裁判が確定したことにより、Cに対してなされたD男の認知届は虚偽であったことが明らかとなる。

この実父Aの認知の裁判確定に基づいて、戸籍法第一一六条の戸籍訂正申請により、D男B女夫婦の戸籍中、①D男について、その身分事項欄に記載の認知事項を消除し、②C（Eを養子とする縁組届により新戸籍編製につき除籍されている。）について、父欄の記載を消除し、父母との続柄を嫡出子としての続柄から嫡出でない子としての続柄に訂正する。次に、別途、戸籍法第一一三条の戸籍訂正申請により、同戸籍中、Cの身分事項欄に記載の父母の氏を称する入籍事項を消除し、Eとの養子縁組による除籍事項をCの出生当時の戸籍（後記2）に移記につき消除するとともに、同人を同戸籍から全部消除する。

2　母Bの従前戸籍（Cの出生当時の戸籍）について

前記の認知の裁判確定に基づく戸籍法第一一六条の戸籍訂正申請により、Cの身分事項欄に記載の認知事項及び父欄の記載を消除し、父母との続柄を嫡出子としての続柄から嫡出でない子としての続柄に訂正の上、父母婚姻による続柄訂正事項を消除する。続いて、戸籍法第一一三条の戸籍訂正申請により、Cの身分事項欄に、D男B女夫婦の戸籍（前記1）からEとの縁組による除籍事項を移記し、父母の氏を称する入籍事項を消除する（この場合、Cにつき便宜末尾回復を省略する。）。

3　Cの養子縁組後の戸籍について

認知の裁判確定に基づく戸籍法第一一六条の戸籍訂正申請により、Cの父欄の記載を消除し、父母との続柄を嫡出子としての続柄から嫡出でない子としての続柄に訂正した上、同裁判確定に基づく認知届出（戸六三条）によりCの身分事項欄に実父Aの認知事項を記載する。続いて、戸籍法第一一三条の戸籍訂正申請により、筆頭者氏名欄の氏を訂正し、Cについて、養子縁組による入籍事項中従前の戸籍の表示を訂正する。また、養子Eについては、養子縁組事項中及び養父欄の養父の氏を訂正する。

4　実父Aの戸籍について

実父Aの戸籍の身分事項欄には、AのCに対する認知の裁判確定に基づく認知届出（戸六三条）により、認知事項を記載する。

5　養子Eの縁組前の戸籍について

戸籍法第一一三条の戸籍訂正申請により、Eの養子縁組による除籍事項中、養父の氏及び入籍後の戸籍（前記3）の表示を訂正する。

以上の趣旨による戸籍訂正の具体的処理例は、以下に掲げるとおりである。

【戸籍訂正申請書式】

戸籍訂正申請

東京都千代田 市区町村長 殿

平成37年4月19日申請

受付	平成37年4月19日	戸籍
	第 889 号	調査
		記載
		記載調査
		送付
		住民票
		記載
		通知
		附票
		記載
		通知

(一)	事件本人	本籍	東京都千代田区平河町１丁目５番地	東京都千代田区九段南２丁目８番地
		筆頭者氏名	丙原雪夫	丙原広造
(二)		住所及び世帯主氏名		
(三)		氏名	亡 丙原雪夫	亡 丙原広造
		生年月日	昭和63年9月9日	昭和35年2月4日
(四)	裁判の種類		認知の裁判	
	裁判確定年月日		平成37年4月15日	
(五)	訂正の趣旨		事件本人雪夫は平成12年11月２日準正嫡出子の身分を取得し、同日付けで父母の氏を称する入籍届をしたことにより、丙原広造戸籍に入籍していたところ、平成37年４月15日千葉市中央区千葉町２丁目５番地甲野義太郎同籍義雄の雪夫に対する認知の裁判が確定したので、関連戸籍について、次のとおり訂正する。 1　東京都千代田区九段南２丁目８番地丙原広造戸籍について 広造について認知の記載を消除する。 同戸籍の雪夫について、父の記載を消除し父母との続柄を「長男」と訂正の上、父母婚姻による続柄訂正事項を消除する。 2　東京都杉並区方南４丁目９番地乙川春子戸籍について 事件本人雪夫につき、認知事項、父の記載を消除し、父母との続柄を「長男」と訂正する。 3　東京都千代田区平河町１丁目５番地丙原雪夫戸籍について 事件本人雪夫について、父の記載を消除し、父母との続柄を訂正する。	
(六)	添付書類		裁判の謄本、確定証明書、母の申述書	
(七)	申請人	本籍	東京都千代田区平河町１丁目５番地	
		筆頭者氏名	丙原雪夫	
		住所	東京都千代田飯田橋３丁目10番８号	
		署名押印	丙原健一 ㊞	
		生年月日	平成15年4月9日	

（注意）事件本人又は申請人が二人以上であるときは、必要に応じ該当欄を区切って記載すること。

認 知 届

受理 平成 年 月 日 第 号	発送 平成 年 月 日
送付 平成 年 月 日 第 号	長印

書類調査	戸籍記載	記載調査	附票	住民票	通知

平成37年4月19日届出

東京都千代田区 長殿

	認知される子		父母との続き柄	認知する父	
（よみかた）	へい はら	ゆき お		こう の	よし お
氏名	氏 亡丙原	名 雪夫	☑男 □女	氏 甲野	名 義雄
生年月日	昭和63年9月9日			昭和43年9月6日	
住所（住民登録をしているところ）	~~番地~~ 番 号			千葉市中央区千葉町2丁目 3 ~~番地~~ 番 1 号	
世帯主の氏名				甲野義雄	
本籍（外国人のときは国籍だけを書いてください）	東京都千代田区平河町 1丁目5 番地 ~~番~~			千葉市中央区千葉町2丁目 5 番地 ~~番~~	
筆頭者の氏名	丙原雪夫			甲野義太郎	
認知の種別	□任意認知 ☑審判 平成37年4月15日確定 □判決 年 月 日確定 □遺言認知（遺言執行者 年 月 日就職）				
子の母	氏名 丙原春子 昭和35年12月30日生				
	本籍 東京都千代田区九段南2丁目8 番地 ~~番~~				
	筆頭者の氏名 丙原春子				
その他	□未成年の子を認知する □成年の子を認知する ☑死亡した子を認知する □胎児を認知する 認知される子が死亡しているので、その養子が認知の審判の申立てをしたものである。				
届出人	□父 ☑その他（子の養子 ）				
	住所 東京都千代田区飯田橋3丁目10 ~~番地~~ 番 8 号				
	本籍 東京都千代田区平河町1丁目5 番地 ~~番~~ 筆頭者の氏名 丙原雪夫				
	署名 丙原健一 ㊞ 平成15年4月9日生				

【戸籍訂正申請書式】

戸籍訂正申請

東京都千代田 市区町村（区に丸印） 長　殿

平成37年6月5日申請

受付	平成37年6月5日
	第 1265 号

(一)	事件本人	本籍	東京都千代田区九段南2丁目8番地
		筆頭者氏名	丙原広造
(二)		住所及び世帯主氏名	
(三)		氏名	丙原雪夫
		生年月日	昭和63年9月9日
(四)	裁判の種類		戸籍訂正許可の裁判
	裁判確定年月日		平成37年6月2日
(五)	訂正の趣旨		事件本人雪夫は平成12年11月2日準正嫡出子の身分を取得し、同日付けで父母の氏を称する入籍届をしたことにより、丙原広造戸籍に入籍していたところ、平成37年4月15日千葉市中央区千葉町2丁目5番地甲野義太郎同籍義雄の雪夫に対する認知の裁判が確定したので、これに基づく上記戸籍訂正許可の裁判により、関連戸籍につき下記のとおり訂正する。 1　東京都千代田区九段南2丁目8番地丙原広造戸籍について 　雪夫について、父母の氏を称する入籍事項を消除し、丁山健一を養子とする縁組事項を、入籍前の戸籍である「東京都杉並区方南4丁目9番地乙川春子」戸籍に移記につき消除する。 2　東京都杉並区方南4丁目9番地乙川春子戸籍について 　雪夫について、丁山健一を養子とする縁組事項を前記1の戸籍から移記の上、父母の氏を称する入籍事項を消除する。 3　東京都千代田区平河町1丁目5番地丙原雪夫戸籍について 　筆頭者氏名欄の氏を「乙川」と訂正し、雪夫について縁組事項中従前戸籍の表示を、養子健一について縁組事項中及び養父欄の養父の氏を訂正する。 4　千葉市中央区中央港1丁目10番地丁山健介戸籍について 　健一につき、縁組事項中の養父の氏及び入籍戸籍の筆頭者の氏を「乙川」と訂正する。
(六)	添付書類		審判の謄本、確定証明書
(七)	申請人	本籍	東京都千代田区平河町1丁目5番地
		筆頭者氏名	丙原雪夫
		住所	東京都千代田区飯田橋3丁目10番8号
		署名押印	丙原健一　㊞
		生年月日	平成15年4月9日

戸籍	
調査	
記載	
記載調査	
送付	
住民票	
記載	
通知	
附票	
記載	
通知	

（注意）

事件本人又は申請人が二人以上であるときは、必要に応じ該当欄を区切って記載すること。

父母の戸籍

本籍	東京都千代田区九段南二丁目八番地
氏名	丙原広造

（編製事項省略）

（出生事項省略）

（分籍事項省略）

~~平成拾弐年七月拾日東京都杉並区方南四丁目九番地乙川春子同籍雪夫を認知届出㊞~~

平成拾弐年拾壱月弐日乙川春子と婚姻届出㊞

（死亡事項省略）

亡丙原雪夫につき平成参拾七年四月拾五日千葉市中央区千葉町二丁目五番地甲野義太郎同籍義雄認知の裁判確定同月拾九日丙原健一申請認知の記載消除㊞

父	丙原孝助
母	ゆき
	二男
夫	~~広造~~
出生	昭和参拾五年弐月四日

（出生事項省略）

平成拾弐年拾壱月弐日丙原広造と婚姻届出東京都杉並区方南四丁目九番地乙川春子戸籍から入籍㊞

（配偶者死亡事項省略）

父	乙川信吉
母	冬子
	女二
妻	春子
出生	昭和参拾五年拾弐月拾参日

昭和六拾参年九月九日東京都杉並区で出生同月拾四日母届出入籍㊞

平成拾弐年拾壱月弐日父母の氏を称する入籍親権者父母届出東京都杉並区方南四丁目九番地乙川春子戸籍から入籍㊞

平成参拾壱年七月八日丁山健一を養子とする縁組届出東京都千代田区平河町一丁目五番地に新戸籍編製につき除籍㊞

平成参拾七年四月拾五日千葉市中央区千葉町二丁目五番地甲野義太郎同籍義雄認知の裁判確定同月拾九日丙原健一申請父の記載消除父母との続柄訂正㊞

平成参拾七年六月弐日戸籍訂正許可の裁判確定同月五日丙原健一申請父母

父	丙原広造
母	春子
	長男
	雪夫
出生	昭和六拾参年九月九日

（次頁に掛紙として続く）

掛紙（前頁雪夫の身分事項）

の氏を称する入籍事項消除の上縁組事項を東京都杉並区方南四丁目九番地乙
川春子戸籍に移記につき消除㊞

母の従前の戸籍

除籍

本籍
東京都杉並区方南四丁目九番地

氏名
乙川春子

（編製事項省略）
平成拾弐年拾壱月五日消除㊞

（出生事項省略）
（子の出生による入籍事項省略）
（婚姻除籍事項省略）

父　乙川信吉
母　冬子
二女

春子

出生　昭和参拾五年拾弐月拾参日

昭和六拾参年九月九日東京都杉並区で出生同月拾四日母届出入籍㊞
平成拾弐年七月拾日東京都千代田区九段南二丁目八番地丙原広造認知届出
同月拾参日同区長から送付㊞
平成拾弐年拾壱月弐日父母婚姻届出同月五日東京都千代田区長から送付父
母との続柄訂正㊞
平成拾弐年拾壱月弐日父母の氏を称する入籍親権者父母届出同月五日東京
都千代田区長から送付東京都千代田区九段南二丁目八番地丙原広造戸籍に入
籍につき除籍㊞
平成参拾七年四月拾五日千葉市中央区千葉町二丁目五番地甲野義太郎同籍

父	丙原広造	長男
母	乙川春子（丙原）	長男
雪夫		
出生	昭和六拾参年九月九日	

掛紙

義雄認知の裁判確定同月拾九日丙原健一申請同月弐拾参日東京都千代田区長
から送付父の記載消除父母との続柄訂正㊞
平成参拾壱年七月八日丁山健一を養子とする縁組届出東京都千代田区平河
町一丁目五番地に新戸籍編製につき除籍㊞
平成参拾七年六月弐日戸籍訂正許可の裁判確定同月五日丙原健一申請同月
八日東京都千代田区長から送付父母の氏を称する入籍事項消除の上養子縁組
事項を東京都千代田区九段南二丁目八番地丙原広造戸籍から移記㊞

養子縁組で編製の戸籍

本籍	東京都千代田区平河町一丁目五番地
氏名	**乙川** ~~丙原~~ 雪夫

平成参拾壱年七月八日編製㊞

平成参拾七年六月弐日戸籍訂正許可の裁判確定同月五日丙原健一申請氏の記載訂正㊞

（出生事項省略）

平成参拾壱年七月八日丁山健一を養子とする縁組届出東京都千代田区九段南十丁目八番地丙原広造戸籍から入籍㊞

（死亡事項省略）

平成参拾七年四月拾五日千葉市中央区千葉町二丁目五番地甲野義太郎同籍義雄認知の裁判確定同月拾九日丙原健一申請父の記載消除父母との続柄訂正㊞

平成参拾七年四月拾五日千葉市中央区千葉町二丁目五番地甲野義太郎同籍義雄認知の裁判確定同月拾九日丙原健一届出㊞

平成参拾七年六月弐日戸籍訂正許可の裁判確定同月五日丙原健一申請養子縁組事項中従前戸籍の表示を「東京都杉並区方南四丁目九番地乙川春子」と訂正㊞

父	**甲野義雄** ~~丙原広造~~
母	丙原春子
続柄	**長男** ~~長男~~
名	~~雪夫~~
出生	昭和六拾参年九月九日

（出生事項省略）

平成参拾壱年七月八日~~丙原~~乙川雪夫の養子となる縁組届出千葉市中央区中央港

一丁目十番地丁山健介戸籍から入籍㊞

平成参拾七年六月弐日戸籍訂正許可の裁判確定同月五日申請養子縁組事項

及び養父欄の養父の氏訂正㊞

父	丁山健介
母	喜美
養父	~~丙原~~乙川雪夫
	長男
	養子
	健一
出生	平成拾五年四月九日

父	
母	
出生	

実父の戸籍

本籍　千葉市中央区千葉町二丁目五番地

氏名　甲野義太郎

（編製事項省略）

（出生事項省略）

平成参拾七年四月拾五日東京都千代田区平河町一丁目五番地亡丙原雪夫を認知の裁判確定同月拾九日丙原健一届出同月弐拾五日同区長から送付㊞

父　甲野義太郎

母　梅子

三男

義雄

出生　昭和四拾参年九月六日

養子の縁組前の戸籍

本籍	千葉市中央区中央港一丁目十番地
氏名	丁山健介

（編製事項省略）

（出生事項省略）

平成参拾壱年七月八日丙原〔乙川〕雪夫の養子となる縁組届出同月拾日東京都千代田区長から送付同区平河町一丁目五番地丙原〔乙川〕雪夫戸籍に入籍につき除籍㊞

平成参拾七年六月弐日戸籍訂正許可の裁判確定同月五日申請同月八日東京都千代田区長から送付養子縁組事項中養父の氏及び入籍戸籍の表示訂正㊞

父	丁山健介
母	喜美
	長男
	健一
出生	平成拾五年四月九日

父母の戸籍（コンピュータシステムによる証明書記載例）

（3の1）　全部事項証明

本　　　籍 氏　　　名	東京都千代田区九段南二丁目８番地 丙原　広造
戸籍事項 　戸籍編製	（編製事項省略）
戸籍に記録されている者 除　　籍	【名】広造 【生年月日】昭和３５年２月４日 【父】丙原孝助 【母】丙原ゆき 【続柄】二男
身分事項 　出　　生	（出生事項省略）
分　　籍	（分籍事項省略）
婚　　姻	【婚姻日】平成１２年１１月２日 【配偶者氏名】乙川春子
死　　亡	（死亡事項省略）
消　　除	**【消除日】平成３７年４月１９日** **【消除事項】認知事項** **【消除事由】亡丙原雪夫につき千葉市中央区千葉町二丁目５番地甲野義太郎同籍義雄認知の裁判確定** **【裁判確定日】平成３７年４月１５日** **【申請日】平成３７年４月１９日** **【申請人】丙原健一** **【従前の記録】** **【認知日】平成１２年７月１０日** **【認知した子の氏名】乙川雪夫** **【認知した子の戸籍】東京都杉並区方南四丁目９番地　乙川春子**
戸籍に記録されている者	【名】春子 【生年月日】昭和３５年１２月１３日 【父】乙川信吉 【母】乙川冬子 【続柄】二女
身分事項 　出　　生	（出生事項省略）
婚　　姻	【婚姻日】平成１２年１１月２日 【配偶者氏名】丙原広造 【従前戸籍】東京都杉並区方南四丁目９番地　乙川春子

発行番号

（3の2）　全 部 事 項 証 明

配偶者の死亡	（配偶者死亡事項省略）
戸籍に記録されている者 消　　除 除　　籍	【名】雪夫 【生年月日】昭和６３年９月９日 【父】 【母】丙原春子 【続柄】長男
身分事項 　出　　生	【出生日】昭和６３年９月９日 【出生地】東京都杉並区 【届出日】昭和６３年９月１４日 【届出人】母
消　　除	【消除日】平成３７年４月１９日 【消除事項】父の氏名 【消除事由】千葉市中央区千葉町二丁目５番地甲野義太郎同籍 　義雄認知の裁判確定 【裁判確定日】平成３７年４月１５日 【申請日】平成３７年４月１９日 【申請人】丙原健一 【関連訂正事項】父母との続柄 【従前の記録】 　　【父】丙原広造 　　【父母との続柄】長男
消　　除	【消除日】平成３７年６月５日 【消除事項】入籍事項 【消除事由】戸籍訂正許可の裁判確定 【裁判確定日】平成３７年６月２日 【申請日】平成３７年６月５日 【申請人】丙原健一 【従前の記録】 　　【届出日】平成１２年１１月２日 　　【入籍事由】父母の氏を称する入籍 　　【届出人】親権者父母 　　【従前戸籍】東京都杉並区方南四丁目９番地　乙川春子
移　　記	【移記日】平成３７年６月５日 【移記事項】縁組事項 【移記事由】戸籍訂正許可の裁判確定 【裁判確定日】平成３７年６月２日 【申請日】平成３７年６月５日 【申請人】丙原健一 【移記後の戸籍】東京都杉並区方南四丁目９番地　乙川春子 【従前の記録】 　　【縁組日】平成３１年７月８日

発行番号

（3の3）　全部事項証明

	【養子氏名】丁山健一 【新本籍】東京都千代田区平河町一丁目５番地
	以下余白

発行番号

〔注〕 1　1 「戸籍に記録されている者」欄に係る記録（本事例では「父母の氏を称する入籍事項」）を消除する場合は，身分事項に基本タイトル（左端タイトル）「消除」を付した上で当該訂正処理事項を記録する。

2　本事例の雪夫の縁組事項のように，他の戸籍に移記するために身分事項（又は戸籍事項）を消除する場合は，基本タイトル（左端タイトル）「移記」によりその旨の記録をする。

母の従前の戸籍（コンピュータシステムによる証明書記載例）

除　　籍	（3の1）　全部事項証明
本　　籍 氏　　名	東京都杉並区方南四丁目9番地 乙川　春子
戸籍事項 　戸籍編製 　戸籍消除	 （編製事項省略） 【消除日】平成12年11月5日
戸籍に記録されている者 除　　籍	【名】春子 【生年月日】昭和35年12月13日 【父】乙川信吉 【母】乙川冬子 【続柄】二女
身分事項 　出　　生	 （出生事項省略）
子の出生	（子の出生による入籍事項省略）
婚　　姻	（婚姻除籍事項省略）
戸籍に記録されている者 除　　籍	【名】雪夫 【生年月日】昭和63年9月9日 **【父】** 【母】丙原春子 **【続柄】長男**
身分事項 　出　　生	 【出生日】昭和63年9月9日 【出生地】東京都杉並区 【届出日】昭和63年9月14日 【届出人】母
消　　除	**【消除日】平成37年4月23日** **【消除事項】認知事項** **【消除事由】千葉市中央区千葉町二丁目5番地甲野義太郎同籍義雄認知の裁判確定** **【裁判確定日】平成37年4月15日** **【申請日】平成37年4月19日** **【申請人】丙原健一** **【送付を受けた日】平成37年4月23日** **【受理者】東京都千代田区長** **【従前の記録】** 　**【認知日】平成12年7月10日** 　**【認知者氏名】丙原広造** 　**【認知者の戸籍】東京都千代田区九段南二丁目8番地　丙原広造** 　**【送付を受けた日】平成12年7月13日**

発行番号

（3の2）　全部事項証明

	【受理者】東京都千代田区長
消　除	【消除日】平成３７年４月２３日 【消除事項】父の氏名 【消除事由】千葉市中央区千葉町二丁目５番地甲野義太郎同籍 　義雄認知の裁判確定 【裁判確定日】平成３７年４月１５日 【申請日】平成３７年４月１９日 【申請人】丙原健一 【送付を受けた日】平成３７年４月２３日 【受理者】東京都千代田区長 【関連訂正事項】父母との続柄 【従前の記録】 　【父】丙原広造 　【父母との続柄】長男
消　除	【消除日】平成３７年４月２３日 【消除事項】父母婚姻による続柄訂正事項 【消除事由】千葉市中央区千葉町二丁目５番地甲野義太郎同籍 　義雄認知の裁判確定 【裁判確定日】平成３７年４月１５日 【申請日】平成３７年４月１９日 【申請人】丙原健一 【送付を受けた日】平成３７年４月２３日 【受理者】東京都千代田区長 【従前の記録】 　【訂正日】平成１２年１１月５日 　【訂正事項】父母との続柄 　【訂正事由】平成１２年１１月２日父母婚姻届出 　【送付を受けた日】平成１２年１１月５日 　【受理者】東京都千代田区長 　【従前の記録】 　　【父母との続柄】男
消　除	【消除日】平成３７年６月８日 【消除事項】入籍事項 【消除事由】戸籍訂正許可の裁判確定 【裁判確定日】平成３７年６月２日 【申請日】平成３７年６月５日 【申請人】丙原健一 【送付を受けた日】平成３７年６月８日 【受理者】東京都千代田区長 【従前の記録】 　【届出日】平成１２年１１月２日 　【除籍事由】父母の氏を称する入籍 　【届出人】親権者父母 　【送付を受けた日】平成１２年１１月５日 　【受理者】東京都千代田区長 　【入籍戸籍】東京都千代田区九段南二丁目８番地　丙原広 　　造

発行番号

（3の3）　全 部 事 項 証 明

養子縁組	【縁組日】平成３１年７月８日 【養子氏名】丁山健一 【新本籍】東京都千代田区平河町一丁目５番地
移　　記	**【移記日】平成３７年６月８日 【移記事由】戸籍訂正許可の裁判確定 【裁判確定日】平成３７年６月２日 【申請日】平成３７年６月５日 【申請人】丙原健一 【送付を受けた日】平成３７年６月８日 【受理者】東京都千代田区長 【移記前の戸籍】東京都千代田区九段南二丁目８番地　丙原広造**
	以下余白

発行番号

〔注〕 本事例の雪夫の縁組事項のように，移記により身分事項（又は戸籍事項）を記録する場合は，当該身分事項（又は戸籍事項）を記録の上，その直下に段落ちタイトル「移記」を付して，移記した旨の記録をする。

養子縁組で編製の戸籍（コンピュータシステムによる証明書記載例）

（2の1）　全部事項証明

本　籍	東京都千代田区平河町一丁目５番地
氏　名	乙川　雪夫
戸籍事項 戸籍編製 **訂　正**	【編製日】平成３１年７月８日 **【訂正日】平成３７年６月５日** **【訂正事項】氏** **【訂正事由】戸籍訂正許可の裁判確定** **【裁判確定日】平成３７年６月２日** **【申請日】平成３７年６月５日** **【申請人】丙原健一** **【従前の記録】** **【氏名】丙原雪夫**
戸籍に記録されている者 除　籍	【名】雪夫 【生年月日】昭和６３年９月９日 **【父】甲野義雄** 【母】丙原春子 **【続柄】長男**
身分事項 出　生	（出生事項省略）
養子縁組	【縁組日】平成３１年７月８日 【養子氏名】丁山健一 【従前戸籍】東京都杉並区方南四丁目９番地　乙川春子
訂　正	**【訂正日】平成３７年６月５日** **【訂正事由】戸籍訂正許可の裁判確定** **【裁判確定日】平成３７年６月２日** **【申請日】平成３７年６月５日** **【申請人】丙原健一** **【従前の記録】** **【従前戸籍】東京都千代田区九段南二丁目８番地　丙原広造**
死　亡	（死亡事項省略）
消　除	**【消除日】平成３７年４月１９日** **【消除事項】父の氏名** **【消除事由】千葉市中央区千葉町二丁目５番地甲野義太郎同籍義雄認知の裁判確定** **【裁判確定日】平成３７年４月１５日** **【申請日】平成３７年４月１９日** **【申請人】丙原健一** **【関連訂正事項】父母との続柄** **【従前の記録】** **【父】丙原広造** **【父母との続柄】長男**

発行番号

（2の2）　全 部 事 項 証 明

認　　知	**【認知の裁判確定日】平成３７年４月１５日** **【認知者氏名】甲野義雄** **【認知者の戸籍】千葉市中央区千葉町二丁目５番地　甲野義太郎** **【届出日】平成３７年４月１９日** **【届出人】丙原健一**
戸籍に記録されている者	【名】健一 【生年月日】平成１５年４月９日 【父】丁山健介 【母】丁山喜美 【続柄】長男 **【養父】乙川雪夫** 【続柄】養子
身分事項 出　　生	（出生事項省略）
養子縁組	【縁組日】平成３１年７月８日 **【養父氏名】乙川雪夫** 【従前戸籍】千葉市中央区中央港一丁目１０番地　丁山健介
訂　　正	**【訂正日】平成３７年６月５日** **【訂正事由】戸籍訂正許可の裁判確定** **【裁判確定日】平成３７年６月２日** **【申請日】平成３７年６月５日** **【従前の記録】** **【養父氏名】丙原雪夫**
訂　　正	**【訂正日】平成３７年６月５日** **【訂正事項】養父の氏名** **【訂正事由】戸籍訂正許可の裁判確定** **【裁判確定日】平成３７年６月２日** **【申請日】平成３７年６月５日** **【従前の記録】** **【養父】丙原雪夫**
	以下余白

発行番号

実父の戸籍（コンピュータシステムによる証明書記載例）

（1の1）　全部事項証明

本　　籍 氏　　名	千葉市中央区千葉町二丁目５番地 甲野　義太郎
戸籍事項 　戸籍編製	（編製事項省略）
戸籍に記録されている者	【名】義雄 【生年月日】昭和４３年９月６日 【父】甲野義太郎 【母】甲野梅子 【続柄】三男
身分事項 　出　　生	（出生事項省略）
認　　知	**【認知の裁判確定日】平成３７年４月１５日** **【認知した子の氏名】亡　丙原雪夫** **【認知した子の戸籍】東京都千代田区平河町一丁目５番地　丙原雪夫** **【届出日】平成３７年４月１９日** **【届出人】丙原健一** **【送付を受けた日】平成３７年４月２５日** **【受理者】東京都千代田区長**
	以下余白

発行番号

養子の縁組前の戸籍（コンピュータシステムによる証明書記載例）

（1の1）　全部事項証明

本　　籍 氏　　名	千葉市中央区中央港一丁目１０番地 丁山　健介
戸籍事項 　戸籍編製	（編製事項省略）
〜〜〜〜	〜〜〜〜
戸籍に記録されている者 除　　籍	【名】健一 【生年月日】平成１５年４月９日 【父】丁山健介 【母】丁山喜美 【続柄】長男
身分事項 　出　　生	（出生事項省略）
養子縁組	【縁組日】平成３１年７月８日 **【養父氏名】乙川雪夫** 【送付を受けた日】平成３１年７月１０日 【受理者】東京都千代田区長 **【入籍戸籍】東京都千代田区平河町一丁目５番地　乙川雪夫**
訂　　正	**【訂正日】平成３７年６月８日** **【訂正事由】戸籍訂正許可の裁判確定** **【裁判確定日】平成３７年６月２日** **【申請日】平成３７年６月５日** **【送付を受けた日】平成３７年６月８日** **【受理者】東京都千代田区長** **【従前の記録】** 　　**【養父氏名】丙原雪夫** 　　**【入籍戸籍】東京都千代田区平河町一丁目５番地　丙原雪夫**
	以下余白

発行番号

問26　認知者が死亡したため、被認知者から検察官を相手方とする認知無効の裁判が確定した場合

解説

一　認知は、いうまでもなく血縁上の父子関係がある場合において、それを基礎として法律上の父子関係を形成するものであるから、認知が真実の父子関係にない者の間で行われた場合には、その認知はそれが誤認によってされた場合であると、故意にされた場合であるとを問わず、無効である。このような認知については、子その他の利害関係人は、反対の事実を主張して認知無効の訴えを提起することができるとされている（民七八六条、人訴二条）。

ところで、認知をした者が死亡している場合、従前は、検察官を相手方とする認知無効の訴えは認められない（昭和一七・一・一七大審院判決・民集二一・一・一四）とされていたが、その後、検察官を被告とする認知無効の訴えを認めるとする最高裁判決（最判平成元・四・六・民集四三・四・一九三）により従来の判例が変更された。そして、平成一五年七月一六日に制定された人事訴訟法（平成一五年法律一〇九号、平成一六年四月一日施行）において、認知無効の訴えの当事者につき、被告とすべき者が死亡し、被告とすべき者がないときは、検察官が被告となる旨が条文に明記されるに至っている（人訴二条二号・一二条三項）。

二　本問は、認知者の死亡後において、被認知者から検察官を相手方として認知無効の訴えを提起して、その確定判決を得た場合である。したがって、本問の場合は、当該判決に基づく戸籍法第一一六条の戸籍訂正申請により、次のとおり関係戸籍を訂正することとなる。

なお、本問においては、認知をされた者（子）が、認知当時の戸籍にそのまま在籍している場合と、認知後にお

いて認知者（父）の氏を称する入籍届出（民七九一条、戸九八条）をして、認知者の戸籍に入籍している場合が考えられる。

以下、右の各場合に分けて訂正の処理例について説明することとする。

1　認知をされた者が父の氏を称して父と同籍している場合

① 認知された者について、その身分事項欄に記載されている認知事項及び父欄の記載を消除する。

なお、入籍事項については、別途、戸籍法第一一四条による戸籍訂正許可の審判を得た上、これに基づく戸籍訂正申請により入籍事項を消除するとともに、子を入籍前の戸籍に回復することになる。

② 認知をした者について、その身分事項欄に記載されている認知事項を消除する。

2　認知をされた者が父とは別戸籍である場合

① 認知された者について、その身分事項欄に記載されている認知事項を消除するとともに、父欄の記載を消除する。

② 認知をした者について、その身分事項欄に記載されている認知事項を消除する。

【戸籍訂正申請書式】

1　認知をされた者が父の氏を称して父と同籍している場合

戸籍訂正申請

東京都千代田　市区町村長　殿

平成28年8月10日申請

受付	
	平成28年8月10日
	第　108　号

(一)	事件本人	本籍	東京都千代田区平河町1丁目5番地	
		筆頭者氏名	甲野義雄	
(二)		住所及び世帯主氏名	東京都杉並区方南4丁目2番1号　丙原花子	
(三)		氏名	甲野雪夫	亡甲野義雄
		生年月日	平成20年9月7日	昭和48年8月10日
(四)	裁判の種類		認知無効の裁判	
	裁判確定年月日		平成28年8月6日	
(五)	訂正の趣旨		事件本人甲野雪夫は、平成26年6月2日甲野義雄に認知され、父の氏を称する入籍届によって父の戸籍に入籍していたが、甲野義雄死亡後に、検察官を相手方とする認知無効の訴えを提起し、平成28年8月6日その裁判が確定したので、下記戸籍について訂正する。 1　東京都千代田区平河町1丁目5番地甲野義雄戸籍 認知無効の裁判確定により義雄及び雪夫の各認知事項を消除する。 2　東京都杉並区方南4丁目9番地丙原花子戸籍 認知無効の裁判確定により雪夫につき認知事項を消除する。	
(六)	添付書類		裁判の謄本、確定証明書、母の申述書	
(七)	申請人	本籍	東京都杉並区方南4丁目9番地	
		筆頭者氏名	丙原花子	
		住所	東京都杉並区方南4丁目2番1号	
		署名押印	丙原花子　㊞	
		生年月日	昭和58年3月3日	

戸籍	
調査	
記載	
記載調査	
送付	
住民票	
記載	
通知	
附票	
記載	
通知	

（注意）

事件本人又は申請人が二人以上であるときは、必要に応じ該当欄を区切って記載すること。

戸籍訂正申請

東京都千代田　市区町村長　殿

平成 28 年 9 月 5 日申請

受付	平成 28 年 9 月 5 日
	第 109 号

(一)	事件本人	本籍	東京都千代田区平河町１丁目５番地
		筆頭者氏名	甲野義雄
(二)		住所及び世帯主氏名	東京都杉並区方南４丁目２番１号　丙原花子
(三)		氏名	甲野雪夫
		生年月日	平成 20 年 9 月 7 日
(四)	裁判の種類		戸籍訂正許可の裁判
	裁判確定年月日		平成 28 年 9 月 2 日
(五)	訂正の趣旨		事件本人は甲野義雄に認知され、平成26年11月11日父の氏を称する入籍届により父の戸籍に入籍していたところ、平成28年８月６日、検察官を相手方とする認知無効の裁判が確定し、それに伴い父の氏を称する入籍届は無効であるので、平成28年９月２日戸籍訂正許可の裁判確定により下記の１、２の戸籍について、記載のとおりの訂正をする。 １　東京都千代田区平河町１丁目５番地甲野義雄戸籍 　父の氏を称する入籍の届出は無効につき、その記載を消除する。 ２　東京都杉並区方南４丁目９番地丙原花子 　父の氏を称する入籍の届出は無効につき、その記載を消除し、同戸籍の末尾に回復する。
(六)	添付書類		審判の謄本、確定証明書
(七)	申請人	本籍	東京都杉並区方南４丁目９番地
		筆頭者氏名	丙原花子
		住所	東京都杉並区方南４丁目２番１号
		署名押印	丙原花子　㊞
		生年月日	昭和 58 年 3 月 3 日

戸籍	
調査	
記載	
記載調査	
送付	
住民票	
記載	
通知	
附票	
記載	
通知	

（注意）

事件本人又は申請人が二人以上であるときは、必要に応じ該当欄を区切って記載すること。

父の戸籍

本籍　東京都千代田区平河町一丁目五番地

氏名　甲野義雄

（編製事項省略）

（出生事項省略）

（分籍事項省略）

~~平成弐拾六年六月弐日東京都杉並区方南四丁目九番地丙原花子同籍雪夫を認知届出㊞~~

（死亡事項省略）

平成弐拾八年八月六日丙原雪夫を認知無効の裁判確定同月拾日丙原花子申請認知の記載消除㊞

父　甲野義太郎

母　松子

長男

義雄

出生　昭和四拾八年八月拾日

（出生事項省略）

~~平成弐拾六年六月弐日東京都千代田区平河町一丁目五番地甲野義雄認知届~~
~~出同月五日同区長から送付㊞~~

~~平成弐拾六年拾壱月拾壱日父の氏を称する入籍親権者母届出東京都杉並区~~
~~方南四丁目九番地丙原花子戸籍から入籍㊞~~

平成弐拾八年八月六日認知無効の裁判確定同月拾日母申請認知の記載消
除㊞

父の氏を称する入籍届出無効につき平成弐拾八年九月弐日戸籍訂正許可の
裁判確定同月五日母申請消除㊞

父	~~甲野義雄~~
母	丙原花子
	長男
	~~雪夫~~
出生	平成弐拾年九月七日

父の戸籍に入籍前の戸籍

本籍	東京都杉並区方南四丁目九番地
氏名	丙原花子

（編製事項省略）

（出生事項省略）

~~平成弐拾六年六月弐日東京都千代田区平河町一丁目五番地甲野義雄認知届出同月五日同区長から送付㊞~~

~~平成弐拾六年拾壱月拾壱日父の氏を称する入籍親権者母届出同月拾参日東京都千代田区長から送付同区平河町一丁目五番地甲野義雄戸籍に入籍につき除籍㊞~~

平成弐拾八年八月六日認知無効の裁判確定同月拾日母申請同月拾弐日東京都千代田区長から送付認知の記載消除㊞

父の氏を称する入籍届出無効につき平成弐拾八年九月弐日戸籍訂正許可の裁判確定同月五日母申請同月八日東京都千代田区長から送付その記載消除㊞

父	~~甲野義雄~~
母	丙原花子
	長男
	雪夫
出生	平成弐拾年九月七日

（出生事項省略）

父	母	出生	
	丙原花子	平成弐拾年九月七日	雪夫
長男			

父	母	出生	

父の戸籍（コンピュータシステムによる証明書記載例）

（2の1）　全部事項証明

本　　籍	東京都千代田区平河町一丁目５番地
氏　　名	甲野　義雄
戸籍事項 　戸籍編製	（編製事項省略）
戸籍に記録されている者 除　　籍	【名】義雄 【生年月日】昭和４８年８月１０日 【父】甲野義太郎 【母】甲野松子 【続柄】長男
身分事項 　出　　生	（出生事項省略）
分　　籍	（分籍事項省略）
死　　亡	（死亡事項省略）
消　　除	**【消除日】平成２８年８月１０日** **【消除事項】認知事項** **【消除事由】丙原雪夫を認知無効の裁判確定** **【裁判確定日】平成２８年８月６日** **【申請日】平成２８年８月１０日** **【申請人】丙原花子** **【従前の記録】** 　　**【認知日】平成２６年６月２日** 　　**【認知した子の氏名】丙原雪夫** 　　**【認知した子の戸籍】東京都杉並区方南四丁目９番地　丙原花子**
戸籍に記録されている者 **消　　除**	【名】雪夫 【生年月日】平成２０年９月７日 **【父】** 【母】丙原花子 【続柄】長男
身分事項 　出　　生	（出生事項省略）
消　　除	**【消除日】平成２８年８月１０日** **【消除事項】認知事項** **【消除事由】認知無効の裁判確定** **【裁判確定日】平成２８年８月６日** **【申請日】平成２８年８月１０日** **【申請人】母** **【従前の記録】** 　　**【認知日】平成２６年６月２日**

発行番号

（2の2）　全部事項証明

	【認知者氏名】甲野義雄 【認知者の戸籍】東京都千代田区平河町一丁目５番地　甲野義雄 【送付を受けた日】平成２６年６月５日 【受理者】東京都千代田区長
消　除	【消除日】平成２８年８月１０日 【消除事項】父の氏名 【消除事由】認知無効の裁判確定 【裁判確定日】平成２８年８月６日 【申請日】平成２８年８月１０日 【申請人】母 【従前の記録】 【父】甲野義雄
消　除	【消除日】平成２８年９月５日 【消除事項】入籍事項 【消除事由】父の氏を称する入籍届出無効につき戸籍訂正許可の裁判確定 【裁判確定日】平成２８年９月２日 【申請日】平成２８年９月５日 【申請人】母 【従前の記録】 【届出日】平成２６年１１月１１日 【入籍事由】父の氏を称する入籍 【届出人】親権者母 【従前戸籍】東京都杉並区方南四丁目９番地　丙原花子
	以下余白

発行番号

〔注〕 1　身分事項（又は戸籍事項）の一事項全てを消除する場合は，基本タイトル（左端タイトル）「消除」により訂正処理を行う。

2　子（被認知者）については，認知事項とともに父の氏名を消除することとなるが，これらは個別に訂正処理を行う。

父の戸籍に入籍前の戸籍（コンピュータシステムによる証明書記載例）

（2の1）　全部事項証明

本　　籍 氏　　名	東京都杉並区方南四丁目９番地 内原　花子
戸籍事項 　戸籍編製	（編製事項省略）
〜〜〜	〜〜〜
戸籍に記録されている者 除　籍	【名】雪夫 【生年月日】平成２０年９月７日 【父】 【母】内原花子 【続柄】長男
身分事項 　出　生	（出生事項省略）
消　除	【消除日】平成２８年８月１２日 【消除事項】認知事項 【消除事由】認知無効の裁判確定 【裁判確定日】平成２８年８月６日 【申請日】平成２８年８月１０日 【申請人】母 【送付を受けた日】平成２８年８月１２日 【受理者】東京都千代田区長 【従前の記録】 　　【認知日】平成２６年６月２日 　　【認知者氏名】甲野義雄 　　【認知者の戸籍】東京都千代田区平河町一丁目５番地　甲野義雄 　　【送付を受けた日】平成２６年６月５日 　　【受理者】東京都千代田区長
消　除	【消除日】平成２８年８月１２日 【消除事項】父の氏名 【消除事由】認知無効の裁判確定 【裁判確定日】平成２８年８月６日 【申請日】平成２８年８月１０日 【申請人】母 【送付を受けた日】平成２８年８月１２日 【受理者】東京都千代田区長 【従前の記録】 　　【父】甲野義雄
消　除	【消除日】平成２８年９月８日 【消除事項】入籍事項 【消除事由】父の氏を称する入籍届出無効につき戸籍訂正許可の裁判確定

発行番号

（2の2）　全部事項証明

	【裁判確定日】平成２８年９月２日 【申請日】平成２８年９月５日 【申請人】母 【送付を受けた日】平成２８年９月８日 【受理者】東京都千代田区長 【従前の記録】 　　【届出日】平成２６年１１月１１日 　　【除籍事由】父の氏を称する入籍 　　【届出人】親権者母 　　【送付を受けた日】平成２６年１１月１３日 　　【受理者】東京都千代田区長 　　【入籍戸籍】東京都千代田区平河町一丁目５番地　甲野義雄
戸籍に記録されている者	【名】雪夫 【生年月日】平成２０年９月７日 【父】 【母】丙原花子 【続柄】長男
身分事項 　出　生	（出生事項省略）
	以下余白

発行番号

〔注〕　子について，入籍届出無効についての戸籍訂正許可の審判に基づき入籍事項を消除の上，当該戸籍の末尾に回復する。

2　認知をされた者が父とは別戸籍（母の戸籍に同籍）である場合

【戸籍訂正申請書式】

戸籍訂正申請

東京都千代田 市区町村 長　殿

平成28年8月10日申請

受付	
平成28年8月10日	
第　108　号	

戸籍	
調査	
記載	
記載調査	
送付	
住民票	
記載	
通知	
附票	
記載	
通知	

(一)	事件本人	本籍	東京都杉並区方南4丁目9番地	東京都千代田区平河町1丁目5番地
		筆頭者氏名	丙原花子	甲野義雄
(二)		住所及び世帯主氏名	東京都杉並区方南4丁目2番1号　丙原花子	
(三)		氏名	甲野雪夫	亡甲野義雄
		生年月日	平成20年9月7日	昭和48年8月10日
(四)	裁判の種類		認知無効の裁判	
	裁判確定年月日		平成28年8月6日	
(五)	訂正の趣旨		事件本人甲野雪夫は、平成26年6月2日甲野義雄に認知されたが、甲野義雄死亡後に、検察官を相手方とする認知無効の訴えを提起し、平成28年8月6日その裁判が確定したので、下記戸籍について訂正する。 1　東京都杉並区方南4丁目9番地丙原花子戸籍 認知無効の裁判確定により雪夫につき認知事項を消除するほか、父欄の記載を消除する。 2　東京都千代田区平河町1丁目5番地甲野義雄戸籍 認知無効の裁判確定により義雄につき認知事項を消除する。	
(六)	添付書類		裁判の謄本、確定証明書	
(七)	申請人	本籍	東京都杉並区方南4丁目9番地	
		筆頭者氏名	丙原花子	
		住所	東京都杉並区方南4丁目2番1号	
		署名押印	丙原花子　㊞	
		生年月日	昭和58年3月3日	

（注意）

事件本人又は申請人が二人以上であるときは、必要に応じ該当欄を区切って記載すること。

子の戸籍

本籍	東京都杉並区方南四丁目九番地
氏名	丙原花子

（編製事項省略）

（出生事項省略）

~~平成弐拾六年六月弐日東京都千代田区平河町一丁目五番地甲野義雄認知届出同月五日同区長から送付㊞~~

平成弐拾八年八月六日認知無効の裁判確定同月拾日母申請同月拾弐日東京都千代田区長から送付認知の記載消除㊞

父	~~甲野義雄~~
母	丙原花子
	長男
名	雪夫
出生	平成弐拾年九月七日

〔注〕　父の戸籍の訂正処理については、前掲「1　認知をされた者が父の氏を称して父と同籍している場合」の父甲野義雄の場合と同様につき省略

子の戸籍（コンピュータシステムによる証明書記載例）

（1の1）　全部事項証明

本　　籍 氏　　名	東京都杉並区方南四丁目９番地 丙原　花子
戸籍事項 　戸籍編製	（編製事項省略）
戸籍に記録されている者	【名】雪夫 【生年月日】平成２０年９月７日 【父】 【母】丙原花子 【続柄】長男
身分事項 　出　　生	（出生事項省略）
消　　除	【消除日】平成２８年８月１２日 【消除事項】認知事項 【消除事由】認知無効の裁判確定 【裁判確定日】平成２８年８月６日 【申請日】平成２８年８月１０日 【申請人】母 【送付を受けた日】平成２８年８月１２日 【受理者】東京都千代田区長 【従前の記録】 　【認知日】平成２６年６月２日 　【認知者氏名】甲野義雄 　【認知者の戸籍】東京都千代田区平河町一丁目５番地　甲野義雄 　【送付を受けた日】平成２６年６月５日 　【受理者】東京都千代田区長
消　　除	【消除日】平成２８年８月１２日 【消除事項】父の氏名 【消除事由】認知無効の裁判確定 【裁判確定日】平成２８年８月６日 【申請日】平成２８年８月１０日 【申請人】母 【送付を受けた日】平成２８年８月１２日 【受理者】東京都千代田区長 【従前の記録】 　【父】甲野義雄
	以下余白

発行番号

〔注〕 父の戸籍の訂正処理については，前掲「1　認知をされた者が父の氏を称して父と同籍している場合」と同様につき省略。

問27　嫡出でない子が父に認知され、父の氏を称する入籍届によりその戸籍に入籍した後、他人夫婦の養子（縁組時一七歳）となったが、養父母が離婚したため、養母の離婚復氏後の氏を称してその戸籍に入籍したところ、その子について認知無効の裁判が確定した場合

解説

一　本問は、嫡出でない子が父に認知されて、父の氏を称する入籍届（民七九一条、戸九八条）によりその戸籍に入籍した後に、他人夫婦の養子となった（縁組時一七歳）が、養父母が離婚したので、離婚復氏後の養母の氏を称してその戸籍に入籍したところ、先になされた認知が無効となった場合の戸籍訂正の事例である〔注一〕。

右の場合は、まず、認知後に子が父の氏を称する入籍届によりその戸籍に入籍したのは、いうまでもなく有効な認知を前提としたものである。したがって、事後になってから認知が無効になったとすれば、父の氏を称して父の戸籍に入籍したという行為そのものが無効であるということになる。しかし、これを無効とする戸籍訂正については、別途、戸籍法第一一四条に規定する戸籍訂正許可の審判を得てすることとなる。

一方、養父母の離婚後に、子（養子）が離婚復籍した養母の氏を称する入籍届により養母の戸籍に入籍した行為は有効である。右の入籍行為は有効な縁組を基礎としてなされたものであるからである。したがって、子に対する認知無効の裁判があったとしても、その子の養子縁組の成立ないし右の入籍行為には直接の影響はない。ただし、前述の父の氏を称する入籍届出について、別途、これを無効とする戸籍法第一一四条の戸籍訂正許可の審判が確定し、これに基づく戸籍訂正申請がなされたときは、子の入籍事項を消除して、子を入籍前の戸籍に回復することになるため、子の縁組による関係戸籍の入除籍の記載、つまり、従前戸籍の表示を訂正するほか、養父母の戸籍については、縁組事項中の養子の氏を訂正する必要が生ずることになる。

二　本問における戸籍訂正は、以上により、当該認知無効の裁判確定に基づく戸籍法第一一六条の戸籍訂正申請により、子の関係戸籍における認知事項及び父欄の記載を消除することとなる。一方、父の氏を称する入籍届出の無効については、別途、戸籍法第一一四条の規定による戸籍訂正許可の審判を得た上、これに基づく訂正申請によって、その入籍事項を消除することになる。

なお、以下において、それぞれの戸籍の訂正処理について説明することとする。

1　認知した父の戸籍に在籍する子について

子の身分事項欄に、認知無効の裁判確定の旨の記載をするとともに、認知事項及び父欄の記載を消除する。父の氏を称する入籍事項については、前述のとおり、戸籍法第一一四条の戸籍訂正申請により消除した上、子を母の戸籍に回復させる。ただし、当該子は、既に養子となる縁組をしているので、回復戸籍の身分事項欄に父の戸籍から養子縁組による除籍事項を移記して母の戸籍から除籍する必要がある。

認知した父の身分事項欄に記載されている認知事項については、認知無効の裁判確定の旨の記載をするとともに、消除することになる。

2　子の母の戸籍について

子の身分事項欄に、認知無効の裁判確定の旨の記載をするとともに、認知事項及び父欄の記載を消除することになる。父の氏を称する入籍事項については、別途、戸籍法第一一四条の戸籍訂正申請により、入籍無効としてこれを消除する。その際には、前記1のとおり、養子縁組除籍事項の移記も必要である（これにより便宜末尾回復を省略する。）。

3　養父母の戸籍について

養子（子）について、認知無効の裁判確定に伴う所要の訂正をすることになるが、その訂正方法は、基本的には前記2と変わらない。ただし、養子の縁組による入籍事項中、従前戸籍の表示を母の戸籍の表示に訂正することとなる。また、養父母について、その縁組事項中養子の氏の訂正を要することとなる。

4　離婚復籍した養母の戸籍について

養子（子）の身分事項欄の認知事項及び父欄の記載の消除を要することは前記1・2と同様である。

なお、縁組による入籍事項中、従前戸籍の表示を母の戸籍の表示に訂正するほか、養母の縁組事項中養子の氏の訂正を要することとなる〔注二〕。

〔注一〕　本問で示す記載例は、父から請求した認知無効の裁判が確定した場合のものである。認知無効の請求権者については、問19の〔注〕を参照のこと。

〔注二〕　本問において、仮に子が一五歳未満のときに養子となった場合で、かつ、認知をした父が縁組の代諾（民七九七条）をしているとき（すなわち、認知後に父母の協議により父を親権者と定めていたとき―民八一九条四項）には、子につき認知無効の裁判確定により、先になした代諾縁組は代諾権のない者が代諾したことになり、無効な縁組ということになる。しかし、この場合、戸籍実務の取扱いでは、届出当時の正当な法定代理人から代諾の追完があるか、又は養子が一五歳に達した後に養子本人が自ら縁組する旨の追完をすることによって、有効な養子縁組とすることができるものとされている（昭和三〇・八・一民事甲一六〇二号回答、昭和三四・四・八民事甲六二四号通達）。したがって、右の場合において、もし、当該縁組を存続するのであれば、「追完」の手続をとることが必要になってくる。そして、正当な法定代理人又は養子本人自らの追完により、有効な縁組となれば、養子について認知無効の裁判があったとしても、そのことにより縁組自体の効力には影響はないことになる。

【戸籍訂正申請書式】

戸籍訂正申請

東京都千代田　市(区)町村　長　殿

平成30年8月13日申請

受付		戸籍	
	平成30年8月13日	調査	
	第　128　号	記載	
		記載調査	
		送付	
		住民票	
		記載	
		通知	
		附票	
		記載	
		通知	

(一)	事件本人	本籍	東京都千代田区平河町1丁目5番地	
		筆頭者氏名	甲野義雄	
(二)		住所及び世帯主氏名	東京都千代田区飯田橋3丁目10番8号　甲野義雄	
(三)		氏名	甲野雪夫	甲野義雄
		生年月日	平成6年1月7日	昭和43年6月20日
(四)	裁判の種類		認知無効の裁判	
	裁判確定年月日		平成30年8月10日	
(五)	訂正の趣旨		事件本人甲野雪夫は平成22年9月10日甲野義雄に認知され、父の氏を称して同人戸籍に入籍し、同戸籍から丁山哲夫同人妻秋枝の養子となり養父母の戸籍に入籍したのち、養父母の離婚によって、養母の氏を称して養母の戸籍に入籍していたところ、平成30年8月10日甲野義雄の認知無効の裁判が確定したので、上記戸籍及び関連する下記戸籍について所要の訂正をする。 東京都杉並区方南4丁目9番地　丙原花子 千葉市中央区千葉町2丁目5番地　丁山哲夫 東京都台東区浅草5丁目3番地　乙川秋枝	
(六)	添付書類		裁判の謄本、確定証明書	
(七)	申請人	本籍	東京都千代田区平河町1丁目5番地	
		筆頭者氏名	甲野義雄	
		住所	東京都千代田区飯田橋3丁目10番8号	
		署名押印	甲野義雄　㊞	
		生年月日	昭和43年6月20日	

（注意）

事件本人又は申請人が二人以上であるときは、必要に応じ該当欄を区切って記載すること。

戸籍訂正申請

東京都杉並 市(区) 町村 長　殿

平成30年9月5日申請

受付	平成30年9月5日	
	第　129　号	

(一)	事件本人	本籍	東京都杉並区方南4丁目9番地
		筆頭者氏名	丙原花子
(二)		住所及び世帯主氏名	東京都杉並区方南4丁目2番1号　丙原花子
(三)		氏名	丙原雪夫
		生年月日	平成6年1月7日
(四)	裁判の種類		戸籍訂正許可の裁判
	裁判確定年月日		平成30年9月1日
(五)	訂正の趣旨		事件本人丙原雪夫は平成22年9月10日甲野義雄に認知され、同人の氏を称してその戸籍に入籍したが、平成30年8月10日認知無効の裁判が確定したので、父の氏を称する入籍届出も当然無効であるとして、平成30年9月1日戸籍訂正許可の裁判が確定したため、関連戸籍について下記のとおり訂正をする。 1　東京都千代田区平河町1丁目5番地甲野義雄戸籍 　雪夫につき、父の氏を称する入籍事項を消除し、縁組事項を東京都杉並区方南4丁目9番地丙原花子戸籍に移記につき消除する。 2　上記丙原花子の戸籍について、雪夫につき、父の氏を称する入籍届出による除籍事項を消除するとともに、縁組による除籍事項を「1」の戸籍から移記する。 3　千葉市中央区千葉町2丁目5番地丁山哲夫戸籍 　上記養父母の戸籍中の雪夫の縁組事項中、従前戸籍の表示を「東京都杉並区方南4丁目9番地丙原花子」と、養父母の各縁組事項中養子の氏を「丙原」とそれぞれ訂正する。 4　東京都台東区浅草5丁目3番地乙川秋枝戸籍 　上記養母の戸籍中の雪夫の縁組事項中、従前戸籍の表示を「東京都杉並区方南4丁目9番地丙原花子」と訂正する。
(六)	添付書類		審判の謄本、確定証明書
(七)	申請人	本籍	東京都台東区浅草5丁目3番地
		筆頭者氏名	乙川秋枝
		住所	東京都杉並区方南4丁目2番1号
		署名押印	乙川雪夫　印
		生年月日	平成6年1月7日

戸籍	
調査	
記載	
記載調査	
送付	
住民票	
記載	
通知	
附票	
記載	
通知	

（注意）

事件本人又は申請人が二人以上であるときは、必要に応じ該当欄を区切って記載すること。

認知した父の戸籍

本籍	東京都千代田区平河町一丁目五番地
氏名	甲野義雄

（編製事項省略）

（出生事項省略）

（分籍事項省略）

~~平成弐拾弐年九月拾日東京都杉並区方南四丁目九番地丙原花子同籍雪夫を認知届出㊞~~

平成参拾年八月拾日丙原雪夫を認知無効の裁判確定同月拾参日申請認知の記載消除㊞

父	甲野義太郎
母	松子
	二男
名	義雄
生出	昭和四拾参年六月弐拾日

（出生事項省略）
平成弐拾弐年九月拾日東京都千代田区平河町一丁目五番地甲野義雄認知届
出同月拾参日同区長から送付㊞
平成弐拾弐年拾月拾八日父の氏を称する入籍届出同月弐拾日東京都杉並区
長から送付同区方南四丁目九番地丙原花子戸籍から入籍㊞
平成弐拾参年五月八日丁山哲夫同人妻秋枝の養子となる縁組届出同月拾壱
日千葉市中央区長から送付同市中央区千葉町二丁目五番地丁山哲夫戸籍に入
籍につき除籍㊞
平成参拾年八月拾日認知無効の裁判確定同月拾参日甲野義雄申請認知の記

父	甲野義雄
母	丙原花子
長男	
	雪夫
出生	平成六年壱月七日

雪夫の掛紙

載消除㊞
父母の氏を称する入籍届出無効につき平成参拾年九月壱日戸籍訂正許可の
裁判確定同月五日申請同月八日東京都杉並区長から送付父の氏を称する入籍
の記載消除の上養子縁組事項を東京都杉並区方南四丁目九番地丙原花子戸籍
に移記につき消除㊞

実母の戸籍

本籍　東京都杉並区方南四丁目九番地

氏名　丙原花子

（編製事項省略）

（出生事項省略）

（子の出生届による入籍事項省略）

父　丙原忠治

母　杉子

長女

花子

出生　昭和五拾壱年八月壱日

（出生事項省略）
（続柄更正事項省略）
~~平成弐拾弐年九月拾日東京都千代田区平河町一丁目五番地甲野義雄認知届~~
~~出同月拾参日同区長から送付㊞~~
~~平成弐拾弐年拾月拾八日父の氏を称する入籍届出東京都千代田区平河町一~~
~~丁目五番地甲野義雄戸籍に入籍につき除籍㊞~~
平成参拾年八月拾日認知無効の裁判確定同月拾参日甲野義雄申請同月拾六
日東京都千代田区長から送付認知の記載消除㊞
平成弐拾参年五月八日丁山哲夫同人妻秋枝の養子となる縁組届出同月拾壱

父	~~甲野義雄~~
母	丙原花子
	長男 ~~男~~
	雪夫（×印で消除）
出生	平成六年壱月七日

雪夫の掛紙

日千葉市中央区長から送付同区千葉町二丁目五番地丁山哲夫戸籍に入籍につ
き除籍㊞
　父母の氏を称する入籍届出無効につき平成参拾年九月壱日戸籍訂正許可の
裁判確定同月五日申請父の氏を称する入籍の記載消除養子縁組事項を東京都
千代田区平河町一丁目五番地甲野義雄戸籍から移記㊞

養父母の戸籍

本籍	千葉市中央区千葉町二丁目五番地
氏名	丁山哲夫

（編製事項省略）

（出生事項省略）

（婚姻事項省略）

平成弐拾参年五月八日妻とともに中野《丙原》雪夫を養子とする縁組届出㊞

（離婚事項省略）

平成参拾年九月壱日戸籍訂正許可の裁判確定同月五日乙川雪夫申請同月七日東京都杉並区長から送付養子の氏訂正㊞

父	丁山一郎
母	はる
	長男
夫	哲夫
出生	昭和四拾壱年弐月九日

（出生事項省略）
平成弐拾参年五月八日夫とともに甲野（丙原）雪夫を養子とする縁組届出㊞
（婚姻事項省略）
平成弐拾八年弐月六日夫哲夫と協議離婚届出東京都台東区浅草五丁目三番
地に新戸籍編製につき除籍㊞
平成参拾年九月壱日戸籍訂正許可の裁判確定同月五日乙川雪夫申請同月七
日東京都杉並区長から送付養子の氏訂正㊞

父	乙川英治
母	芳子
	長女
妻	~~秋枝~~
生出	昭和四拾参年拾月参日

（出生事項省略）
~~平成弐拾弐年九月拾日東京都千代田区平河町一丁目五番地甲野義雄認知届~~
~~出同月拾参日同区長から送付㊞~~
平成弐拾参年五月八日丁山哲夫同人妻秋枝の養子となる縁組届出東京都千
代田区平河町一丁目五番地甲野義雄戸籍から入籍㊞
平成弐拾八年九月八日養母の氏を称する入籍届出同月拾壱日東京都台東区
長から送付同区浅草五丁目三番地乙川秋枝戸籍に入籍につき除籍㊞
平成参拾年八月拾日認知無効の裁判確定同月拾参日甲野義雄申請同月拾六
日東京都千代田区長から送付認知の記載消除㊞

父	~~甲野義雄~~
母	丙原花子
	長男
養父	丁山哲夫
養母	秋枝
	養子
	~~雪夫~~
生出	平成六年壱月七日

（次頁に掛紙として続く）

掛紙（前頁雪夫の身分事項）

平成参拾年九月壱日戸籍訂正許可の裁判確定同月五日申請同月七日東京都杉並区長から送付縁組事項中従前戸籍の表示を「東京都杉並区方南四丁目九番地丙原花子」と訂正㊞

離婚復籍した養母の戸籍

本籍	東京都台東区浅草五丁目三番地
氏名	乙川秋枝

（編製事項省略）

（出生事項省略）

平成弐拾八年弐月六日夫丁山哲夫と協議離婚届出同月九日千葉市中央区長から送付同区千葉町二丁目五番地丁山哲夫戸籍から入籍㊞

父	乙川英治
母	芳子
続柄	長女
名	秋枝
出生	昭和四拾参年拾月参日

（出生事項省略）

平成弐拾弐年九月拾日東京都千代田区平河町一丁目五番地甲野義雄認知届出同月拾参日同区長から送付㊞

平成弐拾参年五月八日丁山哲夫同人妻秋枝の養子となる縁組届出東京都千代田区平河町一丁目五番地甲野義雄戸籍から入籍㊞

平成弐拾八年九月八日養母の氏を称する入籍届出千葉市中央区千葉町二丁目五番地丁山哲夫戸籍から入籍㊞

平成参拾年八月拾日認知無効の裁判確定同月拾参日甲野義雄申請同月拾六日東京都千代田区長から送付認知の記載消除㊞

父	甲野義雄
母	丙原花子
養父	丁山哲夫
養母	乙川秋枝
長男 / 養子	雪夫
出生	平成六年壱月七日

雪夫の掛紙

平成参拾年九月壱日戸籍訂正許可の裁判確定同月五日申請同月八日東京都杉並区長から送付縁組事項中従前戸籍の表示を「東京都杉並区方南四丁目九番地丙原花子」と訂正㊞

認知した父の戸籍（コンピュータシステムによる証明書記載例）

（２の１）　全部事項証明

本　　籍 氏　　名	東京都千代田区平河町一丁目５番地 甲野　義雄
戸籍事項 戸籍編製	（編製事項省略）
戸籍に記録されている者	【名】義雄 【生年月日】昭和４３年６月２０日 【父】甲野義太郎 【母】甲野松子 【続柄】二男
身分事項 出　　生	（出生事項省略）
分　　籍	（分籍事項省略）
消　　除	**【消除日】平成３０年８月１３日** **【消除事項】認知事項** **【消除事由】丙原雪夫を認知無効の裁判確定** **【裁判確定日】平成３０年８月１０日** **【申請日】平成３０年８月１３日** **【従前の記録】** 　　**【認知日】平成２２年９月１０日** 　　**【認知した子の氏名】丙原雪夫** 　　**【認知した子の戸籍】東京都杉並区方南四丁目９番地　丙原花子**
戸籍に記録されている者 **消　　除** 除　　籍	【名】雪夫 【生年月日】平成６年１月７日 **【父】** 【母】丙原花子 【続柄】長男
身分事項 出　　生	（出生事項省略）
消　　除	**【消除日】平成３０年８月１３日** **【消除事項】認知事項** **【消除事由】認知無効の裁判確定** **【裁判確定日】平成３０年８月１０日** **【申請日】平成３０年８月１３日** **【申請人】甲野義雄** **【従前の記録】** 　　**【認知日】平成２２年９月１０日** 　　**【認知者氏名】甲野義雄** 　　**【認知者の戸籍】東京都千代田区平河町一丁目５番地　甲野義雄**

発行番号

（2の2）　全 部 事 項 証 明

	【送付を受けた日】平成２２年９月１３日 【受理者】東京都千代田区長
消　除	【消除日】平成３０年８月１３日 【消除事項】父の氏名 【消除事由】認知無効の裁判確定 【裁判確定日】平成３０年８月１０日 【申請日】平成３０年８月１３日 【申請人】甲野義雄 【従前の記録】 　【父】甲野義雄
消　除	【消除日】平成３０年９月８日 【消除事項】入籍事項 【消除事由】父母の氏を称する入籍届出無効につき戸籍訂正許可の裁判確定 【裁判確定日】平成３０年９月１日 【申請日】平成２８年９月５日 【送付を受けた日】平成３０年９月８日 【受理者】東京都杉並区長 【従前の記録】 　【届出日】平成２２年１０月１８日 　【入籍事由】父の氏を称する入籍 　【送付を受けた日】平成２２年１０月２０日 　【受理者】東京都杉並区長 　【従前戸籍】東京都杉並区方南四丁目９番地　丙原花子
移　記	【移記日】平成３０年９月８日 【移記事項】縁組事項 【移記事由】戸籍訂正許可の裁判確定 【裁判確定日】平成３０年９月１日 【申請日】平成３０年９月５日 【送付を受けた日】平成３０年９月８日 【受理者】東京都杉並区長 【移記後の戸籍】東京都杉並区方南四丁目９番地　丙原花子 【従前の記録】 　【縁組日】平成２３年５月８日 　【養父氏名】丁山哲夫 　【養母氏名】丁山秋枝 　【送付を受けた日】平成２３年５月１１日 　【受理者】千葉市中央区長 　【入籍戸籍】千葉市中央区千葉町二丁目５番地　丁山哲夫
	以下余白

発行番号

〔注〕1　身分事項（又は戸籍事項）の一事項全てを消除する場合は，基本タイトル（左端タイトル）「消除」により訂正処理を行う。

2　子（被認知者）については，認知事項とともに父の氏名を消除することとなるが，これらは個別に訂正処理を行う。

3　本事例の雪夫の縁組事項のように，他の戸籍に移記するために身分事項（又は戸籍事項）を消除する場合は，基本タイトル（左端タイトル）「移記」によりその旨の記録をする。

実母の戸籍（コンピュータシステムによる証明書記載例）

（2の1）　全部事項証明

本　　籍 氏　　名	東京都杉並区方南四丁目9番地 丙原　花子
戸籍事項 　戸籍編製	（編製事項省略）
戸籍に記録されている者	【名】花子 【生年月日】昭和51年8月1日 【父】丙原忠治 【母】丙原杉子 【続柄】長女
身分事項 　出　　生	（出生事項省略）
子の出生	（子の出生による入籍事項省略）
戸籍に記録されている者 除　　籍	【名】雪夫 【生年月日】平成6年1月7日 【父】 【母】丙原花子 【続柄】長男
身分事項 　出　　生	（出生事項省略）
更　　正	（続柄更正事項省略）
消　　除	【消除日】平成30年8月16日 【消除事項】認知事項 【消除事由】認知無効の裁判確定 【裁判確定日】平成30年8月10日 【申請日】平成30年8月13日 【申請人】甲野義雄 【送付を受けた日】平成30年8月16日 【受理者】東京都千代田区長 【従前の記録】 　　【認知日】平成22年9月10日 　　【認知者氏名】甲野義雄 　　【認知者の戸籍】東京都千代田区平河町一丁目5番地　甲野義雄 　　【送付を受けた日】平成22年9月13日 　　【受理者】東京都千代田区長
消　　除	【消除日】平成30年8月16日 【消除事項】父の氏名 【消除事由】認知無効の裁判確定 【裁判確定日】平成30年8月10日

発行番号

	（2の2）　全部事項証明
	【申請日】平成３０年８月１３日 【申請人】甲野義雄 【送付を受けた日】平成３０年８月１６日 【受理者】東京都千代田区長 【従前の記録】 　　【父】甲野義雄
消　　除	【消除日】平成３０年９月５日 【消除事項】入籍事項 【消除事由】父母の氏を称する入籍届出無効につき戸籍訂正許可の裁判確定 【裁判確定日】平成３０年９月１日 【申請日】平成３０年９月５日 【従前の記録】 　　【届出日】平成２２年１０月１８日 　　【除籍事由】父の氏を称する入籍 　　【入籍戸籍】東京都千代田区平河町一丁目５番地　甲野義雄
養子縁組	【縁組日】平成２３年５月８日 【養父氏名】丁山哲夫 【養母氏名】丁山秋枝 【送付を受けた日】平成２３年５月１１日 【受理者】千葉市中央区長 【入籍戸籍】千葉市中央区千葉町二丁目５番地　丁山哲夫
移　　記	【移記日】平成３０年９月５日 【移記事由】戸籍訂正許可の裁判確定 【裁判確定日】平成３０年９月１日 【申請日】平成２８年９月５日 【移記前の戸籍】東京都千代田区平河町一丁目５番地　甲野義雄
	以下余白

発行番号

〔注〕1　身分事項（又は戸籍事項）の一事項全てを消除する場合は，基本タイトル（左端タイトル）「消除」により訂正処理を行う。
2　子（被認知者）については，認知事項とともに父の氏名を消除することとなるが，これらは個別に訂正処理を行う。
3　本事例の雪夫の縁組事項のように，移記により身分事項（又は戸籍事項）を記録する場合は，当該身分事項（又は戸籍事項）を記録の上，その直下に段落ちタイトル「移記」を付して，移記した旨の記録をする。

養父母の戸籍（コンピュータシステムによる証明書記載例）

（３の１）　全部事項証明

本　　籍 氏　　名	千葉市中央区千葉町二丁目５番地 丁山　哲夫
戸籍事項 　戸籍編製	（編製事項省略）
戸籍に記録されている者	【名】哲夫 【生年月日】昭和４１年２月９日 【父】丁山一郎 【母】丁山はる 【続柄】長男
身分事項 　出　　生	（出生事項省略）
婚　　姻	（婚姻事項省略）
養子縁組	【縁組日】平成２３年５月８日 【共同縁組者】妻 **【養子氏名】丙原雪夫**
訂　　正	**【訂正日】平成３０年９月７日** **【訂正事由】戸籍訂正許可の裁判確定** **【裁判確定日】平成３０年９月１日** **【申請日】平成３０年９月５日** **【申請人】乙川雪夫** **【送付を受けた日】平成３０年９月７日** **【受理者】東京都杉並区長** **【従前の記録】** 　**【養子氏名】甲野雪夫**
離　　婚	（離婚事項省略）
戸籍に記録されている者 除　　籍	【名】秋枝 【生年月日】昭和４３年１０月３日 【父】乙川英治 【母】乙川芳子 【続柄】長女
身分事項 　出　　生	（出生事項省略）
婚　　姻	（婚姻事項省略）
養子縁組	【縁組日】平成２３年５月８日 【共同縁組者】夫 **【養子氏名】丙原雪夫**
訂　　正	**【訂正日】平成３０年９月７日**

発行番号

（3の2）　全部事項証明

	【訂正事由】戸籍訂正許可の裁判確定 **【裁判確定日】平成３０年９月１日** **【申請日】平成３０年９月５日** **【申請人】乙川雪夫** **【送付を受けた日】平成３０年９月７日** **【受理者】東京都杉並区長** **【従前の記録】** 　　**【養子氏名】甲野雪夫**
離　　婚	【離婚日】平成２８年２月６日 【配偶者氏名】丁山哲夫 【新本籍】東京都台東区浅草五丁目３番地
戸籍に記録されている者 除　　籍	【名】雪夫 【生年月日】平成６年１月７日 【父】 【母】丙原花子 【続柄】長男 【養父】丁山哲夫 【養母】丁山秋枝 【続柄】養子
身分事項 　出　　生	(出生事項省略)
養子縁組	【縁組日】平成２３年５月８日 【養父氏名】丁山哲夫 【養母氏名】丁山秋枝 **【従前戸籍】東京都杉並区方南四丁目９番地　丙原花子**
訂　　正	**【訂正日】平成３０年９月７日** **【訂正事由】戸籍訂正許可の裁判確定** **【裁判確定日】平成３０年９月１日** **【申請日】平成３０年９月５日** **【送付を受けた日】平成３０年９月７日** **【受理者】東京都杉並区長** **【従前の記録】** 　　**【従前戸籍】東京都千代田区平河町一丁目５番地　甲野義雄**
入　　籍	【届出日】平成２８年９月８日 【除籍事由】養母の氏を称する入籍 【送付を受けた日】平成２８年９月１１日 【受理者】東京都台東区長 【入籍戸籍】東京都台東区浅草五丁目３番地　乙川秋枝
消　　除	**【消除日】平成３０年８月１６日** **【消除事項】認知事項** **【消除事由】認知無効の裁判確定** **【裁判確定日】平成３０年８月１０日** **【申請日】平成３０年８月１３日**

発行番号

（3の3）　全部事項証明

消　　除	【申請人】甲野義雄 【送付を受けた日】平成３０年８月１６日 【受理者】東京都千代田区長 【従前の記録】 　　【認知日】平成２２年９月１０日 　　【認知者氏名】甲野義雄 　　【認知者の戸籍】東京都千代田区平河町一丁目５番地　甲野義雄 　　【送付を受けた日】平成２２年９月１３日 　　【受理者】東京都千代田区長
	【消除日】平成３０年８月１６日 【消除事項】父の氏名 【消除事由】認知無効の裁判確定 【裁判確定日】平成３０年８月１０日 【申請日】平成３０年８月１３日 【申請人】甲野義雄 【送付を受けた日】平成３０年８月１６日 【受理者】東京都千代田区長 【従前の記録】 　　【父】甲野義雄
	以下余白

発行番号

〔注〕 1　身分事項（又は戸籍事項）の一事項全てを消除する場合は，基本タイトル（左端タイトル）「消除」により訂正処理を行う。
2　子（被認知者）については，認知事項とともに父の氏名を消除することとなるが，これらは個別に訂正処理を行う。
3　縁組事項中の【従前戸籍】の訂正のように，身分事項の一部を訂正する場合には，段落ちタイトル「訂正」により処理を行う。

養母の離婚後の戸籍（コンピュータシステムによる証明書記載例）

（2の1）　全部事項証明

本　　籍 氏　　名	東京都台東区浅草五丁目３番地 乙川　秋枝
戸籍事項 戸籍編製	（編製事項省略）
戸籍に記録されている者	【名】秋枝 【生年月日】昭和４３年１０月３日 【父】乙川英治 【母】乙川芳子 【続柄】長女
身分事項 出　　生	（出生事項省略）
離　　婚	【離婚日】平成２８年２月６日 【配偶者氏名】丁山哲夫 【送付を受けた日】平成２８年２月９日 【受理者】千葉市中央区長 【従前戸籍】千葉市中央区千葉町二丁目５番地　丁山哲夫
戸籍に記録されている者	【名】雪夫 【生年月日】平成６年１月７日 【父】 【母】丙原花子 【続柄】長男 【養父】丁山哲夫 【養母】乙川秋枝 【続柄】養子
身分事項 出　　生	（出生事項省略）
養子縁組	【縁組日】平成２３年５月８日 【養父氏名】丁山哲夫 【養母氏名】丁山秋枝 **【従前戸籍】東京都杉並区方南四丁目９番地　丙原花子**
訂　　正	**【訂正日】平成３０年９月８日** **【訂正事由】戸籍訂正許可の裁判確定** **【裁判確定日】平成３０年９月１日** **【申請日】平成３０年９月５日** **【送付を受けた日】平成３０年９月８日** **【受理者】東京都杉並区長** **【従前の記録】** 　　**【従前戸籍】東京都千代田区平河町一丁目５番地　甲野義雄**

発行番号

（2の2）　全部事項証明

入　　籍	【届出日】平成２８年９月８日 【入籍事由】養母の氏を称する入籍 【従前戸籍】千葉市中央区千葉町二丁目５番地　丁山哲夫
消　　除	【消除日】平成３０年８月１６日 【消除事項】認知事項 【消除事由】認知無効の裁判確定 【裁判確定日】平成３０年８月１０日 【申請日】平成３０年８月１３日 【申請人】甲野義雄 【送付を受けた日】平成３０年８月１６日 【受理者】東京都千代田区長 【従前の記録】 　　【認知日】平成２２年９月１０日 　　【認知者氏名】甲野義雄 　　【認知者の戸籍】東京都千代田区平河町一丁目５番地　甲野義雄 　　【送付を受けた日】平成２２年９月１３日 　　【受理者】東京都千代田区長
消　　除	【消除日】平成３０年８月１６日 【消除事項】父の氏名 【消除事由】認知無効の裁判確定 【裁判確定日】平成３０年８月１０日 【申請日】平成３０年８月１３日 【申請人】甲野義雄 【送付を受けた日】平成３０年８月１６日 【受理者】東京都千代田区長 【従前の記録】 　　【父】甲野義雄
	以下余白

発行番号

〔注〕1　身分事項（又は戸籍事項）の一事項全てを消除する場合は，基本タイトル（左端タイトル）「消除」により訂正処理を行う。

2　子（被認知者）については，認知事項とともに父の氏名を消除することとなるが，これらは個別に訂正処理を行う。

3　縁組事項中の【従前戸籍】の訂正のように，身分事項の一部を訂正する場合には，段落ちタイトル「訂正」により処理を行う。

問28　遺言による認知の戸籍記載がなされた後、遺言無効の裁判が確定した場合

解説

一　認知は、遺言によってもすることができるとされている（民七八一条二項）。遺言の方式には、自筆証書、公正証書、秘密証書によってする普通方式の遺言（民九六七条）と、特別方式の遺言（民九七六条ないし九七九条）がある。遺言の方式に従ってなされた認知は、遺言者が死亡した時に効力が生ずる（民九八五条一項）が、戸籍の届出を要することとされている（戸六四条）。そして、その届出は、遺言執行者から、遺言執行者の就職の日から一〇日以内にすべきものとされる。

二　ところで、遺言による認知届出の前提となる遺言は、民法所定の方式によらなければならない。そして、遺言による認知が有効であるためには、遺言そのものが有効でなければならないことはいうまでもない。一般に遺言が有効であるためには、右のとおり民法所定の方式を備えていることが要求されるから、その方式を具備していない遺言は、遺言としての効力を有しない。したがって、民法所定の方式を備えていない遺言によりなされた認知は、有効な認知とは認められないことは当然である（昭和五六・四・六民二―二三四七号回答参照）。

三　本問は、遺言による認知の届出がなされ、これに基づき、父及び子の戸籍に認知の記載がされたところ、遺言無効の裁判が確定した場合の戸籍訂正の事例である。

右の場合における戸籍訂正は、当該遺言無効の確定判決に基づく戸籍法第一一六条の規定による戸籍訂正申請により、父及び子の戸籍中それぞれの身分事項欄に遺言無効の裁判確定の旨の記載をするとともに認知事項を消除するほか、子についてはなお父欄の記載を消除することで足りる。

以下、関連戸籍の戸籍訂正の処理例を示せば、次のとおりである。

【戸籍訂正申請書式】

戸籍訂正申請

千葉市中央 市区町村 長　殿

平成29年8月25日申請

受付	
平成29年8月25日	
第　118　号	

戸籍	
調査	
記載	
記載調査	
送付	
住民票	
記載	
通知	
附票	
記載	
通知	

(一)	事件本人	本籍	千葉市中央区千葉町２丁目５番地	東京都千代田区平河町１丁目５番地
		筆頭者氏名	乙川梅子	甲野幸雄
(二)		住所及び世帯主氏名	千葉市中央区千葉町２丁目５番１号　乙川梅子	
(三)		氏名	乙川雪夫	亡甲野義雄
		生年月日	平成20年9月7日	昭和50年6月18日
(四)	裁判の種類		遺言無効の裁判	
	裁判確定年月日		平成29年8月20日	
(五)	訂正の趣旨		事件本人乙川雪夫は、東京都千代田区平河町１丁目５番地甲野幸雄同籍義雄に遺言認知されたところ、平成29年８月20日、遺言無効の裁判が確定したので、認知事項を消除するほか、事件本人の父の氏名を消除する。 関連する東京都千代田区平河町１丁目５番地甲野幸雄戸籍の亡義雄についても、遺言無効により認知事項を消除する。	
(六)	添付書類		裁判の謄本、確定証明書	
(七)	申請人	本籍	千葉市中央区千葉町２丁目５番地	
		筆頭者氏名	乙川梅子	
		住所	千葉市中央区千葉町２丁目５番１号	
		署名押印	乙川梅子　㊞	
		生年月日	昭和51年8月7日	

（注意）

事件本人又は申請人が二人以上であるときは、必要に応じ該当欄を区切って記載すること。

遺言認知された子の戸籍

本籍	千葉市中央区千葉町二丁目五番地
氏名	乙川梅子

（編製事項省略）

（出生事項省略）

父	乙川秋夫
母	花子
長女	
	梅子
出生	昭和五拾壱年八月七日

（出生事項省略）

平成弐拾九年参月弐拾日東京都千代田区平河町一丁目五番地甲野幸雄同籍亡義雄認知同月参拾日遺言執行者西原仁助届出同年四月弐日同区長から送付㊞

平成弐拾九年八月弐拾日遺言無効の裁判確定同月弐拾五日母申請認知の記載消除㊞

父	甲野義雄
母	乙川梅子
	長男
	雪夫
出生	平成弐拾年九月七日

父	
母	
出生	

遺言認知した父の戸籍

本籍	東京都千代田区平河町一丁目五番地
氏名	甲野幸雄

（編製事項省略）

（出生事項省略）

（死亡事項省略）

~~平成弐拾九年参月弐拾日千葉市中央区千葉町二丁目五番地乙川梅子同籍雪夫を認知同月参拾日遺言執行者内原仁助届出㊞~~

平成弐拾九年八月弐拾日遺言無効の裁判確定同月弐拾五日乙川梅子申請同月弐拾八日千葉市中央区長から送付認知の記載消除㊞

父	甲野幸雄
母	春子
	長男
~~（名）~~	~~義雄~~
出生	昭和五拾年六月拾八日

遺言認知された子の戸籍（コンピュータシステムによる証明書記載例）

（1の1）　全部事項証明

本　　籍 氏　　名	千葉市中央区千葉町二丁目５番地 乙川　梅子
戸籍事項 　戸籍編製	（編製事項省略）
戸籍に記録されている者	【名】梅子 【生年月日】昭和５１年８月７日 【父】乙川秋夫 【母】乙川花子 【続柄】長女
身分事項 　出　生	（出生事項省略）
戸籍に記録されている者	【名】雪夫 【生年月日】平成２０年９月７日 【父】 【母】乙川梅子 【続柄】長男
身分事項 　出　生	（出生事項省略）
消　除	**【消除日】平成２９年８月２５日 【消除事項】認知事項 【消除事由】遺言無効の裁判確定 【裁判確定日】平成２９年８月２０日 【申請日】平成２９年８月２５日 【申請人】母 【従前の記録】 　【認知日】平成２９年３月２０日 　【認知者氏名】亡　甲野義雄 　【認知者の戸籍】東京都千代田区平河町一丁目５番地　甲野幸雄 　【届出日】平成２９年３月３０日 　【届出人】遺言執行者　丙原仁助 　【送付を受けた日】平成２９年４月２日 　【受理者】東京都千代田区長**
消　除	**【消除日】平成２９年８月２５日 【消除事項】父の氏名 【消除事由】遺言無効の裁判確定 【裁判確定日】平成２９年８月２０日 【申請日】平成２９年８月２５日 【申請人】母 【従前の記録】 　【父】甲野義雄**
	以下余白

発行番号

遺言認知した父の戸籍（コンピュータシステムによる証明書記載例）

（1の1）　全部事項証明

本　　籍 氏　　名	東京都千代田区平河町一丁目５番地 甲野　幸雄
戸籍事項 　戸籍編製	（編製事項省略）
戸籍に記録されている者	【名】義雄 【生年月日】昭和５０年６月１８日 【父】甲野幸雄 【母】甲野春子 【続柄】長男
身分事項 　出　　生	（出生事項省略）
死　　亡	（死亡事項省略）
消　　除	**【消除日】平成２９年８月２８日** **【消除事項】認知事項** **【消除事由】遺言無効の裁判確定** **【裁判確定日】平成２９年８月２０日** **【申請日】平成２９年８月２５日** **【申請人】乙川梅子** **【送付を受けた日】平成２９年８月２８日** **【受理者】千葉市中央区長** **【従前の記録】** 　　**【認知日】平成２９年３月２０日** 　　**【認知した子の氏名】乙川雪夫** 　　**【認知した子の戸籍】千葉市中央区千葉町二丁目５番地** 　　　**乙川梅子** 　　**【届出日】平成２９年３月３０日** 　　**【届出人】遺言執行者　丙原仁助**
	以下余白

発行番号

問29　日本で外国人女の嫡出でない子として出生した子を日本人男が認知した後、その子が国籍法第三条の規定に基づいて日本国籍を取得して戸籍に記載されたところ、日本人男の認知無効の裁判が確定した場合

解説　一　外国人女の嫡出でない子について、その出生後に日本人男が認知したときは、その子（日本国民であった者を除く。）が二〇歳未満で、認知した父が子の出生時に日本国民であり、かつ、その父が現に日本国民であるか又はその死亡の時に日本国民であった場合は、法務大臣に届け出ることによって日本国籍を取得することができるものとされている（国三条、戸一〇二条）〔注〕。

二　ところで、前記国籍法第三条の規定により日本国籍を取得したものとして戸籍に記載された子について、その後に至り日本人父の認知無効の裁判が確定したときは、当該子は同条による日本国籍取得の要件を具備しなかったこととなることから、当該子は、そもそも日本国籍を取得し得なかったものであり、日本国籍取得の効力は生じないこととなる。その結果、同条により日本国籍を取得したものとして戸籍に記載されたのは誤りであるということになる。

本問は、この場合における戸籍訂正の事例である。

三　そこで、まず、国籍法第三条の規定により日本国籍を取得した者が称すべき氏及び入籍する戸籍の関係についてみれば、次のとおり、子が準正子であるか否かによって取扱いが異なることとなる。

1　国籍法第三条による国籍取得者が準正子でない場合

認知による国籍取得者（国三条）が準正子でない場合は、原則として新たに氏を定め、新戸籍を編製する（平成二〇・一二・一八民一―三三〇二号通達第1の2(1)ア・イ）。なお、国籍を取得した者の母が、国籍取得時に既に帰化等により日本国籍を取得しているときに、母の戸籍に入籍することを希望する場合は、母の戸籍に入ることができる（前掲三三〇二通達第1の2(1)ウ）。

ただし、国籍を取得した者が国籍取得時に日本人の養子であるときは養親の氏を称してその戸籍に入ることとなる。また、国籍を取得した者が国籍取得時に日本人の配偶者であるときは、国籍取得の届出において日本人配偶者とともに届け出る氏を称し、国籍取得者の新たに定めた氏を称するときは新戸籍を編製し、日本人配偶者の氏を称するときはその戸籍に入ることとなる（前掲三三〇二通達第1の2(1)イ）。

2　国籍法第三条による国籍取得者が準正子である場合

認知による国籍取得者（国三条）が準正子の場合は、準正時（準正前に父母が離婚しているときは離婚時）の父の氏を称し、国籍取得時において氏を同じくする父の戸籍があるときはその戸籍に入籍する（戸一八条、前掲三三〇二通達第1の2(1)ただし書、昭和五九・一一・一民二―五五〇〇号通達第3の1(2)）。もし、右の入るべき戸籍がないときは、国籍取得者につき新戸籍を編製するものとされているが、その場合でも、親子関係を戸籍上明らかにするため、一旦父が国籍取得者と同一の氏を称して最後に在籍していた戸（除）籍に入籍させた上、直ちに除籍して新戸籍を編製することとなる（前掲五五〇〇通達第3の1(2)後段）。

四　右の点を考慮の上、本問における戸籍訂正の記載例は、次の三通りを示すこととする。

1　国籍取得者が新たに氏を定め新戸籍を編製している場合（国籍取得者が準正子でない場合）

①　父の戸籍中子の身分事項欄

当該認知無効の裁判確定に基づく戸籍法第一一六条の戸籍訂正申請により、同裁判確定の旨の記載をした上で、認知事項及び父の記載を消除する。

次に、国籍法第三条の国籍取得による入籍の記載の訂正であるが、これについては、認知無効の裁判確定に端を発する訂正となるが、届出による国籍取得は法務大臣による届出の受理行為という行政行為も関与するものであることから、戸籍法第一一三条による訂正を行うことが相当とされている（平成六・一一・一〇民五―八六五八号依命通知、『設題解説渉外戸籍実務の処理Ⅷ戸籍訂正・追完編(1)』二〇二頁参照）。したがって、当該戸籍法第一一三条による戸籍訂正許可の審判を得た上で、国籍取得による入籍の記載は錯誤である旨を記載して、子の戸籍の記載全部を消除することとなる。

なお、戸籍法第一一三条による訂正手続を行うべき者にその手続を行う意思があるかを確認し（戸籍法第二四条第一項の通知により行う。）、その意思のない場合は、戸籍法第二四条第二項の場合に該当するものとみなして、管轄法務局の長の許可を得た上で職権による訂正を行う便宜的取扱いも認められるものと考えられる（前掲書二〇二頁）。

②　父の戸籍中その身分事項欄

当該認知無効の裁判確定に基づく戸籍法第一一六条の戸籍訂正申請により、同裁判確定の旨の記載をした上で、認知事項を消除する。

また、子の国籍取得事項については、前記①の戸籍法第一一三条の戸籍訂正許可の審判又は第二四条第二項の規定による管轄法務局の長の許可に基づき消除する（なお、便宜、認知無効の裁判確定に基づく戸籍法第一一六条の戸籍訂正申請により認知事項を消除するのと同時に子の国籍取得事項を消除しても差し支えないものと考えられる。前掲書二〇二頁参照）。

2 国籍取得者が父の戸籍に入籍している場合（国籍取得者が準正子の場合）

① 父の戸籍中子の身分事項欄

当該認知無効の裁判確定に基づく戸籍法第一一六条の戸籍訂正申請により、同裁判確定の旨の記載をした上で、父の記載を消除して父母との続柄を訂正する。

国籍法第三条の国籍取得による入籍の記載の訂正については、1①で述べたとおり、戸籍法第一一三条の戸籍訂正許可の審判又は第二四条第二項の規定による管轄法務局の長の訂正許可に基づき、国籍取得による入籍の記載は錯誤である旨を記載して、子の戸籍の記載全部を消除することとなる。本記載例では、戸籍法第二四条第二項の規定に基づき管轄法務局の長の許可を得て訂正する場合を示すこととした。

② 父の戸籍中その身分事項欄

当該認知無効の裁判確定に基づく戸籍法第一一六条の戸籍訂正申請により、同裁判確定の旨の記載をした上で、認知事項を消除する。

また、子の国籍取得事項については、戸籍法第一一三条の戸籍訂正許可の審判又は第二四条第二項の規定による管轄法務局の長の訂正許可に基づき消除する。

3 国籍取得者が父の戸籍に一旦入籍した上、直ちに新戸籍を編製している場合（国籍取得者が準正子の場合）

この場合は、国籍法第三条の規定による国籍取得者が準正子であるが、その入るべき父の戸籍がないため、一旦父が国籍取得者と同一の氏を称して最後に在籍していた戸（除）籍に入籍させた上、直ちに単独の新戸籍が編製されているときに、認知無効の裁判が確定した場合の例である。父及び子の身分事項欄の訂正処理は、前記2と同様である。

〔注〕　現行の国籍法第三条第一項は、平成二〇年法律第八八号（平成二一年一月一日施行）により改正されたものである。すなわち、改正前の国籍法第三条第一項は、準正により日本国民の嫡出子たる地位を取得した者について、一定の条件の下で、法務大臣に対する届出により日本国籍を取得することができると規定していた。しかし、この規定につき、平成二〇年六月四日最高裁判所大法廷判決は、「国籍法三条一項が、日本国民である父と日本国民でない母との間に出生した後に父から認知された子につき、父母の婚姻により嫡出子たる身分を取得した場合に限り日本国籍の取得を認めていることにより国籍の取得に関する区別を生じさせていることは、遅くとも平成一七年当時において、憲法一四条一項に違反していた」旨の判断を示した。これを受け、前記の平成二〇年法律第八八号により、国籍法第三条等の規定を見直し、日本国民から出生後に認知された子について、父母が婚姻していない場合でも届出による日本国籍の取得を可能とするとともに、虚偽の届出に対する罰則を新設し、必要な経過措置を設ける等の改正がされることとなったものである。

1　国籍取得者が新たに氏を定め新戸籍を編製している場合（国籍取得者が準正子でない場合）

【戸籍訂正申請書式】

戸籍訂正申請

東京都千代田　市区町村長　殿

平成30年10月21日申請

受付	
	平成30年10月21日
	第　1210　号

戸籍	
調査	
記載	
記載調査	
送付	

住民票	
記載	
通知	

附票	
記載	
通知	

(一)	事件本人	本籍	東京都千代田区平河町１丁目５番地	東京都千代田区平河町１丁目５番地
		筆頭者氏名	甲野竹夫	甲野義雄
(二)		住所及び世帯主氏名	東京都千代田区飯田橋３丁目10番8号　リチャードソン，メリー	東京都千代田区平河町１丁目５番10号　甲野義雄
(三)		氏名	甲野竹夫	甲野義雄
		生年月日	平成23年2月15日	昭和54年7月8日
(四)	裁判の種類		認知無効の裁判	
	裁判確定年月日		平成30年10月18日	
(五)	訂正の趣旨		事件本人甲野竹夫は、甲野義雄と国籍アメリカ合衆国リチャードソン、メリーの間の子として出生し、甲野義雄に認知され、国籍法第３条により日本国籍を取得したものとして新戸籍を編製しているところ、平成30年10月18日認知無効の裁判が確定したので、下記のとおり訂正する。 １　上記甲野竹夫戸籍について 　事件本人竹夫について、認知事項を消除するほか、父の記載を消除する。 ２　上記甲野義雄戸籍について 　事件本人義雄について、認知事項を消除する。	
(六)	添付書類		裁判の謄本、確定証明書	
(七)	申請人	本籍	東京都千代田区平河町１丁目５番地	
		筆頭者氏名	甲野義雄	
		住所	東京都千代田区平河町１丁目５番10号	
		署名押印	甲野春子　㊞	
		生年月日	昭和56年2月23日	

（注意）

事件本人又は申請人が二人以上であるときは、必要に応じ該当欄を区切って記載すること。

【戸籍訂正申請書式】

戸籍訂正申請

東京都千代田 市区町村 長 殿（区に丸印）

平成 30 年 12 月 20 日申請

受付	平成 30 年 12 月 20 日
	第 1435 号

(一)	事件本人	本籍	東京都千代田区平河町１丁目５番地	東京都千代田区平河町１丁目５番地
		筆頭者氏名	甲野竹夫	甲野義雄
(二)		住所及び世帯主氏名	東京都千代田区飯田橋３丁目10番8号　リチャードソン，メリー	東京都千代田区平河町１丁目５番10号　甲野義雄
(三)		氏名	甲野竹夫	甲野義雄
		生年月日	平成 23 年 2 月 15 日	昭和 54 年 7 月 8 日
(四)	裁判の種類		戸籍訂正許可の裁判	
	裁判確定年月日		平成 30 年 12 月 8 日	
(五)	訂正の趣旨		事件本人甲野竹夫は、国籍アメリカ合衆国リチャードソン、メリーの子として出生し、甲野義雄に認知され、国籍法第３条により日本国籍を取得したものとして新戸籍を編製していたところ、平成30年10月18日認知無効の裁判が確定し、それに関連して、甲野竹夫の国籍取得による入籍の記載が錯誤であったことの戸籍訂正許可の裁判が確定したので、下記のとおり訂正する。 １　上記甲野竹夫戸籍について 　事件本人竹夫について、国籍取得によって編製した戸籍を消除する。 ２　上記甲野義雄戸籍について 　事件本人義雄について、子の国籍取得の記載を消除する。	
(六)	添付書類		審判の謄本、確定証明書	
(七)	申請人	本籍	東京都千代田区平河町１丁目５番地	
		筆頭者氏名	甲野義雄	
		住所	東京都千代田区平河町１丁目５番10号	
		署名押印	甲野義雄　㊞	
		生年月日	昭和 54 年 7 月 8 日	

戸籍	
調査	
記載	
記載調査	
送付	
住民票	
記載	
通知	
附票	
記載	
通知	

（注意）

事件本人又は申請人が二人以上であるときは、必要に応じ該当欄を区切って記載すること。

認知者の戸籍

本籍	東京都千代田区平河町一丁目五番地
氏名	甲野義雄

（編製事項省略）

（出生事項省略）

（婚姻事項省略）

~~平成弐拾九年八月弐拾五日国籍アメリカ合衆国リチャードソン、ドナルド（西暦弐千拾壱年弐月拾五日生母リチャードソン、メリー）を認知届出㊞~~

~~平成参拾年弐月壱日子甲野竹夫（新本籍東京都千代田区平河町一丁目五番地）国籍取得同月弐拾日記載㊞~~

平成参拾年拾月拾八日リチャードソン、ドナルドを認知無効の裁判確定同月弐拾壱日妻申請認知の記載消除㊞

錯誤につき平成参拾年拾弐月八日戸籍訂正許可の裁判確定同月弐拾日申請子の国籍取得事項消除㊞

父	母	続柄	夫	出生
甲野幸雄	梅子	長男	義雄	昭和五拾四年七月八日

（出生事項省略）

（婚姻事項省略）

父　乙野忠治

母　冬子

二女

妻　春子

出生　昭和五拾六年弐月弐拾参日

父

母

出生

被認知者の新戸籍

除籍

本籍　東京都千代田区平河町一丁目五番地

氏名　甲野竹夫

平成弐拾参年弐月拾八日編製㊞

平成参拾年拾弐月弐拾日消除㊞

平成弐拾参年弐月拾五日東京都千代田区で出生同月弐拾日母届出㊞

~~平成弐拾九年八月弐拾五日東京都千代田区平河町一丁目五番地甲野義雄認知届出㊞~~

~~平成参拾年弐月壱日国籍取得同月拾八日親権者母届出入籍（取得の際の国籍アメリカ合衆国従前の氏名リチャードソン、ドナルド）㊞~~

平成参拾年拾月拾八日認知無効の裁判確定同月弐拾壱日甲野春子申請認知の記載消除㊞

国籍取得による入籍の記載は錯誤につき平成参拾年拾弐月八日戸籍訂正許可の裁判確定同月弐拾日甲野義雄申請戸籍の記載全部消除㊞

父	~~甲野義雄~~
母	リチャードソン、メリー
	長男

~~竹夫~~

~~出生　平成弐拾参年弐月拾五日~~

認知者の戸籍（コンピュータシステムによる証明書記載例）

（2の1）　全部事項証明

本　　籍 氏　　名	東京都千代田区平河町一丁目５番地 甲野　義雄
戸籍事項 　戸籍編製	（編製事項省略）
戸籍に記録されている者	【名】義雄 【生年月日】昭和５４年７月８日　　【配偶者区分】夫 【父】甲野幸雄 【母】甲野梅子 【続柄】長男
身分事項 　出　生	（出生事項省略）
婚　姻	（婚姻事項省略）
消　除	**【消除日】平成３０年１０月２１日** **【消除事項】認知事項** **【消除事由】リチャードソン，ドナルドを認知無効の裁判確定** **【裁判確定日】平成３０年１０月１８日** **【申請日】平成３０年１０月２１日** **【申請人】妻** **【従前の記録】** 　**【認知日】平成２９年８月２５日** 　**【認知した子の氏名】リチャードソン，ドナルド** 　**【認知した子の国籍】アメリカ合衆国** 　**【認知した子の生年月日】西暦２０１１年２月１５日** 　**【認知した子の母の氏名】リチャードソン，メリー**
消　除	**【消除日】平成３０年１２月２０日** **【消除事項】子の国籍取得事項** **【消除事由】錯誤につき戸籍訂正許可の裁判確定** **【裁判確定日】平成３０年１２月８日** **【申請日】平成３０年１２月２０日** **【従前の記録】** 　**【子の国籍取得日】平成３０年２月１日** 　**【子の氏名】長男　甲野竹夫** 　**【子の新本籍】東京都千代田区平河町一丁目５番地** 　**【記録日】平成３０年２月２０日**
戸籍に記録されている者	【名】春子 【生年月日】昭和５６年２月２３日　　【配偶者区分】妻 【父】乙野忠治 【母】乙野冬子 【続柄】二女

発行番号

（2の2）　全 部 事 項 証 明

身分事項 　出　　生	 （出生事項省略）
婚　　姻	（婚姻事項省略）
	以下余白

発行番号

〔注〕本事例の認知事項のように，身分事項（又は戸籍事項）の一事項全てを消除する場合は，基本タイトル（左端タイトル）「消除」により訂正処理を行う。

被認知者の新戸籍（コンピュータシステムによる証明書記載例）

除　　籍	（2の1）　全部事項証明
本　　籍 氏　　名	東京都千代田区平河町一丁目５番地 甲野　竹夫
戸籍事項 　戸籍編製 　**戸籍消除**	 【編製日】平成２３年２月１８日 **【消除日】平成３０年１２月２０日**
戸籍に記録されている者 **消　　除**	【名】竹夫 【生年月日】平成２３年２月１５日 **【父】** 【母】リチャードソン，メリー 【続柄】長男
身分事項 　出　　生	 【出生日】平成２３年２月１５日 【出生地】東京都千代田区 【届出日】平成２３年２月２０日 【届出人】母
国籍取得	【国籍取得日】平成３０年２月１日 【届出日】平成３０年２月１８日 【届出人】親権者母 【取得の際の国籍】アメリカ合衆国 【従前の氏名】リチャードソン，ドナルド
消　　除	**【消除日】平成３０年１０月２１日 【消除事項】認知事項 【消除事由】認知無効の裁判確定 【裁判確定日】平成３０年１０月１８日 【申請日】平成３０年１０月２１日 【申請人】甲野春子 【従前の記録】 　　【認知日】平成２９年８月２５日 　　【認知者氏名】甲野義雄 　　【認知者の戸籍】東京都千代田区平河町一丁目５番地　甲野義雄**
消　　除	**【消除日】平成３０年１０月２１日 【消除事項】父の氏名 【消除事由】認知無効の裁判確定 【裁判確定日】平成３０年１０月１８日 【申請日】平成３０年１０月２１日 【申請人】甲野春子 【従前の記録】 　　【父】甲野義雄**
消　　除	**【消除日】平成３０年１２月２０日 【消除事項】戸籍の記録全部 【消除事由】国籍取得による入籍の記録錯誤につき戸籍訂正許**

発行番号

（2の2）　全部事項証明

	可の裁判確定 【裁判確定日】平成３０年１２月８日 【申請日】平成３０年１２月２０日 【申請人】甲野義雄
	以下余白

発行番号

〔注〕本事例の竹夫のように，事件本人の記録を全て消除する場合は，【消除事項】には「戸籍の記録全部」と記録し，身分事項は個別に消除することを要しない。上記の振合いで訂正処理事項を記録した上，名欄に「消除マーク」を表示する。

2　国籍取得者が父の戸籍に入籍している場合（国籍取得者が準正子の場合）

【戸籍訂正申請書式】

戸籍訂正申請

東京都千代田　市㊀町村（区に丸）長　殿

平成 30 年 10 月 21 日申請

受付	
	平成 30 年 10 月 21 日
	第　1210　号

(一)	事件本人	本籍	東京都千代田区平河町１丁目５番地	
		筆頭者氏名	甲　野　義　雄	
(二)		住所及び世帯主氏名	東京都千代田区飯田橋３丁目10番８号　甲野義雄	
(三)		氏名	甲　野　竹　夫	甲　野　義　雄
		生年月日	平成 23 年 2 月 15 日	昭和 54 年 7 月 8 日
(四)	裁判の種類		認知無効の裁判	
	裁判確定年月日		平成 30 年 10 月 18 日	
(五)	訂正の趣旨		事件本人竹夫は、上記戸籍の甲野義雄と国籍アメリカ合衆国リチャードソン、メリーの間の子として出生し、甲野義雄に認知され、国籍法第３条により日本国籍を取得したものとして父甲野義雄の戸籍に入籍しているところ、平成30年10月18日認知無効の裁判が確定したので、義雄につき認知事項を消除し、竹夫について父の記載を消除し、父母との続柄を訂正する。	
(六)	添付書類		裁判の謄本、確定証明書	
(七)	申請人	本籍	東京都千代田区平河町１丁目５番地	
		筆頭者氏名	甲　野　義　雄	
		住所	東京都千代田区飯田橋３丁目10番８号	
		署名押印	甲　野　義　雄　㊞	
		生年月日	昭和 54 年 7 月 8 日	

戸籍	
調査	
記載	
記載調査	
送付	
住民票	
記載	
通知	
附票	
記載	
通知	

（注意）

事件本人又は申請人が二人以上であるときは、必要に応じ該当欄を区切って記載すること。

認知者の戸籍

本籍	東京都千代田区平河町一丁目五番地
氏名	甲野義雄

（編製事項省略）

（出生事項省略）

~~平成弐拾九年八月弐拾五日国籍アメリカ合衆国リチャードソン、ドナルド（西暦弐千拾壱年弐月拾五日生母リチャードソン、メリー）を認知届出㊞~~

平成弐拾九年拾月弐拾日国籍アメリカ合衆国リチャードソン、メリー（西暦千九百八拾参年参月八日生）と婚姻届出㊞

~~平成参拾年弐月壱日長男竹夫国籍取得㊞~~

平成参拾年拾月拾八日リチャードソン、ドナルドを認知無効の裁判確定同月弐拾壱日申請認知の記載消除㊞

錯誤につき平成参拾年拾月弐拾五日許可同月弐拾七日子の国籍取得事項消除㊞

父	甲野幸雄
母	梅子
	長男
夫	義雄
出生	昭和五拾四年七月八日

平成弐拾参年弐月拾五日東京都千代田区で出生同月弐拾日母届出㊞

~~平成参拾年弐月壱日国籍取得同月拾八日親権者父母届出入籍（取得の際の国籍アメリカ合衆国従前の氏名リチャードソン、ドナルド）㊞~~

平成参拾年拾月拾八日認知無効の裁判確定同月弐拾壱日甲野義雄申請父の記載消除父母との続柄訂正㊞

国籍取得による入籍の記載は錯誤につき平成参拾年拾月弐拾五日許可同月弐拾七日戸籍の記載全部消除㊞

父	~~甲野義雄~~
母	リチャードソン、メリー
続柄	~~長~~男 男
名	~~竹夫~~
出生	~~平成弐拾参年弐月拾五日~~

父	
母	
出生	

認知した父の戸籍（コンピュータシステムによる証明書記載例）

（2の1）　全部事項証明

本　　籍 氏　　名	東京都千代田区平河町一丁目５番地 甲野　義雄
戸籍事項 　戸籍編製	 （編製事項省略）
戸籍に記録されている者	【名】義雄 【生年月日】昭和５４年7月８日　　　【配偶者区分】夫 【父】甲野幸雄 【母】甲野梅子 【続柄】長男
身分事項 　出　　生	 （出生事項省略）
婚　　姻	【婚姻日】平成２９年１０月２０日 【配偶者氏名】リチャードソン，メリー 【配偶者の国籍】アメリカ合衆国 【配偶者の生年月日】西暦１９８３年3月８日
消　　除	**【消除日】平成３０年１０月２１日** **【消除事項】認知事項** **【消除事由】リチャードソン，ドナルドを認知無効の裁判確定** **【裁判確定日】平成３０年１０月１８日** **【申請日】平成３０年１０月２１日** **【従前の記録】** 　　**【認知日】平成２９年８月２５日** 　　**【認知した子の氏名】リチャードソン，ドナルド** 　　**【認知した子の国籍】アメリカ合衆国** 　　**【認知した子の生年月日】西暦２０１１年２月１５日** 　　**【認知した子の母の氏名】リチャードソン，メリー**
消　　除	**【消除日】平成３０年１０月２７日** **【消除事項】子の国籍取得事項** **【消除事由】錯誤** **【許可日】平成３０年１０月２５日** **【従前の記録】** 　　**【子の国籍取得日】平成３０年２月１日** 　　**【子の氏名】長男　甲野竹夫**
戸籍に記録されている者 **消　　除**	【名】竹夫 【生年月日】平成２３年2月１５日 **【父】** 【母】リチャードソン，メリー **【続柄】長男**
身分事項	

発行番号

（2の2）　全部事項証明

出　　生	【出生日】平成２３年２月１５日 【出生地】東京都千代田区 【届出日】平成２３年２月２０日 【届出人】母
国籍取得	【国籍取得日】平成３０年２月１日 【届出日】平成３０年２月１８日 【届出人】親権者父母 【取得の際の国籍】アメリカ合衆国 【従前の氏名】リチャードソン，ドナルド
消　　除	**【消除日】平成３０年１０月２１日** **【消除事項】父の氏名** **【消除事由】認知無効の裁判確定** **【裁判確定日】平成３０年１０月１８日** **【申請日】平成３０年１０月２１日** **【申請人】甲野義雄** **【関連訂正事項】父母との続柄** **【従前の記録】** 　　**【父】甲野義雄** 　　**【続柄】長男**
消　　除	**【消除日】平成３０年１０月２７日** **【消除事項】戸籍の記録全部** **【消除事由】国籍取得による入籍の記録錯誤** **【許可日】平成３０年１０月２５日**
	以下余白

発行番号

〔注〕１　身分事項（又は戸籍事項）の一事項全てを消除する場合は，基本タイトル（左端タイトル）「消除」により訂正処理を行う。

２　本事例の竹夫のように，事件本人の記録を全て消除する場合は，【消除事項】には「戸籍の記録全部」と記録し，身分事項は個別に消除することを要しない。上記の振合いで訂正処理事項を記録した上，名欄に「消除マーク」を表示する。

3　国籍取得者が父の戸籍に一旦入籍した上、直ちに新戸籍を編製している場合（国籍取得者が準正子の場合）

【戸籍訂正申請書式】

戸籍訂正申請

東京都千代田 市区町村（区に丸）長　殿

平成 30 年 10 月 21 日申請

受付	平成 30 年 10 月 21 日	第 1210 号

戸籍	
調査	
記載	
記載調査	
送付	
住民票	
記載	
通知	
附票	
記載	
通知	

(一)	事件本人	本籍	東京都千代田区平河町１丁目５番地	東京都新宿区新宿１丁目１番地
		筆頭者氏名	甲　野　竹　夫	丙　山　花　子
(二)		住所及び世帯主氏名	東京都千代田区平河町１丁目５番８号　リチャードソン，メリー	東京都新宿区新宿１丁目１番10号　丙山花子
(三)		氏名	甲　野　竹　夫	丙　山　義　雄
		生年月日	平成 23 年 2 月 15 日	昭和 54 年 7 月 8 日
(四)	裁判の種類		認知無効の裁判	
	裁判確定年月日		平成 30 年 10 月 18 日	
(五)	訂正の趣旨		事件本人甲野竹夫は、丙山義雄と国籍アメリカ合衆国リチャードソン、メリーの間の子として出生し、丙山義雄に認知され、国籍法第３条により日本国籍を取得したものとして、父母の離婚時の氏「甲野」を称して新戸籍を編製しているところ、平成30年10月18日認知無効の裁判が確定したので、次のとおり訂正する。 １　上記甲野竹夫戸籍について 事件本人竹夫について、父の記載を消除し、父母との続柄を訂正する。 ２　上記丙山花子戸籍について 事件本人義雄について、認知の記載を消除する。	
(六)	添付書類		裁判の謄本、確定証明書	
(七)	申請人	本籍	東京都新宿区新宿１丁目１番地	
		筆頭者氏名	丙　山　花　子	
		住所	東京都新宿区新宿１丁目１番10号	
		署名押印	丙　山　義　雄　㊞	
		生年月日	昭和 54 年 7 月 8 日	

（注意）

事件本人又は申請人が二人以上であるときは、必要に応じ該当欄を区切って記載すること。

認知者の再婚後の戸籍

本籍	東京都新宿区新宿一丁目一番地
氏名	丙山花子

平成弐拾七年六月参拾日編製㊞

（出生事項省略）

平成弐拾七年六月参拾日丙山花子と婚姻届出東京都千代田区平河町一丁目五番地甲野義雄戸籍から入籍㊞

~~平成弐拾九年八月弐拾五日国籍アメリカ合衆国リチャードソン、ドナルド（西暦弐千拾壱年弐月拾五日生母リチャードソン、メリー）を認知届出㊞~~

~~平成参拾年弐月壱日長男甲野竹夫（新本籍東京都千代田区平河町一丁目五番地）国籍取得同月弐拾日記載㊞~~

平成参拾年拾月拾八日リチャードソン、ドナルドを認知無効の裁判確定同月弐拾壱日申請同月弐拾参日東京都千代田区長から送付認知の記載消除㊞

父	甲野幸雄
母	梅子
	長男
夫	義雄
出生	昭和五拾四年七月八日

（次頁に掛紙として続く）

掛紙（前頁義雄の身分事項）

錯誤につき平成参拾年拾月弐拾五日許可同月弐拾九日子の国籍取得事項消
除㊞

認知者の従前の戸籍

除籍

本籍	東京都千代田区平河町一丁目五番地
氏名	甲野義雄

（編製事項省略）

平成弐拾七年七月弐日消除㊞

（出生事項省略）

（婚姻事項省略）

（離婚事項省略）

平成弐拾七年六月参拾日丙山花子と婚姻届出同年七月弐日東京都新宿区長から送付同区新宿一丁目一番地に妻の氏の新戸籍編製につき除籍㊞

父	甲野幸雄
母	梅子
	長男
夫	義雄
出生	昭和五拾四年七月八日

平成参拾年弐月壱日国籍取得同月拾八日親権者母届出入籍同日東京都千代田区平河町一丁目五番地に新戸籍編製につき除籍（取得の際の国籍アメリカ合衆国従前の氏名リチャードソン、ドナルド）㊞

平成参拾年拾月拾八日認知無効の裁判確定同月弐拾壱日丙山義雄申請父の記載消除父母との続柄訂正㊞

国籍取得による入籍の記載は錯誤につき平成参拾年拾月弐拾五日許可同月弐拾七日戸籍の記載全部消除㊞

父	丙山義雄
母	リチャードソン、メリー
	長男
	男
	竹夫
生出	平成弐拾参年弐月拾五日

父	
母	
生出	

子の新戸籍

除籍

本籍　東京都千代田区平河町一丁目五番地

氏名　甲野竹夫

平成参拾年弐月拾八日編製㊞

平成参拾年拾月弐拾七日消除㊞

平成弐拾参年弐月拾五日東京都千代田区で出生同月弐拾日母届出㊞

~~平成参拾年弐月壱日国籍取得同月拾八日親権者母届出東京都千代田区平河町一丁目五番地甲野義雄戸籍から入籍（取得の際の国籍アメリカ合衆国従前の氏名リチャードソン、ドナルド）㊞~~

平成参拾年拾月拾八日認知無効の裁判確定同月弐拾壱日丙山義雄申請父の記載消除父母との続柄訂正㊞

国籍取得による入籍の記載は錯誤につき平成参拾年拾月弐拾五日許可同月弐拾七日戸籍の記載全部消除㊞

父　~~丙山義雄~~

母　リチャードソン、メリー

~~長男~~　男

出生　平成弐拾参年弐月拾五日

~~竹夫~~

認知者の再婚後の戸籍（コンピュータシステムによる証明書記載例）

（2の1）　全部事項証明

本　　籍 氏　　名	東京都新宿区新宿一丁目１番地 丙山　花子
戸籍事項 戸籍編製	（編製事項省略）
戸籍に記録されている者	【名】義雄 【生年月日】昭和５４年７月８日 【父】甲野幸雄 【母】甲野梅子 【続柄】長男
身分事項 出　　生	（出生事項省略）
婚　　姻	【婚姻日】平成２７年６月３０日 【配偶者氏名】丙山花子 【従前戸籍】東京都千代田区平河町一丁目５番地　甲野義雄
消　　除	【消除日】平成３０年１０月２３日 【消除事項】認知事項 【消除事由】リチャードソン，ドナルドを認知無効の裁判確定 【裁判確定日】平成３０年１０月１８日 【申請日】平成３０年１０月２１日 【送付を受けた日】平成３０年１０月２３日 【受理者】東京都千代田区長 【従前の記録】 　　【認知日】平成２９年８月２５日 　　【認知した子の氏名】リチャードソン，ドナルド 　　【認知した子の国籍】アメリカ合衆国 　　【認知した子の生年月日】西暦２０１１年２月１５日 　　【認知した子の母の氏名】リチャードソン，メリー
消　　除	【消除日】平成３０年１０月２９日 【消除事項】子の国籍取得事項 【消除事由】錯誤 【許可日】平成３０年１０月２５日 【従前の記録】 　　【子の国籍取得日】平成３０年２月１日 　　【子の氏名】長男　甲野竹夫 　　【子の新本籍】東京都千代田区平河町一丁目５番地

発行番号

認知者の再婚後の戸籍（コンピュータシステムによる証明書記載例）

（2の2）　全部事項証明

	【記録日】平成３０年２月２０日
	以下余白

発行番号

〔注〕 本事例の認知事項のように，身分事項（又は戸籍事項）の一事項全てを消除する場合は，基本タイトル（左端タイトル）「消除」により訂正処理を行う。なお，外国人女の嫡出でない子を，日本人男が任意認知する場合の届出地は，認知者である日本人男の本籍地又は所在地である（戸25条）。

認知者の従前の戸籍（コンピュータシステムによる証明書記載例）

除　　籍	（2の1）　全 部 事 項 証 明
本　　籍 氏　　名	東京都千代田区平河町一丁目５番地 甲野　義雄
戸籍事項 　戸籍編製 　戸籍消除	 （編製事項省略） 【消除日】平成２７年７月２日
戸籍に記録されている者 除　　籍	【名】義雄 【生年月日】昭和５４年７月８日 【父】甲野幸雄 【母】甲野梅子 【続柄】長男
身分事項 　出　　生	 （出生事項省略）
婚　　姻	（婚姻事項省略）
離　　婚	（離婚事項省略）
婚　　姻	【婚姻日】平成２７年６月３０日 【配偶者氏名】丙山花子 【送付を受けた日】平成２７年７月２日 【受理者】東京都新宿区長 【新本籍】東京都新宿区新宿一丁目１番地 【称する氏】妻の氏
戸籍に記録されている者 **消　　除** 除　　籍	【名】竹夫 【生年月日】平成２３年２月１５日 **【父】** 【母】リチャードソン，メリー **【続柄】長男**
身分事項 　国籍取得	 【国籍取得日】平成３０年２月１日 【届出日】平成３０年２月１８日 【届出人】親権者母 【取得の際の国籍】アメリカ合衆国 【従前の氏名】リチャードソン，ドナルド 【除籍日】平成３０年２月１８日 【新本籍】東京都千代田区平河町一丁目５番地
消　　除	**【消除日】平成３０年１０月２１日** **【消除事項】父の氏名** **【消除事由】認知無効の裁判確定** **【裁判確定日】平成３０年１０月１８日** **【申請日】平成３０年１０月２１日** **【申請人】丙山義雄**

発行番号

（2の2）　全部事項証明

消　　除	【関連訂正事項】父母との続柄 【従前の記録】 　　【父】丙山義雄 　　【続柄】長男
	【消除日】平成３０年１０月２７日 【消除事項】戸籍の記録全部 【消除事由】国籍取得による入籍の記録錯誤 【許可日】平成３０年１０月２５日
	以下余白

発行番号

〔注〕　1　本事例の竹夫のように，事件本人の記録を全て消除する場合は，【消除事項】には「戸籍の記録全部」と記録し，身分事項は個別に消除することを要しない。上記の振合いで訂正処理事項を記録した上，名欄に「消除マーク」を表示する。

2　国籍取得者である竹夫は，本戸籍に一旦入籍の上，新戸籍が編製されている。このような処理をする場合，国籍取得時の戸籍記載においては，身分事項欄への出生事項の記載は省略して差し支えないものとされている（戸籍誌492号47頁）。

子の新戸籍（コンピュータシステムによる証明書記載例）

除　　籍	（1の1）　全部事項証明
本　　籍 氏　　名	東京都千代田区平河町一丁目５番地 甲野　義雄
戸籍事項 戸籍編製 戸籍消除	 【編製日】平成３０年２月１８日 【消除日】平成３０年１０月２７日
戸籍に記録されている者 消　　除	【名】竹夫 【生年月日】平成２３年２月１５日 【父】 【母】リチャードソン，メリー 【続柄】長男
身分事項 出　　生	 【出生日】平成２３年２月１５日 【出生地】東京都千代田区 【届出日】平成２３年２月２０日 【届出人】母
国籍取得	【国籍取得日】平成３０年２月１日 【届出日】平成３０年２月１８日 【届出人】親権者母 【取得の際の国籍】アメリカ合衆国 【従前の氏名】リチャードソン，ドナルド 【従前戸籍】東京都千代田区平河町一丁目５番地　甲野義雄
消　　除	【消除日】平成３０年１０月２１日 【消除事項】父の氏名 【消除事由】認知無効の裁判確定 【裁判確定日】平成３０年１０月１８日 【申請日】平成３０年１０月２１日 【申請人】丙山義雄 【関連訂正事項】父母との続柄 【従前の記録】 　　【父】丙山義雄 　　【続柄】長男
消　　除	【消除日】平成３０年１０月２７日 【消除事項】戸籍の記録全部 【消除事由】国籍取得による入籍の記録錯誤 【許可日】平成３０年１０月２５日
	以下余白

発行番号

〔注〕　本事例の竹夫のように，事件本人の記録を全て消除する場合は，【消除事項】には「戸籍の記録全部」と記録し，身分事項は個別に消除することを要しない。上記の振合いで訂正処理事項を記録した上，名欄に「消除マーク」を表示する。

問30　日本人男に胎児認知された外国人女の子が出生し、出生届によって子の新戸籍が編製された後、日本人男の認知無効の裁判が確定した場合

解説

一　日本人父と外国人母間の婚姻外の子として出生した子（すなわち、嫡出でない子）は、準拠法である日本民法上父子関係は生じない（通則法二八条・二九条）ので、出生により日本国籍を取得することはない。しかし、子の出生前において日本人父から胎児認知をしている場合には、出生時において法律上の父子関係が認められることとなるため、国籍法第二条第一号に該当することから、出生により当然に日本国籍を取得することとなる。

二　ところで、本問は、右により日本人父に胎児認知されていた外国人女の子が出生により日本国籍を取得して、単独の新戸籍が編製されたが〔注〕、その後において日本人父の認知（胎児認知―以下同じ）無効の裁判が確定した場合の戸籍訂正の事例である。この場合、右の子は、日本人父の認知無効の裁判確定により、国籍法第二条第一号の要件を欠き、日本国籍を取得し得なかったものであることが明らかとなる。したがって、当該子について、日本国籍を有するものとして新戸籍が編製されたことに誤りがあるから、その訂正を要することとなる。

三　右の場合における戸籍訂正申請は、具体的には、当該認知無効の裁判確定に基づく戸籍法第一一六条の戸籍訂正申請により、出生届出によって編製された新戸籍について、子の身分事項欄に認知無効の裁判が確定した旨を記載の上、当該戸籍を全部消除することになる。

一方、胎児認知をした父の戸籍については、その身分事項欄に記載されている胎児認知の事項を、消除する必要がある。以上の趣旨による戸籍訂正の処理方法は、次のとおりである。

【戸籍訂正申請書式】

戸籍訂正申請

東京都千代田 市区町村（区に○） 長 殿

平成29年2月10日申請

受付	平成29年2月10日	
	第 112 号	

(一)	事件本人	本籍	東京都千代田区平河町１丁目５番地	東京都千代田区平河町１丁目５番地
		筆頭者氏名	乙野良子	甲野幸雄
(二)		住所及び世帯主氏名	東京都千代田区飯田橋３丁目10番８号　甲野義雄	
(三)		氏名	乙野良子	甲野義雄
		生年月日	平成29年5月20日	昭和61年2月1日
(四)	裁判の種類		認知無効の裁判	
	裁判確定年月日		平成30年2月8日	
(五)	訂正の趣旨		事件本人乙野良子は、東京都千代田区平河町１丁目５番地甲野幸雄同籍義雄に胎児認知され、出生により日本国籍を取得したものとして上記本籍地に新戸籍が編製されていたところ、平成30年２月８日胎児認知無効の裁判が確定したので、認知の記載を消除するとともに、出生によって編製した戸籍を消除する。 認知者甲野義雄については、上記戸籍中同人の認知の記載を消除する。	
(六)	添付書類		裁判の謄本、確定証明書	
(七)	申請人	本籍	東京都千代田区平河町１丁目５番地	
		筆頭者氏名	甲野幸雄	
		住所	東京都千代田区飯田橋３丁目10番８号	
		署名押印	甲野義雄　㊞	
		生年月日	昭和61年2月1日	

戸籍	
調査	
記載	
記載調査	
送付	
住民票	
記載	
通知	
附票	
記載	
通知	

（注意）

事件本人又は申請人が二人以上であるときは、必要に応じ該当欄を区切って記載すること。

胎児認知した父の戸籍

本籍　東京都千代田区平河町一丁目五番地

氏名　甲野幸雄

（編製事項省略）

（出生事項省略）

~~平成弐拾九年壱月拾参日東京都千代田区平河町一丁目五番地乙野良子を胎児認知届出㊞~~

平成参拾年弐月八日乙野良子を認知無効の裁判確定同月拾日申請認知の記載消除㊞

父	甲野幸雄
母	花子
長男	
	義雄
出生	昭和六拾壱年弐月壱日

胎児認知された子の戸籍

除籍

本籍	東京都千代田区平河町一丁目五番地
氏名	乙野良子

平成弐拾九年五月弐拾八日編製㊞

平成参拾年弐月拾日消除㊞

平成弐拾九年五月弐拾日東京都千代田区で出生同月弐拾八日母（国籍アメリカ合衆国西暦千九百九拾参年九月壱日生）届出入籍㊞

平成弐拾九年壱月拾参日東京都千代田区平河町一丁目五番地甲野幸雄同籍義雄胎児認知届出㊞

平成参拾年弐月八日認知無効の裁判確定同月拾日甲野義雄申請戸籍の記載全部消除㊞

父	甲野義雄	長女
母	リチャードソン、マリア	
出生	平成弐拾九年五月弐拾日	
	良子	

〔注〕下部全欄にかけて朱線を交さする。

胎児認知した父の戸籍（コンピュータシステムによる証明書記載例）

（1の1）　全部事項証明

本　　籍 氏　　名	東京都千代田区平河町一丁目５番地 甲野　幸雄
戸籍事項 　戸籍編製	（編製事項省略）
戸籍に記録されている者	【名】義雄 【生年月日】昭和６１年２月１日 【父】甲野幸雄 【母】甲野花子 【続柄】長男
身分事項 　出　生	（出生事項省略）
消　除	**【消除日】平成３０年２月１０日** **【消除事項】認知事項** **【消除事由】乙野良子を認知無効の裁判確定** **【裁判確定日】平成３０年２月８日** **【申請日】平成３０年２月１０日** **【従前の記録】** 　　**【胎児認知日】平成２９年１月１３日** 　　**【認知した子の氏名】乙野良子** 　　**【認知した子の戸籍】東京都千代田区平河町一丁目５番地** 　　　　**乙野良子**
	以下余白

発行番号

〔注〕 身分事項（又は戸籍事項）の一事項全てを消除する場合は，基本タイトル（左端タイトル）「消除」により訂正処理を行う。

胎児認知された子の戸籍（コンピュータシステムによる証明書記載例）

除　　籍	（1の1）　全部事項証明
本　　籍	東京都千代田区平河町一丁目５番地
氏　　名	乙野　良子
戸籍事項 戸籍編製 **戸籍消除**	 【編製日】平成２９年５月２８日 **【消除日】平成３０年２月１０日**
戸籍に記録されている者 **消　　除**	【名】良子 【生年月日】平成２９年５月２０日 【父】甲野義雄 【母】リチャードソン，マリア 【続柄】長女
身分事項 出　　生	 【出生日】平成２９年５月２０日 【出生地】東京都千代田区 【母の国籍】アメリカ合衆国 【母の生年月日】西暦１９９３年９月１日 【届出日】平成２９年５月２８日 【届出人】母
認　　知	【胎児認知日】平成２９年１月１３日 【認知者氏名】甲野義雄 【認知者の戸籍】東京都千代田区平河町一丁目５番地　甲野幸雄
消　　除	**【消除日】平成３０年２月１０日** **【消除事項】戸籍の記録全部** **【消除事由】認知無効の裁判確定** **【裁判確定日】平成３０年２月８日** **【申請日】平成３０年２月１０日** **【申請人】甲野義雄**
	以下余白

発行番号

〔**注**〕　子について、日本人父からされた胎児認知が無効となり、出生の届出に基づく新戸籍の編製が錯誤となるため、認知事項を消除することなく戸籍自体を消除する処理となる。

改訂 設題解説 戸籍実務の処理
—XIII 戸籍訂正 各論編 (3)認知—
定価：本体 4,400円（税別）

平成29年5月12日 初版発行 レジストラー・ブックス⑱

編著者 木 村 三 男
発行者 尾 中 哲 夫

発行所 日本加除出版株式会社
本 社 郵便番号 171-8516
東京都豊島区南長崎3丁目16番6号
TEL (03)3953-5757（代表）
(03)3952-5759（編集）
FAX (03)3953-5772
URL http://www.kajo.co.jp/
営業部 郵便番号 171-8516
東京都豊島区南長崎3丁目16番6号
TEL (03)3953-5642
FAX (03)3953-2061

組版 ㈱郁文 ／ 印刷・製本 ㈱倉田印刷

落丁本・乱丁本は本社でお取替えいたします。
© 2017
Printed in Japan
ISBN978-4-8178-4389-0 C3032 ¥4400E

JCOPY 〈出版者著作権管理機構 委託出版物〉

本書を無断で複写複製（電子化を含む）することは，著作権法上の例外を除き，禁じられています。複写される場合は，そのつど事前に出版者著作権管理機構（JCOPY）の許諾を得てください。
また本書を代行業者等の第三者に依頼してスキャンやデジタル化することは，たとえ個人や家庭内での利用であっても一切認められておりません。

〈JCOPY〉 HP：http://www.jcopy.or.jp/，e-mail：info@jcopy.or.jp
電話：03-3513-6969，FAX：03-3513-6979

戸籍実務の取扱いを
一問一答でまとめあげた体系的解説書

改訂 設題解説 戸籍実務の処理

●実務の基本をおさえるのに最適な設問と簡潔な回答。
●法令・先例・判例等の根拠が明確に示された具体的な解説で
「間違いのない実務」に役立つ。

レジストラー・ブックス126
Ⅲ 出生・認知編 木村三男 監修 竹澤雅二郎・荒木文明 著
2009年12月刊 A5判 428頁 本体4,000円＋税 978-4-8178-3846-9 商品番号:41126 略号:設出

レジストラー・ブックス123
Ⅳ 養子縁組・養子離縁編
木村三男 監修 横塚繁・竹澤雅二郎・荒木文明 著
2008年12月刊 A5判 512頁 本体4,095円＋税 978-4-8178-0323-8 商品番号:41123 略号:設縁

レジストラー・ブックス131
Ⅴ 婚姻・離婚編 ⑴婚姻 木村三男 監修 横塚繁・竹澤雅二郎 著
2011年8月刊 A5判 432頁 本体4,000円＋税 978-4-8178-3943-5 商品番号:41131 略号:設婚

レジストラー・ブックス135
Ⅴ 婚姻・離婚編 ⑵離婚 木村三男 監修 神崎輝明 著
2012年11月刊 A5判 424頁 本体3,900円＋税 978-4-8178-4042-4 商品番号:41135 略号:設離

レジストラー・ブックス136
Ⅵ 親権・未成年後見編 木村三男 監修 竹澤雅二郎・荒木文明 著
2013年6月刊 A5判 368頁 本体3,700円＋税 978-4-8178-4091-2 商品番号:41136 略号:設親

レジストラー・ブックス139
Ⅶ 死亡・失踪・復氏・姻族関係終了・推定相続人廃除編
木村三男 監修 竹澤雅二郎 著
2014年5月刊 A5判 400頁 本体4,000円＋税 978-4-8178-4159-9 商品番号:41139 略号:設推

レジストラー・ブックス141
Ⅷ 入籍・分籍・国籍の得喪編
木村三男 監修 竹澤雅二郎・山本正之 著
2014年11月刊 A5判 472頁 本体4,000円＋税 978-4-8178-4198-8 商品番号:41141 略号:設国

レジストラー・ブックス143
Ⅸ 氏名の変更・転籍・就籍編 木村三男 監修 竹澤雅二郎 著
2015年8月刊 A5判 404頁 本体4,200円＋税 978-4-8178-4249-7 商品番号:41143 略号:設氏

レジストラー・ブックス145／146
Ⅺ 戸籍訂正各論編 木村三男 監修 竹澤雅二郎・神崎輝明 著
⑴出生(上) 職権・訂正許可・嫡出否認／⑵出生(下) 親子関係存否確認
⑴ 2016年5月刊 A5判 348頁 本体3,600円＋税 978-4-8178-4306-7 商品番号:41145 略号:設訂出上
⑵ 2016年8月刊 A5判 468頁 本体4,800円＋税 978-4-8178-4328-9 商品番号:41146 略号:設訂出下

レジストラー・ブックス148
ⅩⅢ 戸籍訂正各論編 ⑶認知 木村三男 編著
2017年5月刊 A5判 400頁 本体4,400円＋税 978-4-8178-4389-0 商品番号:41148 略号:設訂認知

日本加除出版
〒171-8516 東京都豊島区南長崎3丁目16番6号
TEL (03)3953-5642 FAX (03)3953-2061 (営業部)
http://www.kajo.co.jp/